JN233004

MINERVA
福祉ライブラリー
73

少子高齢社会の
ライフスタイルと住宅

持家資産の福祉的選択

倉田　剛 著

ミネルヴァ書房

はしがき

　本書では，既刊『リバースモーゲージと住宅』に次いで，リバースモーゲージ制度の先駆的なアメリカと日本の住宅市場を中心に調査・検討する方法で，主に日本の戸建住宅（持家）の資産価値の安定性・継続性や市場循環性について論及している。住宅の資産性を考究する際には，関与する分野は広範に及ぶものであるが，本書では，住宅市場や金融証券市場，そして税法や建設関連法などの視角から学際的に検討している。

　2003（平成15）年度から，居住用資産である持家を原資としたリバースモーゲージ制度が各都道府県においてスタートした。現行の制度は，「ハウス・リッチ，キャッシュ・プア」の高齢者を対象とした福祉制度的な救済措置であるが，早晩，日本でも——アメリカやカナダなどと同様に——老齢期の生活余裕資金を融資する民間型住宅資産担保福祉年金プランが開発・販売されるように変化する。いずれの場合であっても，既存住宅（持家）の担保力（市場評価額）の多寡が問題であり，中古住宅ストックの循環性が，この種のプログラム普及の鍵を握ることになる。住宅投資が安全で有利なものならば，中古住宅市場にも適度な需要・供給の均衡が生じるはずであり，そうなれば恒常的な優遇措置の保証が必要となる。その一つは購入資金（購入後の修繕・改装資金も）融資上の優遇措置であり，次に税制上の優遇措置である。購入する中古住宅の築後年数に応じて，誘導的，且つ段階的に，その購入や転売に対する格別の優遇措置を用意する手法である。この誘導策は，個人が中古住宅の再生（リフォーム）によって転売利益を，あるいはレンタルして不動産（家賃）収入を得られるような環境の整備が前提条件となるのだが，その結果としては中古住宅の売買取引件数も増え，住宅寿命も延命化する理屈である。要するに，アメリカン・ハウジング・マーケットの日本版の構築を提言している。断るまでもなく，住宅市場の活性化には，ヒトの「移動」は重要なファクターであり，「住宅ストック」の需要供給の多くはヒトや企業の移動に起因していることから，「移動」と「住宅ストック」とは両輪の関係にある。「住み替え」行動は，「居住する場」の「移動」であり，「住宅ストック」に需要と供給を併発させる経済行動であることか

ら，本書の中でも，その必要性を強調している．

　日本でも少子高齢化によるライフスタイルの変容は顕著であり，とりわけシニア層の「住み替え」率が高まる方向にあることから，公的福祉制度の他に，高齢期の生活にゆとりをもたらす持家資産福祉年金変換プログラムを開発して，「住み替え」行動を支援する施策は重要である．またシニア層の「住み替え」によって喚起される消費の増加は，新たな商品開発や技術開発を刺激し，また生活関連サービスの多様・充実化も進めるなど，関連市場に波及する経済効果は大きい．

　近年，日本の社会経済にもグローバル化が目覚しく，とりわけ金融・保険・証券業界などに大幅な規制緩和の進行が顕著である．低迷している国内の不動産市場も，その対応策として不動産証券化の促進や金融機構の改革などが推し進められてきているにも拘らず，全国的に蔓延している地価下落はいまだに止まらない．従来の市場基盤や制度基盤に座しながら，不振な不動産市場の起死回生案を模索したとしても有効な施策は期待できない．本書では時宜を得た試みとして，リバースモーゲージ制度の本格的導入を梃子にして，住宅市場に新たなマーケットを構築しようと画策している．日本の住宅市場の可能性や問題点については，海外からも多くの指摘がある（Olivia S. Mitchell & John Piggott 2003）．各方面からの知恵と情報を集積しながら，新しい価値観と市場観に基づいた，居住用資産の運用理論の確立が差し迫って必要な作業となる．

　著者は，アメリカ北西部やハワイ州などの住宅調査から，いくつかの発見をした．アメリカは，移民や人種差別，貧富の格差などに基因する多種多層の社会構造をもち，深刻な社会問題の提起と活発な経済効果の二面性を内在させている．しかし，そのいずれもが住宅市場においては住宅ストックの循環性エネルギーに変換されている．勿論，アメリカン・システムの安易な模倣は論外であるが，日本の住宅市場にもアメリカの循環性エネルギーに相当する市場外部要因が創成されない限り，市場の蘇生は見えてこない．本書では，その外部要因として期待するものは「住み替え」であり，「リバースモーゲージ制度」の普及も視野に入れながら論及している．いま一つ，国内の不動産市場に向けて，海外資金の導入や開発事業に参画する外国企業のスムーズな誘致が行われるためにも，国内市場の全面的開放，すなわち市場のグローバル化が必要である．行政をはじめ，関係業界は，日本市場への参入の隘路となりそうな技術的，文化的，また金融上のあらゆる障碍を撤廃することから着手しなければならない．まず「隗より始めよ」である．

本書では，仮説を立て，論証する方法をとっていない。帰納的推考によって，混然とした断片的情報の中から，市場に潜在する普遍・法則性や可能性を探索している。しかし本文の論述において，論旨の整理や論及が十分に尽くされていない点では，寛恕を賜らなければならない。ただ，著者の「持家」に対する過大とも言えるほどの期待感は，住宅取得に投じられた家族（個人）の歳月とそのエネルギーに対する真摯なる敬意と賞賛から醸成されたものであることを，読者にご理解を賜りたい。また本書の中で，不適切な個所や誤りなどについては，大方のご叱正を頂戴できれば幸甚である。

2003年2月25日

倉田　剛

少子高齢社会のライフスタイルと住宅
──持家資産の福祉的選択──

目　次

はしがき

序　章　持家資産福祉制度と住宅市場 …………………………… 1

1　リバースモーゲージ制度と住宅市場 ………………………… 1
　　（1）少子高齢化と高齢者家計の負担　1
　　（2）居住用空間の福祉性　3
　　（3）持家資産福祉制度（リバースモーゲージ制度）　4
　　（4）アメリカの中古住宅市場のメカニズム　5
　　（5）コミュニティの資産性　7
　　（6）日本の住宅市場の可能性　8

2　本書の構成 …………………………………………………… 11

第Ⅰ部　持家資産とライフスタイル

第1章　高齢者家計と持家資産福祉制度 ……………………… 17

1　高齢化の現状と経済生活 …………………………………… 17
　　（1）少子化と高齢化　17
　　（2）高齢化の現状　19
　　（3）高齢者の経済生活　21
　　（4）リバースモーゲージ制度と高齢者世帯　25

2　持家資産福祉制度 …………………………………………… 29
　　（1）高齢者家計とリバースモーゲージ制度　29
　　（2）生命保険とリバースモーゲージ制度　34
　　（3）長野県阿智村のリバースモーゲージ研究会　36
　　（4）コハウジングとリバースモーゲージ制度　37
　　（5）ハワイ州のリバースモーゲージ制度　39

第2章　住宅の資産性とその効用 ……………………………… 47

1　住宅の資産性の検討 ………………………………………… 47
　　（1）住宅の資産性　47
　　（2）住宅の永続性　48

（3）住宅と減価償却　50
　　　（4）住宅と法的背景　52
　2　「住み替え」の効用……………………………………………54
　　　（1）「住み替え」のすすめ　54
　　　（2）高齢者「住み替え」支援制度の新設　56
　　　（3）「住み替え」需要の喚起　59
　　　（4）中古住宅市場の明日　62

第3章　変容するライフスタイルと居住形態……………65

　1　変容するライフスタイル………………………………………65
　　　（1）コミュニティと「コハウジング」の定義　66
　　　（2）リタイアメント・コミュニティ　68
　2　社会福祉政策的な住宅地開発…………………………………72
　　　（1）住宅地の公有化　72
　　　（2）スウェーデンの「土地利用権」　74
　　　（3）イギリスの「コ・パートナーシップ方式」　78
　3　市街地の再生と共生……………………………………………82
　　　（1）市街地とコンバージョン　82
　　　（2）後退する商店街の再生と共生　89

第Ⅱ部　住宅市場の変貌

第4章　日本の住宅市場……………………………………97

　1　成熟する住宅市場………………………………………………97
　　　（1）変容する住宅市場　97
　　　（2）金融資産と住宅市場　102
　　　（3）定期借地権付住宅の将来性　105
　2　住宅産業の経営戦略……………………………………………110
　　　（1）建物解体資材のリユース　110
　　　（2）リフォーム事業の展開　114

（3）住宅設備機器メーカーのリフォーム戦略　118
　　（4）中堅企業の挑戦　121
　　（5）ハウスメーカーの功罪　127
　　（6）期待される技術開発　132

第5章　アメリカの住宅市場 …………………………………………139
1　アクティブな住宅市場 ……………………………………………139
　　（1）住宅市場の概観　139
　　（2）同時多発テロ事件以降の住宅市場　147
　　（3）W-2給与証明書と住宅ローン　153
　　（4）住宅と自動車の市場性向　159
2　経済的要素と住宅市場 ……………………………………………166
　　（1）雇用と住宅市場　166
　　（2）建築技術と規制と住宅市場　175
　　（3）循環性と住宅市場　177
　　（4）移動性と住宅市場　183
3　ハワイ州オアフの住宅市場 ………………………………………189
　　（1）オアフの住宅市場　191
　　（2）ハワイ経済と建設産業　204
　　（3）ハワイのタイムシェア市場　208

第6章　住宅市場と税制 …………………………………………………219
1　日本の住宅税制 ……………………………………………………219
　　（1）消費税の抑止効果　219
　　（2）居住用財産への課税　220
　　（3）中古住宅と流通税　225
　　（4）土地税制の見直し　231
2　アメリカの住宅税制 ………………………………………………233
　　（1）税法上の配慮　233
　　（2）リサイクル・サクセス物語　238

第7章　不動産市場の改革 ………………………………………………243
1　不動産市場の流動化 ………………………………………………243

　　　　（1）不動産市場の流動性　243
　　　　（2）土地評価方法の検討　247
　　　　（3）「行政介入」による市場調整　251
　　　　（4）抵当権実行　255
　　2　不動産市場の課題 …………………………………………256
　　　　（1）不動産情報の公開　256
　　　　（2）住宅融資制度の課題　260
　　　　（3）住宅ローン　261
　　　　（4）ノンリコース・ローン導入とその効果　267
　　　　（5）不動産証券化への期待　270

あとがき……………………………………………………………279
参考文献……………………………………………………………283
巻末資料……………………………………………………………289
索　引………………………………………………………………297

序章
持家資産福祉制度と住宅市場

1 リバースモーゲージ制度と住宅市場

　居住用資産である住宅は，実は生存権的資産である。生存権とは，「生存または生活するために必要な諸条件の確保を要求する権利」である。居住に供している住宅はまさに生存権的資産といえるものである。そして，国は，憲法25条で国民の生存権を明文化し，すべての生活部面についての社会福祉，社会保障を国の義務と定め，また，同29条に「財産の私権を不可侵なものとして保護し，なおかつ公共の福祉に適合すること」と定めている。リバースモーゲージ制度（Reverse Mortgage）は，まさにこうした権利に則した福祉制度であり，私権に基づいた居住用財産（私権）を，自らの高齢期の生活資金に充当する目的（福祉目的）を以って，処分（財産権・処分権）する仕組みである。以上の法的背景からしても，「リバースモーゲージ制度の実現は，国民の負う納税義務に対応した国の義務である」と解することは妥当である。

　本書では，リバースモーゲージ制度の原資である，「居住用資産（Home Equity）」の経済的効果および福祉的効果の可能性について，学際的視座から論及している。

（1）少子高齢化と高齢者家計の負担

　今日の社会経済のあらゆる機会に取沙汰される顕著な変貌が，少子高齢化現象である。しかし急速な少子高齢化の進行を誰しもが体験していないがゆえに，その対応は隔靴搔痒であり，試行錯誤的印象を拭えない。年々，更新されている長寿化は，日本の社会経済にも様々な局面で二極的効果を顕在化させている。「正」の効果としては，成熟化が進行した社会の下に，健康で文化的，そして快適な高齢期を謳歌している高齢者層の存在そのものであろうし，生命体としての生存の長期化ともい

えるものである。その反面,帰属社会からすれば,高齢期の延伸は社会保障費用の増大・長期化を示唆するものであり,個人の負担の増大という深刻な「負」の効果にも刮目しなければならない。

われわれの誰しもが高齢期に直面する現実問題としては,まず健康問題であり,次に経済的問題であるといえよう。医療技術の進歩が従来の医療分野の常識を大幅に塗り替えていることからも——その費用負担の問題が残されているのだが——健康面での維持管理に関しては相当程度,改善されている。むしろ高齢者家計の経済的自立の方がより深刻であり,高齢期の延伸化と雇用機会（収入）の減少とのジレンマからしても,容易には問題解決できそうもない。

少子化現象は直接的には出生率の低下であり,女性の晩婚化からも起因している。そして,その間接的,あるいは遠因的要素を挙げるならば,女性の社会進出率の向上であり,男女間における格差の僅少化でもある。また高齢化現象も,直接的には平均寿命の延伸によるものであり,医療技術の進歩や生活水準の向上などが助長させている。少子高齢化社会は,女性の社会進出の活発化を示唆するものであり,そのことは同時に,家庭内での介護サービスの担い手の減少を意味するものである。その一方で,高齢化は被（要）介護者数を増加させ,更にその介護期間さえも延伸化させている。必然的に,高齢者に必要なあらゆる種類の介護サービスの外部化は進行し,当然の帰結として,家計における介護関連諸費用の負担率は上昇する。

こうした背景から,高齢者は各自の自助的な自立生活の確立を要求される時代の到来を知ることになる。高齢期にあって,第三者に依存することなく,自立した生活を送るためには,身体的な健康と精神的な自立の他に,経済的自立も重要な条件となる。日本でも,高齢期の生活資金の緊急的必要性と高齢者の高位な持家率とを考量した結果,持家を原資とした「持家資産年金変換制度（リバースモーゲージ制度）」の創設が長らく検討され,準備されてきた経緯がある。少子高齢化が顕著な日本においてこそ,この種の福祉プログラムの社会的必要性については論を俟たない。しかし日本経済における90年代初頭のバブル崩壊を動因とするならば,少子高齢化の進行は導因となって,住宅市場を低調なものにした。その結果として,住宅ストックと帰属する住宅市場との関係にも十分な齟齬を惹起させている。したがって持家そのものが,従来の資産の価値（この場合は,主に市場性あるいは換金性）を損耗してしまい,伝統的に期待されてきた資産形成効果などは壊滅的に減耗した。逆に,住宅ストックそのものが,地価の下落現象に起因した負債化傾向に陥り,

ローン返済などが家計を圧迫するように変化してきている。こうした兆候からしても，日本の住宅市場の景況は，住宅価格の上昇に扇動されてホーム・エクイティ・ローン（Home Equity Loan）実績を急激に上昇させているアメリカの住宅市場とは対極的といえる。

　しかし少子高齢化そのものが——端的に言えば——労働人口の減少を意味するものであり，現在，日本の労働人口の伸び率はマイナスであるから，今後も地価の低下が継続する可能性が高い。そして高齢化の進行は時間選好率の上昇圧力であるとするならば，やはり地価は低下することになる。また高齢化の進行による貯蓄率の低下も，やはり土地総額を低下させる可能性が高い。すなわち少子高齢化は地価の低下圧力になっても，上昇圧力にはなり難い。換言するならば，老齢期の将来的な延伸化と老齢期生活資金に変換しようとしている持家の資産価値の逓減化が同時進行している点が，今日の日本社会の抱えているジレンマである。アメリカの場合を考えると，彼らには移民による労働人口の増加がある。またアメリカの家計貯蓄率が低下傾向にあるにも拘らず住宅価格が着実に上昇しているのは，住宅価格の内，土地代が占める比率が僅か10～20％前後であることも無関係ではない。[1]

（2）居住用空間の福祉性

　本書の中では，持家資産変換システム（Home Equity Conversion System）の一つである「リバースモーゲージ・プラン（Reverse Mortgage Plan）」の制度的原資となる，高齢者の持家の市場価値について，新たな視角から検索する手法を以って，居住などの効用的価値や市場価値（換金性）の他に，老齢期生活資金調達に資する福祉的効用についての理論的整理を研究課題の一つとして取り上げている。持家の多くが，市場に需要を見出せない不良ストックと化している現状の最大の要因は，その住宅資産の外部要件や内部的性能・機能の陳腐化にある。従来の持家の「資産性」については，いわゆる換金性（率）とも言うべき貨幣的捕捉であり，住宅市場における需給のバランスに依拠したものであり，また「効用性」といった視角からすれば，本来的な居住性に集束される機能，性能，外観であると定義できるものである。「福祉性」に関しては，住宅の外的要素（近隣環境；neighborhood）との複合・融和による醸成的効果とも言うべき性格を有する点で特質的であり，伝統的日本社会に根付いていた「隣組」などにも見出せる，旧くて新しい観念的要素であり，普遍的計測が難しい価値観的要素も包含されている点で分り難い。持家の一定空間に「居

住」することの価値（効用）の経済化（経済財として捕捉する意味）について，ボルノウ，オットー・フリードリッヒ（Bollnow, Otto Friedrich）の言葉を借用して説明するならば，「ある一定の空間を占有し，生き生きと過し，しかもその空間の，その人に帰属することによる経済的効果」であり，その効用の普遍的評価の理論的確立に成功したならば，住宅の物理的性能・機能・外観の他の，不可視的な効用・効果に対しても，貨幣を以って購う対象として市場から認知されることを意味する。こうした福祉的効用についての実証事例は，海外には多く見出すことができる。西欧やアメリカ，カナダなどに普及しているコハウジング・コミュニティ（cohousing community；協住型コミュニティ）を，もっとも近似的存在として紹介することが妥当であろう。その一定空間を隣人間同士で連帯しながら，共有化し，共生していこうと，意識的に結束しているコハウジング（コミュニティ）に対するカナダ政府の評価は高いものであり，恩典的な規制緩和などの方法で積極的に支援策を講じている。そのコミュニティの醸成している共有・共生関係に価値を見出しているライフスタイルが，周辺地域社会に波及させているオアシス効果を評価しているからに相違ない。こうした住宅の保有する居住用空間とコミュニティとの相互関係に見出す「福祉性」については，この福祉的機能を重視する市場の確立が先決であり，そのための社会意識の形成が必要とされる。また，こうした福祉的機能を包含した社会こそ，われわれの終局的に希求する21世紀の人間社会であるとも言明できる。

（3）持家資産福祉制度（リバースモーゲージ制度）

本書の直截的な研究対象としては，持家の福祉目的の資産運用であるが，究竟の研究目的は，日本における，高齢者の自助的な経済的自立にある。その目的達成の具現的方法として，本書では，すでに先進諸国間ではリバースモーゲージ・プランとして普及・定着している持家資産福祉制度を取り上げている。住宅問題を常に時の政策の基軸に据えてきているアメリカは，リバースモーゲージ制度の先進的国家であり，行政や政府系金融機関は高齢者の多彩なライフプランに対応させるべく，新たな商品開発には積極的であり，高齢期の自助的努力を支援する姿勢が明確である。

アメリカ社会の場合，「アメリカンドリーム」に象徴される「住宅」は，居住用空間としての基本的効用はいうに及ばず，資産形成を目的にした買い替えやホー

ム・エクイティ・ローンの利用、そして高齢期の経済的自立に貢献しているリバースモーゲージ・ローンなどと、ライフステージに即応して資産運用面では、十分な成功を納めている。アメリカで、1989年に始められたホーム・エクイティ・コンバージョン・モーゲージ（HECM；Home Equity Conversion Mortgage）は、2002年9月期では前年比68％増の1万3000件が契約されている。全米リバース・モーゲージ・レンダーズ協会（NRMLA；National Reverse Mortgage Lenders Association）では、さらに制度の知名度が上がれば利用者の増加が見込まれ、時間の経過と共にマーケティング活動もスムーズになると期待している。[3]

　日本においても、リバースモーゲージ制度の運用によって期待できる効果（利益）にはすでに着目していて、早くから海外事例の調査・研究が行われてきた。紆余曲折しながらも、2003年4月から、厚生労働省が、全国共通の制度として「長期生活支援資金制度（リバースモーゲージ制度）」を、各自治体の福祉協議会を取扱窓口にして、その実施に踏み出している。

（4）アメリカの中古住宅市場のメカニズム

　住宅については、テクノロジーとして捉えたフィジカル・ファクター（physical factor）の他に、コンフォータブル・ファクター（comfortable factor）と、さらにケア・サービス（care service）までも付加させた「居住空間的資産」として捕捉することは可能なことである。

「リバースモーゲージ制度」を検討する場合、持家の担保評価については――アメリカやカナダにおいてさえも――所有者の期待評価額と融資側の評価額とが大きく乖離している現実がある。日本の制度の場合は、担保評価の対象が土地（敷地）のみであって、建物は評価の対象外としている点でも、所有者との間に齟齬をきたしている。確かに、経年劣化した既存中古住宅は、その性能・機能・外観においても確実に陳腐化が始まっている。しかし、この点に関してはアメリカでも事情は同じはずなのに、彼等の中古住宅は活発に取引され、リバースモーゲージ制度の担保対象にもなっている。その理由の一つとして、アメリカでは――日本との不動産市場や法制度、金融制度上の相違も無視できないが――居住空間的価値（効用）を優先的に評価して、建物の老朽化などによる構造上の問題は修復可能な二次的条件と認識する購入選択パターンが一般的だからである。その論拠としては、アメリカの平均的住宅の場合は、その土地代が住宅価格に占める割合は2～3割程度に過ぎない

点である。そして，その所属している居住環境（neighborhood）のコミュニティが優れていて，その上に必要なアメニティが整備されているならば，「居住空間的資産性」は高位であり——良質な居住空間を確保することは誰しもが熱心（高需要）であるがゆえに——市場価格は安定的といえる。

「居住空間的資産」については，「人間的な快適性を保った生活を送るために必要な性能・機能を備えた生活空間を保証する資産」であると定義できる。当然，近隣の住民たち（neighbors）との人間関係も重要な資産性構成要素の一つであり，それらを総括して，われわれはコミュニティと呼称する場合がある。したがって，コミュニティそのものの資産性を主張することは間違っていない。コミュニティとは，複数の人間が同一の場（neighbor）に集い，そこに共有関係，あるいは共存・共生関係などを形成し継続させることに成功したクラスター（cluster）の複合体を意味している。コミュニティの快適性を高く評価し，資産性や福祉性にまで昇華させることが普遍的であるアメリカの住宅市場には，キャパシティの大きさがある。日本の融資環境としては，現行の不動産鑑定評価方法が，そうした不可視的な居住環境的要素を資産評価額に反映させていない点で，相変わらず課題は残されている。

　二つ目の理由として，アメリカ社会特有のファンクションが挙げられる。すなわち，多人種多民族社会構造が，中古住宅市場にもたらす住宅ストックのグラデーション（gradation），換言するならば，社会的階層間に生じる段階的・下降的所有権の移転である。一戸の住宅が，社会的階層間を段階的に下位所得層に向けて，複数回の所有権移転を繰り返し，その都度の修繕・改装を経ながら存続していくからこそ，住宅寿命は延伸し，中古住宅の取引件数は高率を保つのである。アメリカの中古住宅市場の活発な流動性について解明しようと目論むならば，アメリカ社会特有の深層的問題に触れないわけにはいかない所以である。

　2001年9月11日の同時多発テロ事件以降，一転してアメリカの社会経済に混迷が表面化し始めた。そうしたアメリカ経済の全体的不況の中にあっても，なぜか住宅市場だけは，バブル兆候の懸念さえ囁かれるほどの好調振りである。イデオロギーの相剋による無差別的殺戮が，故なき大衆の不安を掻き立て，彼等に改めて家族の存在価値を再認識させ，内省的にさせた。そうした傾向は，人々の関心を自宅に向かわせた。その結果，住宅のリフォーム市場はかつて経験しないほどの活況を呈することになった。

　また広大な領域を擁するアメリカの住宅市場には，地域性が明確に投射されてい

る。その地域固有の雇用環境，その雇用に対応した労働力の種類（人種・階層など），人口の移動状況や稠密度，地域の金融機関の姿勢，地域の成熟度（インフラなどの完成度）などから織り成された住宅需要の光と陰は，市況に明確に投影されている。こうしたアメリカ市場のベクトルがリバースモーゲージ制度を福祉制度としてアメリカ社会に普及・定着させているメカニズムを探究して，学び取る教訓は少なくない。

（5）コミュニティの資産性

すでに前著『リバースモーゲージと住宅』の中ではリバースモーゲージ制度を取り上げて，欧米先進諸国のスキームやその背景を解説しながら制度の課題を検討し，ジャパニーズ・モデルを提言している。しかし既存中古住宅（持家）の市場性（循環性）や積極的な資産性実現の方法，そして不動産市場全般などについては論及されていないことから，本書の中で改めて取り上げて検討している。

持家とは個人の所有する既存中古住宅であり，その効用・価値について語ろうとするとき，その所有者（家族）の享受する居住の効用・利便性と市場で評価される資産価値とが，必ずしも同一であるとは確言できない。住宅の構造的価値（性能・機能・外観）は，建物の経年劣化による陳腐化・損耗を免れることはできない点で，その資産性は恒久的ではない。建物を解体した跡地（更地）の場合は，その場所の立地条件的価値の評価でしかない。立地的条件については，鑑定評価基準する場合でも，地形，道路，区画など形状的要素が査定基準であり，都市計画や土地利用規制など法的要素も査定基準である。実は，ここに問題が潜在している。住居の重要かつ本来的な価値（効用）は，居住の「快適・安全性」の一言に収束されるはずのものである。その価値は，すなわち周辺環境の成熟度であり，インフラ整備，地域住民環境，犯罪発生率，学校問題などが密接に関わって形成されるものであり，コミュニティと総称されるものでもある。このコミュニティには，継続性がある。コミュニティは建物のようには劣化・陳腐化しないし，変化しても修復も可能である点で，資産性が継続的であるといえる。しかし現行の不動産鑑定評価基準には，コミュニティに関する評価項目を見つけることはできない。精々，鑑定書の「環境」欄に，周辺の住宅や区画の規模についての印象によって，評価額に僅かな微調整を加える程度である。

著者は，こうした周辺環境条件をあえて他の条件と区別して，「空間的資産性」

であると定義し，また，この「空間的資産性」の継続性に注目して，「継続的資産性」とも説明している。本書の中では，コミュニティの不可視的な効用の価値を，あえて資産的評価する必要性と根拠について論及している。

住宅地に関わるコミュニティの効用や必要性については，すでに人口に膾炙されている。住宅の「居住する空間」が備えている，日常的生活を営む上で必要な快適性や安全性をさらに外部に拡大化させることによって，近隣住民との関係の中に，共有・共生・連帯・帰属などの意識が形成される。そうした意識形成から醸成される相互扶助性（福祉性）を，生存的生活欲求（a basic human need）にまで昇華させることによって，資産性にまでに確立させようとする目論見は無謀なことではない。また居住用財産としての価値を，不動産市場における交換性（換金性）に基づいた評価だけで収束させることなく，むしろ居住用財産の本来的価値は，その生活空間的効用（役割）に重きを置かれるべきものと主張するべきである。コミュニティの普遍的概念の中に見出せる，住民間の相互扶助性（福祉性）の表顕化に成功したならば，居住用資産の根元的な価値（便益・効用）がこれまで以上に評価され，衆目を集めて，その市場性（人気度）は圧倒的に向上するに違いない。居住環境的要素として市民権を得ているコミュニティの資産性についても，アメリカやカナダに普及しているコミュニティ・コハウジングなどの事例を以って論証することは容易なことである。

（6）日本の住宅市場の可能性

本書では，住宅市場に情報技術の革新を照射して，市場改革を提言している。最近の情報技術革命は，ヒト・モノ・サービス・情報が「移動」するのに要する「費用」や「時間」を圧倒的に低減，あるいは短縮させて，経済やテクノロジー，文化面などの多岐に亘ったグローバル化を加速させている。不動産市場においても，情報技術の積極的導入はエリアの拡大と取引のスピードアップが期待できる。広域のエリアを擁するアメリカ不動産市場の情報システムは，その先進性，普及性において学ぶべき点が多い。また不動産鑑定評価における情報の広範性や精緻性などは時代の要請であるが，それはまた情報処理技術の高度化によって実現可能なものであり，不動産証券市場の発展にも奏功するものでもある。

また次の取組みとして，住宅の活用・取引形態についても，以下のようなバリエーションが考えられる。

(1) 居住だけの単純使用ではなくて多目的用途との複合化，例えば SOHO など，
(2) 個人住宅の介護施設への転用化（高齢者対応の機能・サービスの付帯化，オレゴン・システムなど），
(3) 使用貸借とリバースモーゲージ・プランとの複合化，
(4) 単純売買取引ではない，売買と賃貸借の契約の複合化，
(5) 譲渡担保とリバースモーゲージ・プランの複合化，
(6) 等価交換方式の取込み等々，様々なバリエーションの可能性がある。

　中古住宅ストックの「再生」の事業化についても，次のように論じている。競売物件の中古住宅を購入して――「更地化」しないで――中古住宅商品として再生し，販売している企業が着実に営業実績を伸ばしている実態が，資源再生・有効活用の黎明期を感じさせるものである。現在，その処理に窮している建築物解体廃棄物は，深刻な社会問題として浮上している。しかし分別解体された資材の再利用は可能であり，その積極的推進は中古住宅の資産性向上にも資するものである。勿論，この場合であっても，法的規制上の緩和など，行政支援が必要なことは断るまでもない。
　自動車産業界においても，解体自動車のパーツの再利用化が急速に進行していて，ビジネス化が活発な様相を呈し始めている。多発する交通事故に難渋している損害保険会社も，保障費の削減に奏功する効果を期待し，ホンダなどの大手自動車メーカーも熱心に取組んでいる課題である。著者の主張するところでもあるが，中古住宅市場と中古自動車市場との間には，共通する要素が多い点からも，自動車産業の動向は対岸の火事ではない。
　最近，新築着工件数の減少に狼狽したハウスメーカーがリフォーム事業の方向に舵を取り始めている様子からすると，「スクラップ＆ビルド」の風潮に逆風が吹くのかもしれない。これまでは，住宅ローンが完済する頃は，すなわち「建て替え」を検討する時期でもあった。こうした背景も影響してか，税法上や金融制度上も，築後20年以上経過した木造住宅に対してはその担保力を認めていない。しかし，われわれの社会経済の全般に表顕化している，省資源・環境保護問題，少子高齢化問題などと，社会の万象において「既存の再生化」と「規模の縮小化」の時代を迎えつつあり，短絡な「スクラップ＆ビルド」は，早晩，許容されなくなる。その論拠としては，コンバージョン（conversion）などの手法も技術的高度化と普及化の兆

しが見えて，社会的資本財の長期継続性を期待する社会へと変位する胎動を感じるからである。本書では，リフォームの事業化に取組む民間企業の経営戦略の幾つかを紹介しながら，企業意識の変化と技術革新とを両輪とした企業改革の必要性についても，論及している。

　また不動産市場における新商品開発の必要性についても，提言している。「ビアジェ」や「リース・バック・セール (lease back sale)」，あるいは「住宅下取り（残価設定）予約契約」などに見られる取引上の柔軟性や相互利得性などは，従来の日本の不動産取引には欠如していた要素であった。不動産取引は，商行為の中でも単純性，一過性が強く，高額取引であるがゆえに，債権債務の双務性の中に相互利得システムを組み込むことによって，買い手側の資金負担感を軽減し，売り手側にとっても成約率向上の効果が期待できる。また現行税法上の特別優遇措置の享受は期待できないにしても，親子・親族間での不動産取引の活発化も新たな提言である。相続や遺贈ではなくて，生前に積極的に売買・交換することで，不動産市場の流動性は急速に向上する。これまでの日本社会では，近親者同士での売買取引を逡巡する風潮があったが，取引の内部化であっても特段の不都合はなく，むしろ親子間の取引などの場合は教訓的な意義も期待できる。既成的商慣習に拘泥することなく，時代の変化に追随できる柔軟性に富んだトレイド・プログラムの創成が市場の活性化に貢献する。

　「土地」の資産性についても，地価バブル期と現在とを比考した場合，土地財の利用から与えられる利益・効用においての決定的相違は見出せないにも拘らず，このところの地価下落は継続していて止まらない。その継続的地価下落の最大の原因は，不動産市場から投機性，換言するならば，売買取引が牽引する循環性（流動性）が損なわれたことにある。この場合の循環性と投機性とは同義語であり，齟齬しない。しかし，これまでは，実需に裏付けされた循環性ではなかっただけに，市場の投機性向が減耗した途端，不動産の狼狽的放出が惹起され，急速なオーバーストックに陥っている。政府でさえもが国有未利用地の売却にも難儀している現状は，日本の不動産市場の循環性の衰耗というよりも，むしろ梗塞状態というべきである。こうした梗塞状態から不動産市場を脱却させる有効な打開策は，不動産に対する「意識改革」であると，著者は結論して憚らない。

　定期借地権付住宅についても，実は，古くて新しい権利形態であって，スウェーデンの「土地利用権」とも類似点が多く，そのいずれもが，所有権ではない利用権

を行使して住居を保有する点で共通している。少子高齢化の進行する日本では，世代を重ねての居住用資産の世襲は，一面では住宅市場の流動性を阻害する弊害ともいえる。土地の有限的利用権である定期借地権は，居住の移動性や選択性を高め，ライフステージに即応したライフスタイルを享受できる点で自由度が高く，何よりも土地取得負担が圧倒的に軽い点で優れている。リバースモーゲージ制度を考量する場合でも，定期借地権契約時に預託する保証金を担保にしたプログラムが，すでに一度，検討された経緯もあり，高齢化社会にも馴染みのよい居住形態である。しかし現行の定期借地権契約の多くは，契約期間が比較的短期である点，その契約保証金が高額である点などで，検討を要する余地を残している。

2　本書の構成

本書の構成は以下のとおりである。

第Ⅰ部では持家資産とライフスタイル，第Ⅱ部では住宅市場の変貌について論及している。

第1章では，高齢化社会の実態と高齢者世帯の経済生活について，調査資料を使いながら，その傾向を概説している。またリバースモーゲージ制度についての意識調査結果から，住宅資産（持家）に対する各年齢層の意識変化，リバースモーゲージ制度の将来性などについても概説している。

第2章では，住宅の資産性について多面的視角から検討を加えている。住宅は，物理的寿命ではなくて，どちらかといえば性能・機能・外観（デザイン）などの陳腐化が主な理由で解体され，建て替えられている実態を報告している。また建物についての減価償却年数の法定化が──政治的含意もあってか──税法上の住宅の資産価値（寿命）を減価させている点も解説している。そしてライフステージに順応した住み替え（買い替え）の便益を，主に高齢者を対象にして論じ，中古住宅市場の流動化に資する効果についても論及している。

第3章では，ライフスタイルの変容と資産観の変化，個人（家族）と集団（コミュニティ）との相関関係，そして最近のコミュニティの変化などについて論及している。また海外の宅地開発手法などを紹介しながら，改めて土地の「所有」と「利用」の形態について，多面的な視角から論じている。その他に，生活圏や人口分布の変化，あるいは郊外立地の大型店舗（SC）の進出などによって後退化を余儀

なくされた地方都市の商店街再生事業として，居住機能導入のコンバージョンについても概説している。

　第4章では，日本の住宅市場の変貌について事例を挙げながら論説している。まず住宅産業界の既存住宅リフォーム事業への本格的参入の実態を紹介している。競売物件の再生を専業化して業績を伸ばしている住宅販売会社，住宅設備機器メーカー各社によるリフォーム戦略，大規模なリフォーム展示場の開設に企業生命を賭けた会社など，リフォーム事業の黎明期とも評すべき様相について解説している。そして東京都のベッドタウンである越谷市の中堅住宅販売会社の急成長を支えた，経営の多角化と活発な分社化についても取材し，報告している。

　第5章では，アメリカの住宅市場について論及している。2001年9月11日の同時多発テロ事件を境にして，アメリカ経済は急速に低迷化した。しかし住宅市場はこれまでにない活況であり，全米の中古住宅販売実績は，過去の最高水準を更新している。そのメカニズムを現地の報道記事などを使いながら解説している。不況下にあって住宅価格が低下するのを窺っていた低所得者層は，いまを好機として住宅取得に向かっている。また，これまでは住宅ローンを利用できなかった低所得者層（マイノリティ）にも，雇用先の給与証明書（W-2）によってホーム・ローンの道を開いた銀行が現れたことから，住宅取得件数は急激に上昇した。就職や就学などによる移動，高齢者による住居のダウンサイジング（downsizing），資産形成目的の買い替えなど様々な理由から，アメリカ住宅市場には需要と供給が錯綜している。したがって中古住宅取引は活発であり，その勢いは衰えない。アメリカの特徴でもある社会の多階層性が，住宅市場のグラデーションを促し，結果として住宅寿命の延命化に奏功している実態は，日本の住宅市場にとっても示唆的であり，教訓的である。またアメリカの多彩なライフスタイルと住宅市場との相関性，そして中古車市場などとの類似性についても論じている。

　第6章では，住宅市場に与える税制の抑制・加速効果について概説している。アメリカの住宅関連税制の一部を解説しながら，税法上の特典を最大限に利用して資産形成に成功した夫妻の足跡も紹介している。

　第7章では，不動産全般に亘る様々な課題について概括的に論じている。行政による指導価格の功罪，不動産鑑定評価基準の改正，住宅ローンの改革，そして不動産証券化の問題点などについて，実務的な視点から検討している。

注

(1) 岩田一政・服部哲他「少子化・高齢化と土地価格」『住宅土地経済』No 50, 2003年, 2〜7頁参照。
(2) ボルノウ, オットー・フリードリッヒ『人間と空間』(大塚恵一他訳) せりか書房, 1983年, 270頁参照。
(3) Mitchell, Olivia S & Piggott, John, *Housing Equity and Senior Security*, p 2.

第Ⅰ部

持家資産とライフスタイル

Cranberry Commons Cohousing, Canada.
（2002年8月著者撮影）

第1章
高齢者家計と持家資産福祉制度

1　高齢化の現状と経済生活

(1) 少子化と高齢化

　総務庁の調査情報によると，1999年4月1日現在のわが国の子供人口（15歳未満人口）は1889万人（男性968万人，女性921万人）で，前年よりも31万人減少して1900万人を割った。子供人口が総人口に占める割合を諸外国と比較してみると，日本，イタリアは14％台，イギリス，フランス，スウェーデンは18～19％台，カナダ，アメリカは20％台であり，インド，インドネシア，ブラジルは日本の約2倍強である。少子化現象においても，日本は世界の中で突出している。

　人口問題審議会は，1997年10月，『少子化に関する基本的考え方』という報告書をまとめた。その中で，少子化現象の及ぼす影響について，労働力人口の減少，経済成長率の低下，そして現役世代の社会保障負担の増大を指摘している。また社会面における影響としては，単身者や子供のいない世帯など「家族」像の変容，子供同士の交流機会の減少や過保護・過干渉などから，子供の社会性の健全な成長が阻害される，などの点が挙げられている。しかし本当に「少子化」が社会に及ぼす影響はそれだけなのだろうか。

核家族化と福祉サービス　　伝統的な日本社会においては，良くも悪くも，その底流にあった「家族」制度の存在を否定することはできない。伝統的な「家族」制度は，同居する高齢者に対する世話・介護（様々な福祉サービス）を家族員に依存してきた。2世代家族では，老人と子供の交流はごく日常的な行動であり，深刻な老人問題の一つである孤独感・疎外感などを老人たちは感じなくて済んだという効果もあった。また働く現役世代にとっても，老人が子供の世話や留守宅を護ってきたからこそ，現役夫婦で外部勤労収入を得られたし，その分を

貯蓄することもできた。そうしたなかの自然な形で，家族が老人の世話（介護）をするといった生活システムが機能して，今日の福祉サービスのすべてを家族が担ってきた。しかし「少子化現象」は，結果として世帯員数が多い伝統的「大家族」の減少を加速し，核家族化を進行させて，同時に，従来の「家族機能」の外部化を促すものであった。

介護休業制度　そうした傾向に対しての法的支援策として，1999年4月，各地方自治体に「介護休業制度」の導入が義務付けられた。この制度の趣旨としては，古くから，「育児」や老親の「介護問題」は女性に専従的に依存してきたが，その労働者（主として女性）の福祉に貢献することを目的としている。

また近年の社会環境の変貌から誘発された，あらゆる行動における選択肢の多様化は，女性のライフスタイルにも大きく影響を与えることになった。男女雇用機会均等法の改正や労働基準法の改正，そして男女共同参画社会基本法の制定など，法的背景がここにきて急速に整備され始め，女性の雇用労働者化，高学歴化を促進させている。その結果，未婚率の上昇あるいは晩婚化現象が固定化されてきて，やがて出生率の低下や世帯員数の少数化を誘発させ，結局，「少子化」現象の導因となっている。「少子化」が引き起こす社会の高齢化の進行は，将来，労働力の不足と社会保障費用の負担人口の減少を誘引する。政府は，高齢化対策と並行して少子化対策に取組む姿勢を明らかにした。しかし，この少子化問題は政府にだけ依存していても解決できない性格のものである。なぜならば人間社会の存亡にも係る問題であり，また純粋に「個人」の問題でもあるといった人権的特殊性がある。

増加する高齢世帯　一般世帯数は増加傾向にあるが，世帯規模は単独世帯の増加，親子同居の減少などで，全体的には縮小化の方向に向いている。人口問題研究所の「日本の世帯数の将来推計（平成5年10月推計）」によれば，平均世帯人員は1990年の2.99人から2000年の2.72人に，2010年には2.55人にまで減少すると推定されている。

また世帯主年齢が65歳以上の高齢世帯が増加し，1995年での高齢世帯比率は19.8％，2010年には30％弱である。また高齢単独世帯は1995年から2010年までに約2.1倍まで増加し，夫婦のみの世帯数は2010年には約1.8倍まで増える。親と子供だけの高齢者世帯も，159万世帯から321万世帯までと，約2倍の増えようである。「国民生活基礎調査の概要」（厚生労働省）によると，1998年現在，65歳以上の高齢者のうち，「子と同居」は50.3％，「夫婦のみ」は32.3％，「1人暮し」は13.2％で

ある。80年と比較すると，当時は69.0％，19.6％，8.5％であったから，「子と同居」は減少，「夫婦のみ」と「1人暮し」は増加が進み，高齢者と子の生活形態は変化しつつある。英米や北欧などでは，すでに「子との同居」は10％前後となっている。そうした社会環境から必然的に定着した，高齢者の経済的自立策としての仕組みがリバースモーゲージ制度であったと推察できる。

（2）高齢化の現状

　国連の定義によれば，高齢人口比率が7％以上を高齢化社会（aging society），高齢化が進行して同比率が14％以上に達してそれが継続されている社会を高齢社会（aged society）と呼んでいる。総務庁の推計によると，日本の高齢人口は2116万人で総人口の16.7％を占め，国民6人に1人の高齢者ということである（1999年9月現在）。国連の定義によるならば，日本はすでに高齢化社会ではなくて，次の高齢社会に入っているというべきである。また高齢人口のうち，65～74歳を前期高齢者人口，75歳以上を後期高齢者人口としている。

　総務庁の人口推計（図表1-1）によれば，1998年10月1日現在，前期高齢者人口は1237万人（男性568万人，女性669万人），後期高齢者人口は814万人（男性284万人，女性530万人）となっている。今後の前期，後期別の高齢者人口推移を「将来推計人口」（厚生労働省）でみると，前期高齢者人口は2016（平成28）年の1698万人をピークとして，その後は減少していくものと予想されている。一方，後期高齢者人口は増加を続け，2022（平成34）年には前期高齢者を上回るものと予測されている。高齢者全体が増加する中で，後期高齢者の占める割合は一層大きなものになるとみられる。

　先進諸国の高齢化率の推移及び予測（図表1-2）に見るように，日本の高齢化は世界にその類を見ない速度で進行していることが理解できる。高齢化の速度について，高齢化率7％を超えて14％に至るまでの所要年数による比較から，フランスが114年，スウェーデンが82年，イギリスが46年，ドイツが42年であるが，日本は1970（昭和45）年に7％を超えて24年後の1994（平成6）年には14％に達している。フランスと比較すると4.75倍の速さで高齢化が進行している。

　フランスでは，ナポレオン時代から続いているリバースモーゲージ制度の「ビアジェ（viager）」が，最近は「長命化」が原因で利用率が落ちたと報告されているが，それでも年間3500～4000件の契約件数が予想されている。こうしたフランスに

図表1-1　前期高齢者人口と後期高齢者人口

	前期高齢者人口（万人）(65～74歳)			後期高齢者人口（万人）(75歳以上)		
		男性	女性		男性	女性
1998（平成10）年10月1日	1,237	568 (性比)	669 84.9	814	284 (性比)	530 53.5
1997（平成9）年10月1日	1,197	545 (性比)	652 83.6	779	273 (性比)	506 54.0
増 加 数（万人）	40	23	17	35	11	24
増 加 率（％）	3.3	4.2	2.6	4.5	3.9	4.8

注：性比は，女性人口100人に対する男性人口の割合。
資料：総務庁統計局「人口推計」。
出所：総務庁編，1999年，31頁参照。

比べて，わが国は，リバースモーゲージ制度の本格的導入の緒に就いたばかりであり，持家資産福祉制度では後進国ともいえる。

今後の高齢化率の推移を先進諸国と比較してみると，わが国は1995（平成7）年では14.6％とほぼ均衡しているが，2000（平成12）年には世界最高水準になり，そこからはどこの国もまだ経験したことのない高齢社会を迎えることが予想されている。政府は，この「未知との遭遇」ともいえる社会構造の急速な変貌に対しての「戦略」を準備できているのだろうか。現実問題として，今後，社会保障負担はますます増加することが予想される。一方，長期化した構造不況の回復は予測できない中で，多くの「負」の要素を「正」の要素に変換する機能を日本社会全体のメカニズムに取り込まないことには，物心の両面に亘って「停滞」，あるいは「後退」症状の定着・慢性化が懸念される。国家財政の財源である税収（法人税等）が長期的減少傾向にあるところから政府支出は節減方向であろうから，残された窮余の一策として，既存資源の流動化を図る方法が考えられる。ストック（資産）をフロー（現金）に変換することによって，まず国内経済市場の活性化が期待できるからである。フロー作用をスムーズな状態で継続させるためには，行政のタイムリーな支援が最も直接的な効果を挙げられる。行政の持つ規制・監督といった機能も必要ではあるが，これから暫くの期間は，民間活力をその牽引力に仕立てて，どちらかというと行政は側面から支援するといったスタンスが必要な時期に直面している。またリバースモーゲージ制度についても同様であり，民間体制（市場）のもとで開

図表1-2　先進諸国の高齢化率の推移及び予測

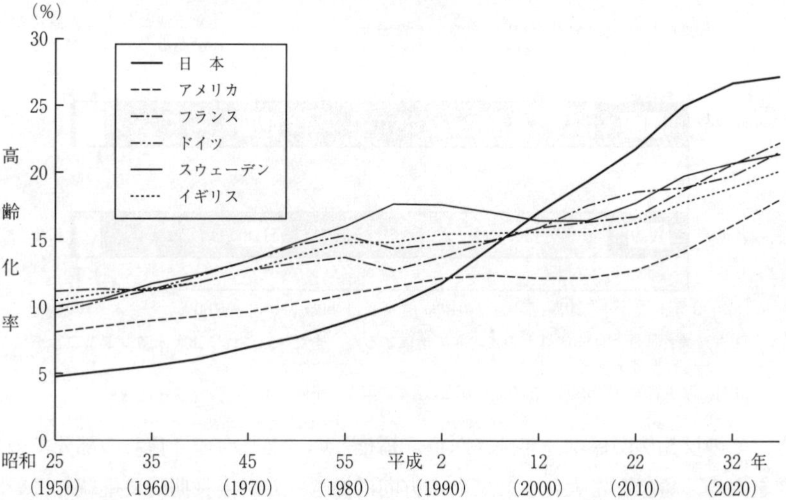

(%)

凡例：
― 日　本
--- アメリカ
-・- フランス
-・・- ドイツ
― スウェーデン
… イギリス

横軸：昭和25(1950) 35(1960) 45(1970) 55(1980) 平成2(1990) 12(2000) 22(2010) 32年(2020)

	昭和60(1985)	平成7(1995)	平成17(2005)	倍加年数(高齢化率7%→14%)		
日　本	10.3%	14.6%	19.6%	24年間	(1970年 →	1994年)
アメリカ	11.8	12.6	12.4	69	(1945 →	2014)
フランス	13.0	15.2	16.7	114	(1865 →	1979)
ド　イ　ツ	14.6	15.2	17.8	42	(1930 →	1972)
イギリス	15.1	15.8	15.9	46	(1930 →	1976)
スウェーデン	17.9	17.3	16.6	82	(1890 →	1972)

資料：総務庁統計局「国勢調査」。
　　　厚生省国立社会保障・人口問題研究所「日本の将来推計人口」（平成9年1月推計）（中位推計）。
　　　UN, World Population Prospects : The 1996 Revision.
出所：建設省住宅局住宅政策課監修，2000年，122頁参照。

発・販売させる方法によって，「システム」自体に必要な「事業性」(収益性・柔軟性・競合性) や「スピード」がより確実に付与され，市場性の高い住宅資産担保変換システムとして定着・発展できそうである。

(3) 高齢者の経済生活

　高齢化の進行は，その国の様々なセクターにもその影響を及ぼすことになる。高齢世代は勤労世代に比べて相対的に貯蓄率は低く，高齢化の進行に伴って，今後，国全体の貯蓄率も低下していく。また高齢者が増加する反面，現役世代が減少して

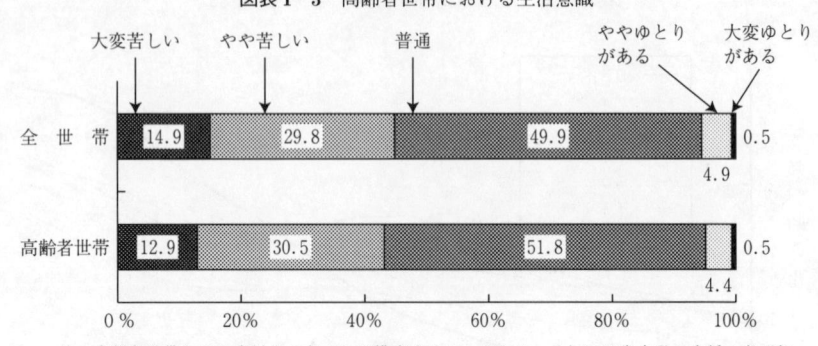

図表 1-3　高齢者世帯における生活意識

	大変苦しい	やや苦しい	普通	ややゆとりがある	大変ゆとりがある
全世帯	14.9	29.8	49.9	4.9	0.5
高齢者世帯	12.9	30.5	51.8	4.4	0.5

注：高齢者世帯とは65歳以上の者のみで構成するか，または，これに18歳未満の未婚の者が加わった世帯をいう。
資料：厚生省大臣官房統計情報部「国民生活基礎調査」平成9年。

いき，その反比例関係は，年金，医療，福祉といった社会の「負」の部分での資金需要を高め，負担を増大化させていく方向に働き，しかも長期的に継続していくものと見られる。

① 高齢者世帯の生活意識

「国民生活基礎調査」（平成9年）でみると，高齢者（65歳以上）の生活意識は，「大変苦しい」が12.9％，「やや苦しい」が30.5％，「普通」が51.8％，「ややゆとりがある」が4.4％，「大変ゆとりがある」が0.5％となっている（図表1-3）。

② 高齢者世帯の所得

「国民生活基礎調査」（平成9年）でみると，高齢者世帯の年間所得（平成8年）は，316.0万円であり，公的年金・恩給が62.5％を占めている。高齢者世帯の年間所得は全世帯の半分程度に過ぎないが，世帯人員一人当たりでは，大きな差は見られなくなる（図表1-4）。

高齢者世帯の年間所得の分布については，100万円未満が15.6％，100～200万円未満が26.9％，200～300万円未満が19.4％，300～400万円が18.2％となっている（図表1-5）。

③ 高齢者世帯の貯蓄

「貯蓄動向調査」（平成9年）でみると，高齢者世帯の貯蓄状況は，世帯主が65歳以上の高齢者世帯平均の貯蓄現在高が2353万3千円であり，全世帯の世帯平均貯蓄現在高の約4分の1を占めている。同調査によると，高齢者世帯の約8割が「負債なし」である（図表1-6）。

図表1-4　高齢者世帯の所得

	年間所得金額 （平成8年）		世帯人員一人当たり額 （平均世帯人員）
高齢者世帯	316.0万円		206.6万円 (1.53人)
	（稼働所得	26.6%）	
	（公的年金・恩給	62.5%）	
	（財産所得	6.0%）	
	（その他給付金	1.0%）	
	（仕送り・その他の所得	3.9%）	
全　世　帯	661.2万円		225.8万円 (2.93人)

注：1. 高齢者世帯とは，65歳以上の者のみで構成するか，または，これに18歳未満の未婚の者が加わった世帯をいう。
　　2. 財産所得とは家賃・地代の所得と利子・配当金を合わせたものであり，その他給付金とは年金・恩給以外の社会保障給付金である。
資料：厚生省大臣官房統計情報部「国民生活基礎調査」平成9年。

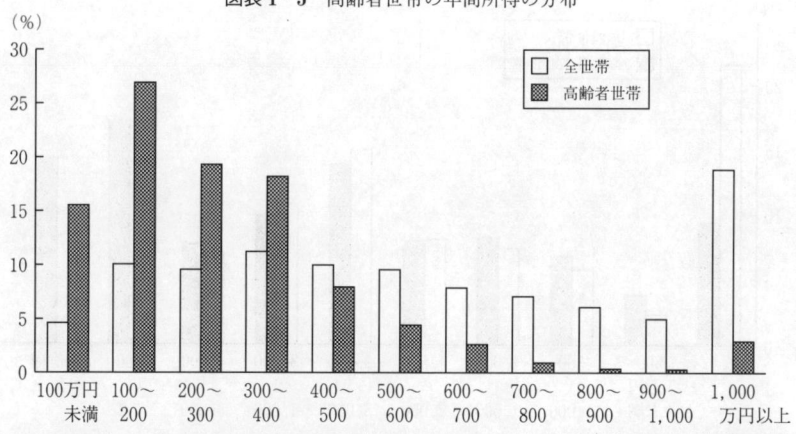

図表1-5　高齢者世帯の年間所得の分布

注：高齢者世帯とは，65歳以上の者のみで構成するか，または，これに18歳未満の未婚の者が加わった世帯をいう。
資料：厚生省大臣官房統計情報部「国民生活基礎調査」平成9年。

④　高齢者世帯の住宅・宅地資産

　高齢者世帯の住宅・宅地資産について，「全国消費実態調査」（平成6年）でみると，高齢者夫婦世帯（夫65歳以上，妻60歳以上の夫婦のみの世帯）では，「ある」が90.7%，「なし」が9.3%となっている（図表1-7）。

⑤　高齢者の不動産譲与への態度

24　第Ⅰ部　持家資産とライフスタイル

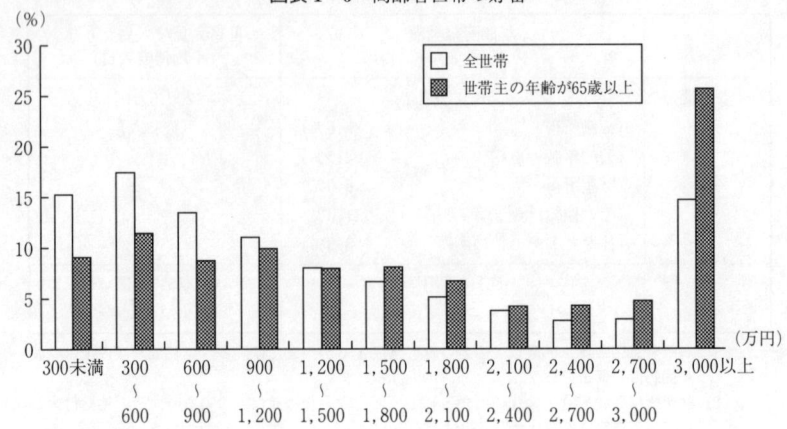

図表1-6　高齢者世帯の貯蓄

凡例：□ 全世帯　▦ 世帯主の年齢が65歳以上

横軸（万円）：300未満／300～600／600～900／900～1,200／1,200～1,500／1,500～1,800／1,800～2,100／2,100～2,400／2,400～2,700／2,700～3,000／3,000以上

資料：総務庁統計局「貯蓄動向調査」平成9年。

図表1-7　高齢者世帯の住宅・宅地資産

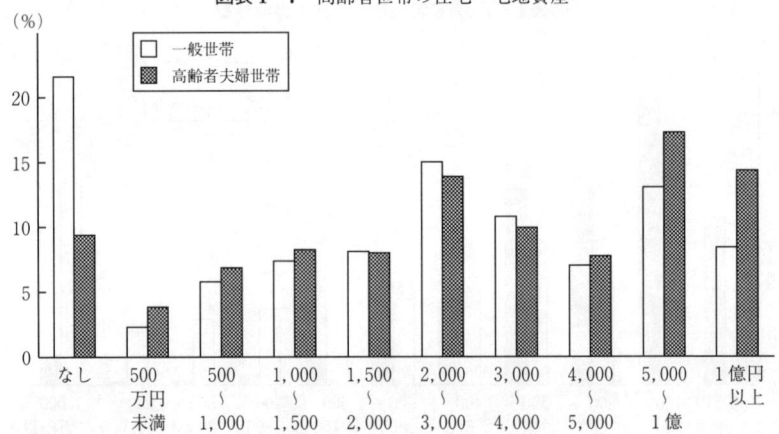

凡例：□ 一般世帯　▦ 高齢者夫婦世帯

横軸：なし／500万円未満／500～1,000／1,000～1,500／1,500～2,000／2,000～3,000／3,000～4,000／4,000～5,000／5,000～1億／1億円以上

注：高齢者夫婦世帯とは，夫65歳以上，妻60歳以上の夫婦のみの世帯。
資料：総務庁統計局「全国消費実態調査」平成6年。

図表1-8　高齢者の不動産譲与への態度　(%)

不動産は，そのまま子供に継がせるべきである	64.7
不動産は，親（自分）の老後の生活の資金を得るために活用（売却，賃貸または担保にするなど）してもかまわない	14.2
どちらともいえない	13.4
わからない	7.7

注：1.「土地や家屋などの不動産を子供に譲ることについて，どちらの意見に近いか」への回答。
　　2. 調査対象は，全国60歳以上の男女。
資料：総務庁長官官房高齢社会対策室「高齢者の経済生活に関する意識調査」平成8年。

高齢者の不動産の譲与に対する態度について，60歳以上を対象とした「高齢者の経済生活に関する意識調査」（平成8年）でみると，老後の生活資金を得るために活用（売却・賃貸または担保など）してもかまわないとする者は，14.2％となっている（図表1-8）。

（4）リバースモーゲージ制度と高齢者世帯

　リバースモーゲージ制度について，60歳以上を対象にした「中高年齢層の高齢化問題に関する意識調査」（平成10年，総務庁）の調査結果を資料にしながら，検討を加えてみたい。

　「関心がある」は44.7％であるが，「既に利用している」は0.1％であり，制度としては，ほとんど機能していないことが分かる。約4割強が関心を持っていることから，制度の必要性は高い（図表1-9）。

　男性は50～59歳，女性は60～64歳の層が，もっとも「関心がある」の回答している。男女で10歳位の時期のズレがあるのだが，男性の場合は，退職年齢を目前にして，改めて将来設計を再検討する時期に相当していると思われる（図表1-10）。

　「子供の有無」が，リバースモーゲージ制度への関心に，あまり大きく影響していないことがわかる。子供との同居を確実視していない層が多いからと思われる。逆に考えると，子供がいてもリバースモーゲージ制度を利用する可能性は高い（図表1-11）。

　「持家なし」でも，リバースモーゲージ制度への関心が37.2％あるのは，将来，住宅取得後のライフプランとして，制度の利用を視野に入れて考えているのかもしれない（図表1-12）。

　図表1-13からすると，リバースモーゲージ制度に「関心がある」のは，世帯金融資産が比較的多い層であることから，老後生活の余裕資金源の一つとして，制度利用を検討したいのかも知れない。

　「関心はあるが利用するかどうかわからない」，「関心はあるが利用しない」，「関心がないし，利用もしない」と回答した人の理由では，「子供に相続させたい」意向が36.7％であった。こうした傾向から，著者の提言する，「子供に住宅を売却する」方法で，購入代金の割賦払い方式を取り入れて，親への年金化とするリバースモーゲージ制度を検討する必要がある（図表1-14）。

　リバースモーゲージ制度の利用に対して，「関心はあるが利用するかどうかわか

図表 1-9 リバースモーゲージの利用意向

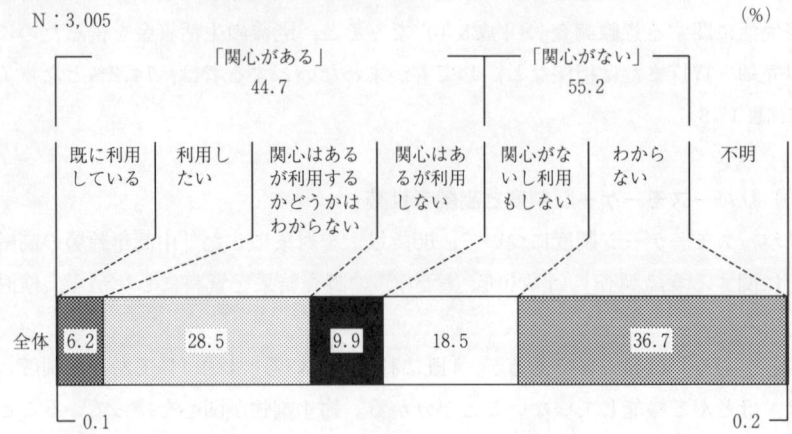

N：3,005　　　　　　　　　　　　　　　　　　　　　　　　　　　　（％）

「関心がある」44.7 ／ 「関心がない」55.2

全体: 既に利用している 0.1 ｜ 利用したい 6.2 ｜ 関心はあるが利用するかどうかはわからない 28.5 ｜ 関心はあるが利用しない 9.9 ｜ 関心がないし利用もしない 18.5 ｜ わからない 36.7 ｜ 不明 0.2

出所：生命保険文化センター，1999年，I-69頁参照。

図表 1-10 リバースモーゲージの利用意向 （％）

	N	既に利用している	利用したい	関心はあるが利用するかどうかはわからない	関心はあるが利用しない	関心がある	関心がない	関心がないし利用もしない	わからない	不明
全体〈性・年齢〉	3,005	0.1	6.2	28.5	9.9	44.6	55.2	18.5	36.7	0.2
男性	1,563	0.1	6.7	27.3	10.2	44.3	55.4	20.0	35.4	0.4
35〜39歳	225	0.0	5.8	28.0	5.8	39.6	60.0	13.3	46.7	0.4
40〜49歳	444	0.0	7.9	27.5	8.1	43.5	56.1	16.7	39.4	0.5
50〜59歳	420	0.2	6.2	30.0	11.4	47.9	51.7	16.4	35.2	0.5
60〜64歳	198	0.5	7.6	23.7	10.6	42.4	57.6	32.3	25.3	0.0
65〜74歳	276	0.0	5.4	24.6	15.2	45.3	54.3	27.2	27.2	0.4
女性	1,442	0.1	5.6	29.8	9.4	44.9	55.0	16.9	38.1	―
35〜39歳	213	0.0	7.5	35.2	7.0	49.8	50.2	8.9	41.3	―
40〜49歳	455	0.0	6.6	32.5	6.8	45.9	54.1	13.4	40.7	―
50〜59歳	421	0.0	5.2	27.8	10.7	43.7	56.3	18.3	38.0	―
60〜64歳	151	0.7	4.6	31.1	16.6	53.0	47.0	19.2	27.8	―
65〜74歳	202	0.5	3.0	21.3	9.9	34.7	65.3	28.2	37.1	―

出所：生命保険文化センター，1999年，I-69頁参照。

第 1 章　高齢者家計と持家資産福祉制度　27

図表 1 - 11　リバースモーゲージの利用意向
(%)

	N	既に利用している	利用したい	関心はあるが利用するかどうかはわからない	関心はあるが利用しない	関心がある	関心がない	関心がないし利用もしない	わからない	不明
全　体	3,005	0.1	6.2	28.5	9.9	44.6	55.2	18.5	36.7	0.2
〈子どもの有無〉										
子どもあり	2,716	0.1	6.0	28.2	10.5	44.8	55.0	19.1	35.9	0.2
子どもなし	278	0.0	7.9	31.3	4.0	43.2	56.5	11.9	44.6	0.4

出所：生命保険文化センター，1999年，I-71 頁参照。

図表 1 - 12　リバースモーゲージの利用意向
(%)

	N	既に利用している	利用したい	関心はあるが利用するかどうかはわからない	関心はあるが利用しない	関心がある	関心がない	関心がないし利用もしない	わからない	不明
全　体	3,005	0.1	6.2	28.5	9.9	44.6	55.2	18.5	36.7	0.2
〈持家の有無〉										
持家あり	2,368	0.1	5.7	30.0	10.9	46.7	53.2	20.2	33.0	0.1
持家なし	607	0.3	7.9	22.9	6.1	37.2	62.3	12.0	50.2	0.5

出所：生命保険文化センター，1999年，I-71 頁参照。

図表 1 - 13　リバースモーゲージの利用意向（持家ありベース）
(%)

	N	既に利用している	利用したい	関心はあるが利用するかどうかはわからない	関心はあるが利用しない	関心がある	関心がない	関心がないし利用もしない	わからない	不明
全　体	2,368	0.1	5.7	30.0	10.9	46.7	53.2	20.2	33.0	0.1
〈世帯金融資産〉										
金融資産はない	116	0.9	7.8	19.8	6.9	35.3	64.7	31.9	32.8	0.0
100万円未満	65	0.0	10.8	32.3	7.7	50.8	49.2	18.5	30.8	0.0
100～500万円未満	339	0.0	5.9	36.9	8.8	51.6	48.4	16.5	31.9	0.0
500～1,000万円未満	317	0.0	4.7	34.4	11.0	50.2	49.5	17.0	32.5	0.3
1,000～2,000万円未満	308	0.0	7.1	34.4	16.9	58.4	41.6	23.1	18.5	0.0
2,000～3,000万円未満	150	0.0	6.0	42.0	16.0	64.0	36.0	18.7	17.3	0.0
3,000万円以上	200	0.0	4.5	34.5	17.5	56.5	43.5	29.5	14.0	0.0

出所：生命保険文化センター，1999年，I-73 頁参照。

図表 1-14 リバースモーゲージを利用しない理由

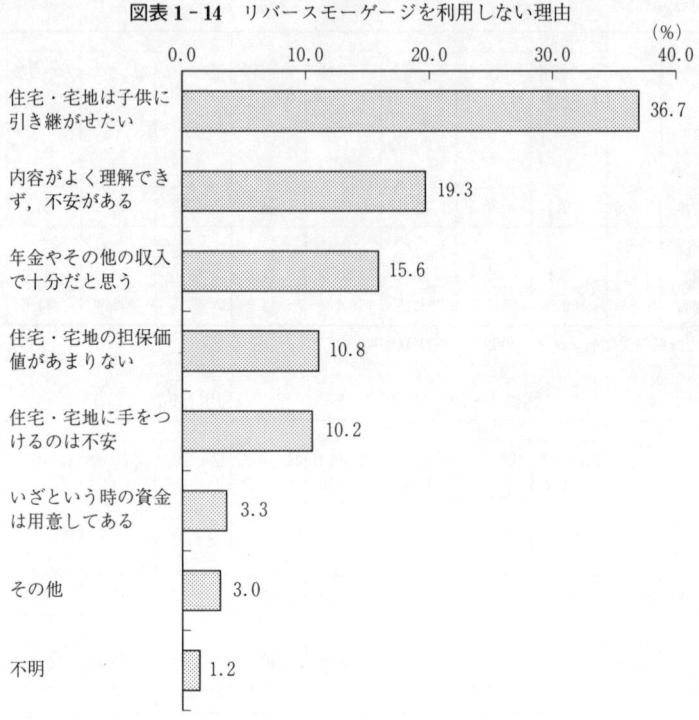

(%)

- 住宅・宅地は子供に引き継がせたい: 36.7
- 内容がよく理解できず，不安がある: 19.3
- 年金やその他の収入で十分だと思う: 15.6
- 住宅・宅地の担保価値があまりない: 10.8
- 住宅・宅地に手をつけるのは不安: 10.2
- いざという時の資金は用意してある: 3.3
- その他: 3.0
- 不明: 1.2

出所：生命保険文化センター，1999年，I-72頁参照。

図表 1-15 介護サービス付リバースモーゲージの利用意向

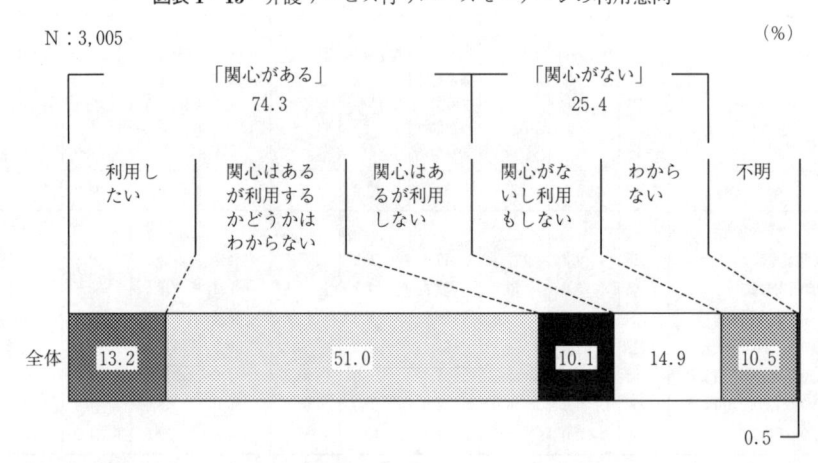

N：3,005 (%)

「関心がある」74.3 ／ 「関心がない」25.4

全体:
- 利用したい: 13.2
- 関心はあるが利用するかどうかはわからない: 51.0
- 関心はあるが利用しない: 10.1
- 関心がないし利用もしない: 14.9
- わからない: 10.5
- 不明: 0.5

出所：生命保険文化センター，1999年，I-74頁参照。

らない」,「関心はあるが利用しない」,「関心がないし,利用もしない」と回答した人に「リバースモーゲージ制度に食事のサービスや家事援助サービス,24時間介護サービスがついていれば,利用したいと思いますか」と質問したところ,全体では,「関心がある」が74.3％と, 7割強の人が関心を示している（図表1-15）。

2　持家資産福祉制度

(1) 高齢者家計とリバースモーゲージ制度

　国立社会保障・人口問題研究所の推計によると,世帯数が減少に転じるのは2015年以降と予測されている。2008年から人口減少が始まるにもかかわらず,その後もしばらく世帯数が増加すると予測している理由は,子供と同居しない高齢者が約半数近く（47％）にまで増えているからである。夫婦二人ともが死亡した後,その持家を相続する場合であっても,被相続人の多くは50～60歳代になっていることからして,すでに自分の住宅を所有しているケースも多いはずであり,必ずしも親の住宅に住むとは限らない。

　ニッセイ基礎研究所の1995年度調査報告書によると[1],日本の住宅事情としては,40歳代以降には持家志向が強くなり,最終的には戸建住宅を持つようになっている。そして高齢期に望む世帯構成は「夫婦世帯」であり,介護への対応としては5～6割が「在宅介護」を希望していることが明らかにされている。

　以上のような傾向からも誘導されるように,持家に単独で住む高齢者夫婦世帯が将来的には増えてくる。長命化も同時進行している点も勘案すると,夫婦単独世帯の状態は平均的には60歳代から80歳代くらいまでの長い期間に及ぶものであり,当然のことながら高齢者が単独で安全に生活できるように,住宅の内部もバリアフリーに改造する必要がある。介護サービスを希望する場合や医療費などについても,それらの諸費用の自己負担分も用意しなければならない。この他にも生活費（食費・衣料費・水道光熱費・教育娯楽費・旅費交通費など）以外の冠婚葬祭費用や家屋に課税される固定資産税・都市計画税,火災保険等と,年収の有無にかかわらず,諸費用は高齢者家計であっても発生する。

　要するに,高齢期にあっても経済的自立を要求されている時代に,われわれは生きている。そして高齢期の経済的自立を目指すときに,持家が最大の資産である家計が,実は大半である。われわれの個人資産である持家についても,リバースモー

ゲージ制度の原資として捉える場合は、「社会的資本であると同時に、社会福祉的資本でもある」と理解することが適切である。そしてリバースモーゲージ制度を「持家資産福祉資金変換制度」と読み替えることも、また可能なことである。

個人資産を金融資産と不動産資産とに分別した場合、リバースモーゲージ制度は不動産資産を金融資産へと変換させるシステムと説明できる。これまで、この両資産は、その外観性、流動性、換金性、市場性などの比較から、対極的で相反した性格の資産として評価され、峻別されてきているが、実際は共通しているファンクションがある。それは、財・サービスとの交換機能、あるいは変換機能である。この資産の基本的機能ともいうべき交換性（変換性）に焦点を当てて検討するならば、例えば社会的資本である住宅ストックを社会福祉的資本と見做し、フロー化させる方法についても、新たな発想に基づいたプログラムの開発は不可能なことではない。高齢化社会を、「成熟化社会」と認識することは可能なことであり、資産をストックするプログラム以上に、既存資産をフロー化（有効的活用）するプログラムを必要としている社会とも言い換えることができる。既存資産の有効利用を検討するとき、社会全体で捉えるならば社会的資本のすべてが包括されるであろうし、高齢者家計で捕捉する場合には、一般的には持家資産であるといってもよかろう。

リバースモーゲージ制度は、高齢者の意識調査によると、リバースモーゲージ制度を「利用したい」、あるいは「関心がある」と回答した人は44.7％であった（図表1-9）。しかし、これまでも一部の地方自治体や銀行（殖産銀行など）の商品として、リバースモーゲージ制度は用意されていたのだが、その利用者は極めて少ないのが実態である。その理由の一つとして、この制度特有の三大リスク（「長命リスク」・「金利リスク」・「地価下落リスク」）に基因する金融機関の消極的な融資姿勢であった。リバースモーゲージ制度においては先駆的なアメリカの場合、こうしたリスクに対しては、政府系機関で保証し、債権買取を行っている。アメリカにおいても、リバースモーゲージ制度の普及は、政府の深い関与なくしては不可能なプログラムであった。アメリカ政府は、「家を持つ」ことに象徴される「アメリカンドリーム」を国民共通の夢として掲げ、国民の誰もが「自分の住宅を取得すること」を促進させている。そして、やがて収入の細る高齢期に至ったとき、その住宅（持家）資産を年金（現金）に変換する方法を確立して、高齢者自身による「経済的自立」を期待したものである。リバースモーゲージ制度の普及は、詰まるところ、拡大一方の社会保障コストの節減に結び付くものであり、それゆえに政府の積極的

な介入(制度支援)は当然の措置としてアメリカ国内では受けとめられている。
「地価下落リスク」は,リバースモーゲージ制度の三大ネックの一つであるが,その地価下落の原因は,主に政府による地価調整の失策によるものと明言できる。日本政府は,地価をその適正上昇率(2~3%)ゾーンから大きく逸脱させてバブル経済期を創生した。やがて,その地価膨張の,予想を超えた急激な加速性に狼狽した政府が,不動産市場への資金流入を性急に凍結した結果,今日のデフレ経済に帰結しているし,いまなお,深刻な病巣(債権の不良化)の処理を怠ったまま蓋然化させている。またバブル経済を崩壊させた予後は,今日もなお,一般家計や企業にまで大きくその影を落としている。こうした経緯から判断しても,リバースモーゲージ制度が日本国内において社会保障のセイフティネットとして定着するために必要な保証機能部分を政府が担うことは,当然の帰結であり,責務といえる。

2004(平成15)年4月,厚生労働省は生活福祉資金(長期生活支援資金)貸付制度(リバースモーゲージ制度)をスタートさせた。その制度の内容は,土地を対象とした評価の70%,毎月30万円を上限として生活資金を融資するものであり,その特徴としては,次の項目が挙げられる。[2]

① 住民税非課税の65歳以上の世帯を対象とする。
② 住んでいる住宅の土地,建物(抵当権の設定がない)の単独所有者を対象とする。
③ 土地の評価額の70%を上限とし,評価額の下限は設けない。
④ 推定相続人による連帯保証人1人と,推定相続人全員の同意が必要である。
⑤ 金利は3%,あるいは銀行の長期優遇貸出金利(年度当初)のいずれか低い方。
⑥ 貸付原資は,国と都道府県が負担する直接融資方式である。
⑦ 実施主体は,都道府県社会福祉協議会が当たり,弁護士や不動産鑑定士らによる審査委員会が貸付限度額を決定する。
⑧ 3年毎に資産評価の見直しを行う。
⑨ マンション・借地などは対象外とする。

厚生労働省は,制度を高齢者の生活を下支えする「長期生活支援資金」と位置付け,担保物件の土地評価額に下限を設けていない。金利は,年3%,あるいは銀行の長期優遇貸出金利(年度当初)のいずれか低い率の方で適用する。利用者としては,住民税非課税の65歳以上の高齢者世帯であり,対象物件としては,住んでいる

土地・建物を単独で所有し，第三者の権利設定がない完全な所有権に基づく持家である。さらに推定相続人による連帯保証人（1名）が要求されている点は，制度普及上のネックになる懸念がある。申請窓口は市町村社会福祉協議会であり，審査会（弁護士・不動産鑑定士などで構成する）の審議によって貸付金額などの条件を決定する。また地価下落等による担保割れを予防するために3年毎の評価額見直しも行う。生活資金の借入が貸し付け限度額に達してしまった場合，生活保護に切り替える方法で引き続き住み続けることも可能である。配偶者が同居している場合，契約者本人が死亡した後も，契約を継承することは可能である。

本件の制度の問題点としては，まず次の点が挙げられる。

①担保物件の評価額に下限を設定しないとはいえ，毎月10万円を15年間，融資を受け続けるためには約3000万円程度の評価額の土地が必要であり，実勢価格としたら，さらに高額の土地の所有者に限定された制度ではないだろうか。要するに，適用される高齢者要件が限定的であり，したがって福祉性に乏しく，老齢生活資金を必要とする高齢者の実態とは，大きく乖離した制度といえる。持家の土地の担保力が十分（高価格）で，第三者の抵当権設定もない（借入もない）土地を差し出すことが可能ならば，政府で実施する福祉制度に依存する必要性はないものといえる。

②これまで，各地方自治体でこの種の制度の利用者が少ない理由の一つが，連帯保証人を必要としている条件であるだけに，前轍を踏むことになりかねない。憲法上に保障された個人の「財産権」の行使である，「処分（この場合は，担保設定）」に対して，国の制度が人的保証を求めること自体が間違いである。また推定相続人全員の同意も要求されているが，その煩わしさが足枷となる懸念もある。

③この制度の持つ福祉性を考量するときに，非遡及型融資（ノンリコース・ローン）でなければならない。遡及型融資だから，本人以外の連帯保証人が必要になるのである。リバースモーゲージ制度を，高齢期の高齢者個有の資産力に依存して行う「老齢生活資金」制度として捕捉するならば，行政側も最大限の譲歩を盛り込むべきである。

④マンションを制度対象から除外している点でも不公平な制度である。「居住」といった生存権的視点からすれば，その「場所」として捉えた場合は，戸建住宅も共同住宅（マンション）も何ら違わないにも拘らず，福祉制度の適用から外している点では，憲法に抵触する懸念がある。租税国家の基本的原則である応能負担原則に則って判断するとき，何がしかの条件は付しながらも，マンション所有者の救済

（制度の適用）を断行しないならば，国が行う福祉制度と称することは憚らなければならない。また借地の場合は，保証金を担保にした制度の用意も可能なはずである。現在，首都圏で顕著な，中高年層による「都心回帰」現象は，近い将来のリバースモーゲージ制度の利用希望者層と受け止めることが妥当である。定借マンションを普及させて，その保証金を担保としたリバースモーゲージ制度も射程には入る。土地の提供者には，税法上，あるいは建設資金融資面などにおいての優遇措置を準備する方法も有効である。こうした事例では，スケルトン・インフィル方式なども検討されたい。

　リバースモーゲージ制度の抱える課題の一つでもあるが，持家の評価額が低いことから，多くのケースで，融資金額に利用者の思惑と相当の乖離がある。とくに日本の制度の場合はアメリカと違って，持家の敷地（土地）を評価するだけで，上物（建物）は評価の対象外であることから，なおさらに低い融資限度額となる。アメリカの場合は，更地にしてから新たに建物を建てるケースよりも，建売住宅を購入，あるいは既存家屋をそのまま使用するケースが圧倒的に多い点で日本とは事情を異にしている。

　まったく別の方法として，高齢者夫婦世帯の住宅を対象にして，リバースモーゲージ制度の仕組みを，あらゆる可能性を追求しながら積極的に応用する方法を検討するべきであろう。親子や親族間との持家売買・交換取引なども，割賦支払い方式で実行することによって，子から老親に対する月次年金の代用的効果にもなる。また，リース・バック・セール（lease back sale）などの契約システムも積極的に取り込む方法で，リバースモーゲージ制度の汎用性や普及度を高めることも期待できる。そして，いずれもが何等かの法的保護や恩典を必要とする点については断るまでもない。

　高齢期に，住宅資産を現金収入に変換する方法の他に，必要なサービスの供与を享受する方法もある。介護保険サービスや医療費などの個人負担，あるいは交通費や宿泊費などの支払いを，現金払い決済によらなくて，ポイント・チケット（point ticket）を代用させるプログラム（シニア・ライフ・サポート・システム；The System of the Senior Life Supports）を新たに立ち上げるのである。ポイント・サービスの提供者として公的施設や民間登録組織・団体などを予定すれば，システムの協賛や協力を得られやすい点などからも，プログラム実現の可能性や継続性は高められる。ポイント利用料金の資金は，自宅を担保にした当座貸越融資契約による借入金で支払

う。担保限度額に達したら，すでに購入しておいた終身年金を担保にする，あるいは生活保護に切り替える方法も併せて検討する。

高齢者の「住み替え」なども組み込む方法などによって，新たな持家資産変換システム（リバースモーゲージ制度）の創設は不可能なことではない。

（2）生命保険とリバースモーゲージ制度

セキュリティ・ライフ・カンパニィ（The Security Life Company of Canada, 旧称プルーデンシャル・カナダ保険会社；Prudential Canada Insurance Company）は，疾患，病気などで余命12カ月以内とする医学的診断が下された契約者に対しては――被保険者及び被保険者の扶養家族の経済状態に関係なく――保険金を生前給付しており，その保険金の使途についても何等の制限を付すことはない。[3]当時，この保険契約内容は，生命保険業界にとっても革命的な一歩であったし，1989年の段階では同社においても試行の域を出なかった。当時，アメリカ生命保険協会のジョン・E・フィッチャーは，人口構成の変化に対応するためにも，生命保険の商品構成を見直す時期に直面していると指摘して，次のように述べている。

「傾向としては，高年齢層が，資産を相続人に残すよりも，自分たちの生活の質の維持に大きな関心を持ちつつある。こうした傾向は保険業界の商品構成を大きく変えることになり，短期的な現金価値を重視し，長期的な生命保険の重要性を軽視するようになる」。

フィッチャーの指摘は，アメリカ（カナダも）のリバースモーゲージ制度の契約者の大半が，毎月の月次年金支給方式よりも，一括給付方式の方を選択する傾向にも通底するものである。こうした傾向に対応して決済をするタイプの会社（バイアティカル決済会社）がアメリカに誕生した。この決済会社は，生命保険の保険金1ドル当たり50〜75セントを末期症状の人に支払おうとしていた。医療機関から余命12カ月以内と診断された人に対して，例えば額面10万ドルであれば5〜7万ドルを支払い，その代わりに保険金受取人の名義をバイアティカル会社に変更させた。1994年までに約60社のバイアティカル決済会社が参入し，総額3000万ドル以上の生命保険契約を買い上げたと推定されている。日本の生命保険商品の中にも類似したものがある。日本生命保険会社の保険商品の場合は，「リビングニーズ特約」によって，契約者が余命6カ月以内の診断が下された場合では，生前給付金（上限が3千万円）が支払われる特約であり，無料で付加される。しかし，実際には，余命

6カ月の時期では，余りにも緊迫的であり，その使用用途も制限的である。長期的療養，あるいは長期に及ぶ加療の必要性が医師によって診断された場合は，残余金の一時払いを約束する規約が適当だと考えられる。

　日本のリバースモーゲージ制度にも，こうした生前給付特約の付帯を検討することができないだろうか。そのプランとしては，リバースモーゲージ・プランの契約者が医療機関によって「余命12カ月以内」の診断が下された場合，あるいはホスピス入所者などには，本人に生前一時金として給付されるものとするのである。こうした条件は，契約上の特約事項として，最初にリバースモーゲージ・プランの契約をする時，別途，生命保険に加入しておくことによって可能なことである。住宅の資産価値だけに立脚した給付金の他にも，他のプログラムを付帯・連帯させる方法で，高齢期の資金需要に対する，より多彩な対応が可能になるはずである。

　日本国内の生命保険会社が手がける団体信用生命保険は，ローン申込時の審査が厳格であり，加入者には健康状態が「良好」であることが要求されている。糖尿病や肝機能障害を患っている人たちは，ローンの利用を断念せざるを得ないのが現状である。疾患を理由にローン申込みを断っているケースは，三井住友銀行の場合，45～55歳層を中心にローン利用者全体の約3％，年間約2000人と報告されている。三井住友銀行はフランスの大手金融グループ BNP パリバと個人住宅ローン業務についての提携を決めている。そのなかでは，糖尿病などの生活習慣病も審査対象として組み込まれるところから，これまで住宅ローンの利用の道が閉ざされていた罹病者にとっても住宅取得を促す朗報である。住宅ローンは，一般的には個人が住宅取得するためには重要な資金調達方法である。政府がこうしたケースでの適切な措置を講じないできたことは，憲法上に違反した怠慢である。なぜならば，憲法13条（個人の尊重），同法14条（法の下の平等），同法25条（生存権）上で明文化され，保障されているところに違背しているからである。こうした罹病者（糖尿病など）も等しく負う納税義務（憲法30条）に対する対価として，当然，保障されるべき「健康で文化的な最低限度の生活」を営むために不可欠な住居の確保に必要なサービスを——個人の不作為条件をその理由として——享受できないでいる現実に対して，その救済措置を怠っている点で糾弾されるべきである。換言するならば，罹病者はその健康上の事情を理由にした「不公平」を甘受させられていることになるからである。

（3）長野県阿智村のリバースモーゲージ研究会

　2000（平成12）年10月，長野県下伊那郡阿智村（人口6091人，世帯数1804世帯）では，「高齢者が介護が必要になっても，一人暮らしになっても，住みなれた自宅や村で安心して住み続けられるシステム」の準備の一つとして，村内に「リバースモーゲージ制度研究会」を設置した。

　研究会の主な目的は，「高齢者の資産を活用して経済的自立を支援する制度の必要性」についての検討・研究である。当該研究会の委員は，老人保健福祉計画・介護保険計画策定懇話会委員と福祉関係団体・家庭介護者から構成された10名であり，村長から委嘱されたものである。

　研究会は，まず最初に，村内の高齢者（65歳以上）を対象とした実態調査を実施した。その調査結果を整理すると，次のようであった。

- 調査対象260人中，「単身者世帯」が31％，「高齢者世帯（夫婦）」が51％。
- リバースモーゲージ制度の「利用を希望する」が9％，「利用したいが持家ではない」が9％，「利用したくない」は32％，「わからない」が32％。
- 「将来は子と同居予定」は34％，「同居の予定なし」は55％。
- 要介護になったときも「自宅で生活を希望」は40％，「介護施設を希望」は18％。
- 収入月額については，「5万円未満」が7.3％，「5～9万円」が17.3％，「10～14万円」が24.2％，「15～19万円」が15.0％，「20～24万円」が10.8％，「25～30万円」が4.2％，「30万円以上」が9.2％となっている。

　この調査結果からすると，リバースモーゲージ制度の利用希望者率は18％であり，「わからない」と回答した者の「利用」の可能性を考量すると，2～3割程度が利用を希望しているものと把握できる。また「月収入金額が25万円未満」の家計が74.6％を占めているが，何等かの生活資金援助が必要であろうと考えられる。阿智村で「リバースモーゲージ制度研究会」が設置された背景には，こうした村内の高齢者の事情があったことも無関係ではない。

　その後，研究会においては，「都会と農村部との持家の資産価値の格差があまりにも大きすぎる」等の理由から，リバースモーゲージ制度実施に対する悲観的観測が大勢を占めた結果，研究会の活動を一時的に中止することになっている。そうした現状と，今後の国のリバースモーゲージ制度の方向を見定めてから，再検討を試みようとしている考えを，岡庭一雄村長は著者に説明された。

リバースモーゲージ制度のシステムの基盤をなしているのは，第一に，持家の資産的価値であろう。多くの農村部に共通する事情ではあるが，土地の評価額を算定することは可能であるが，実際問題として，その売却処分の可能性は薄いものと予想される。すなわち，中古住宅に対する需要が少ないからである。したがって，制度の融資資金の回収が，その対象住宅（実際には土地のみ）の抵当権の実行だけでは難しい。極言するならば，土地需要の薄い村落部においては，現行のリバースモーゲージ制度を以って，そのまま福祉制度として普及させることは難しいことになる。

（4）コハウジングとリバースモーゲージ制度

複数の持家の高齢者（夫婦）を参画者（メンバー）とした「コミュニティ」を形成する。その設立の中心的メンバーは近在の持家の高齢者（夫婦）であって，その参画する人数に応じた戸数を一定の敷地の中に点在させる，あるいは軒を連ねて配置する。この建物は，メンバーの住宅を解体・移転させて，その場所に再建築させたリサイクル（再生）住宅である。

各戸の内部設計や仕様は，各自の予算に応じた造り（内装・設備）であり，基本的には平屋建てが高齢期の生活に安全であるが，もちろん2階建住宅を造ることなど，いくつかの選択は可能なことである。2階建住宅などの場合は，その一部（2階部分）を賃貸用にして収入を確保する方法も考えられる。メンバーで共用する方が，その維持費の負担が少なくて済むような設備（冷暖房設備・洗濯場・調理室・ゲストルームなど）は可能な限り共用として，その維持管理諸費用は共益費として各メンバーが負担する。また，その設備の定期的な管理は外部に委託する。

要するに，協住型住居群，すなわちコハウジング（cohousing）なのである。ただ，一つの特徴としては，コハウジング施設を，参画者の既存住宅の解体資材の再利用をベースにして建築する方法で，新たにコミュニティ，あるいは小規模集落（住宅群）を形成する。この場合も重要なことは，最終的段階においてはそのコミュニティの住民（メンバー）を高齢者だけに限定しないで，可能な限り幅広い世代で，そして家族構成にしても多彩な家族（母子・父子家族なども）や単身者の参画を必要としている点である。同世代（高齢者）だけの単一の集合体では，住民間で醸成する相互扶助型のコミュニティとしては不全だからである。

住戸についての法律関係も，原則的には区分所有権に基づいた各個人の専用住宅

であり，施設内の共用部分は共有の財産とする。スペースに余裕がある住宅では，余裕の空間を第三者に賃貸する方法など，各人の自由意思による選択権が与えられている。当然のことながら，自分の住戸を売却することも，また相続させることも可能な選択である。

この場合のリバースモーゲージ制度（融資契約）の内容としては，基本的には居住用不動産を担保とする当座貸越契約であり，不動産の担保評価相当額を一定年数，貸し付ける方法である。融資側による担保設定については，最初の既存住宅を解体してしまうから，その跡地（更地）に根抵当権と所有権移転請求予約の設定もする。もちろん，土地の買い手が付けば売却もする。また移転先のコミュニティの中の住戸についても，同様の設定をすることになる。メンバー以外の住民への住戸の譲渡予約（日本版ビアジェ）も可能なことである。

既存住宅の担保評価額が低いために，建設資金の十分な融資が受けられない高齢者（夫婦）の場合は，複数の高齢者（夫婦）が一戸の住宅に共同居住する方法を検討する。この場合も権利関係としては，持分所有方式か賃貸借契約方式のいずれかを選択する。そして，いかなる居住形態を選択した場合であっても，抵当権実行を妨げない特約が付されることになる。

このプログラムの利点は，①高齢者の持家である既存住宅が，その担保評価が低い場合であっても，次のコミュニティへの参画（移転）によって，持家の固有条件（立地，形状）が改善され，再生された持家の資産価値を上げることも可能である。②コミュニティの立地によっては，賃貸収入を獲得することも可能になる。③複数の高齢者（夫婦）がメンバーになって，新たなコミュニティを形成する際に，外部から多世代多階層のメンバーの参画を働き掛けることによって多世代混住の活気ある生活環境が形成される。また自然な形で住民同士の相互扶助効果を期待することもできる。④高齢期を，「健康で文化的，そして快適な生活」が送れるようなバリアフリー住宅で暮すことができる。⑤コハウジングと同様に，共同調理場や食堂，プレイルーム，ゲストルームなどを「共用スペース」として用意する。希望者は調理などに参加しながら，共同食堂で食事をする，などのケースが想定される。

問題点としては，①村落部においても，複数の持家高齢者（夫婦）の参画が期待できるかどうか，②持家を解体して移転する，そして移転先で，再度，建築する費用負担，③更地になって残された土地の需要，④高齢者以外に多世代家族や単身者の参画があるだろうか，などが挙げられる。

しかしながら，行政が支援し，近隣の住民たちの理解・協力，そして建設関連業者などの協力が得られるならば，決して不可能なプログラムではない。

（5）ハワイ州のリバースモーゲージ制度

このところのハワイの住宅価格の急騰が，若年層世代（子供）の持家取得を難しくしていることから，親子間における相続行動の誘発要因となる可能性が高く，リバースモーゲージ制度普及にとっては逆風となる懸念がある。しかし子供のいない高齢者夫婦や単身高齢者にすれば，住宅価格の値上りはリバースモーゲージ制度に対するニーズを高めるものと考えられる。ハワイ州の中でもオアフは，住宅の市場ストックが少ない点から，親子間の住宅売買契約をリバースモーゲージ制度にアレンジしたプログラムは，ハワイの社会経済事情に適応している。しかしアメリカばかりではなく，日本でも親子間における住宅資産の売買契約について課税側のチェックが厳しいのは――親子（親族）間では，不当に低い（周辺の取引事例に比較して）価格の売買事例が多いことから――譲渡益や贈与税などの不正な租税回避を阻止したいからである。将来的には，行政側も，このタイプの不動産取引に対しては，リバースモーゲージ制度の「ファミリィー・モデル」として，取引契約の標準化を進める方法で簡素化し，一般取引とは別扱いにして支援するべきであり，その場合は税法上のインセンティブ措置の用意も必要になるだろう。

ウエルズ・ファーゴの戦略　ハワイの住民の中でも，日本人，中国人，フィリピン人などの東洋系住民は，白人と違って，住んでいる場所の移動を好まない性向がある。自分の家に住み続けられるリバースモーゲージ・プランは日系人にとって馴染みやすいはずと確信しているウエルズ・ファーゴ（Wells Fargo Home Mortgage）ホノルル支店の担当者ジーン・セキ（Jean Seki）は，日系住民にリバースモーゲージ・ローンを積極的に勧めている。

ハワイのウエルズ・ファーゴの住宅ローンの2002年5月までの売上達成は，2億7千万ドルであり，前年比106％であった。30年物の固定金利の方は，2001年初頭から急激に上昇するか，逆に7％を下回るかであった。ファースト・ハワイアンズ（First Hawaiian's）のオオモリ（Omori）社長は，産業界の全般的傾向であるが，2002年度は前年を下回るものと悲観的予測を打ち立てていた。対照的に，ウエルズ・ファーゴがこうした景況下にあっても積極的な営業方針を貫いている背景には，良質な住宅に対する根強い需要を確信している点，不動産そのものは優良な投資対

象であると確信している点，いま一つは90年代の低迷期にあって，封じ込められていた住宅需要の存在とその顕在化を確信している点などがある。

　ウエルズ・ファーゴのイマナカ（Imanaka）社長は，その豊富な顧客情報について，次のように語っている。

「われわれには，アクセス可能な膨大な情報量があり，たとえば，郵便番号から持家家計63件以上にアクセスすることができる。この潤沢な情報網を通じて，リバースモーゲージのスペシャリストは，持家高齢者たちに資金提供ができる。また人気のある住宅地に建つ老朽が激しい住宅に対しては，一般消費と建設費ローンのコンビネーションをアドバイスするエキスパートも用意されている。"隣人たちも素晴しいし，学校の校区も申し分ないのだが，住宅が老朽化している" 人たちには，オール・イン・ワン取引（purchase and renovate all in one transaction）[6]を勧めている。マオナ（Maona）地域のように安定的需要のある場所の物件は，資産性・多様性があるだけに市場性も高い。どんな場合でも，好もしい近隣居住環境（neighborhoods）は価値あるものである」。

　現在，ウエルズ・ファーゴは，需要の安定した地域に住宅を新築しようとしている建築業者と提携して積極的融資を展開している。[7]

　ハワイのリバースモーゲージ制度も，原則的にはアメリカ本土のプランと変わらない。2003年6月，著者が，ウエルズ・ファーゴ・ホノルル支店を訪れた際，同行のリバースモーゲージ・コンサルタントのジーン・セキとロベルタ・キムラ（Roberta Kimura：写真1-1）は，ハワイのリバースモーゲージ・ローンについて，「ハワイ州のリバースモーゲージ・プログラムは，最初にシアトル・モーゲージ（Reverse Mortgage Hawaii of Seattle a mortgage company）が扱い始めて，現在も継続している。次に始めたアメリカン・セービング・バンク（American Savings Bank）は，2003年3月に，このプログラムから撤退した。3番目になるウエルズ・ファーゴは2002年1月からスタートして，現在もミネアポリスの事務所が中心になって取り扱っている。新しいレンダーとして，2003年1月からファイナンシャル・フリーダム（Financial Freedom）が参入してきているが，苦戦している様子だ。2002年度のウエルズ・ファーゴ・ホノルル支店のリバースモーゲージ・ローン取扱い件数は22〜30件ほどになる」と説明し，また，「目下のところ，リバースモーゲージ・ローンの最大の課題は，申し込みから決定までの所要日数の短縮である」とも話してくれた。実際には，申し込みから融資決定までに約6〜7週間程度は要しているらしい。

第 1 章　高齢者家計と持家資産福祉制度　41

写真1-1　ウェルズ・ファーゴのリバースモーゲージ・コンサルタント，ロベルタ・キムラ女史と著者（左）

写真1-2　リバースモーゲージ・ローンのパンフレット

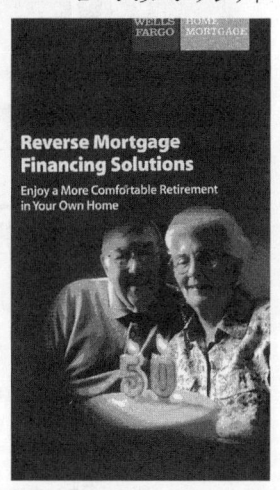

（2003年6月撮影）

資料：Wells Fargo Home Mortgage.

　またリバースモーゲージ融資の期間中，利用者が負うべき担保物件（持家）の善意管理義務について尋ねたところ，「年1回の面談・署名でその居住を確認するが，その他は関与することはない。また利用者が高齢者であるがゆえのトラブル（老人性痴呆の進行など）に対しても，融資側として関わることは何もない」と答えている。彼らの態度としては，リバースモーゲージ制度は高齢期の持家担保融資制度（写真1-2）であっても，高齢者福祉制度ではないことを明確にしている。

　2003年7月8日，ウエルズ・ファーゴはリバースモーゲージ・セミナー（Complimentary Seminar on Reverse Mortgage）を，ホノルル市内で開催している（図表1-16）。そのセミナーは，リバースモーゲージ担当責任者のロベルタ女史を中心に進められ，数人の講師が説明し，質問に答えていた。最初に英語で，次には日本語によるセミナーが2回，繰り返されていることから，日系人を重視したセミナーであることが確認できる（写真1-3）。会場では，参加者からの具体的な質問が多く出され，リバースモーゲージ・ローンへの関心の深さを改めて確認できるものであった。参加者の多くが現在の住宅に残債（抵当権設定）を残していて，その場合の取扱いに対する質問が多かった。また4ユニットまでの賃貸物件との併用住宅であってもリバースモーゲージの適用対象となるなど，アメリカの制度は融通性に富んでいる。

図表 1 - 16　Wells Fargo のリバースモーゲージ・セミナー案内

WELLS FARGO　HOME MORTGAGE

Complimentary Seminar on Reverse Mortgage

Date: Tuesday, July 8, 2003　　　Place: Ala Moana Hotel
　　　　　　　　　　　　　　　　　　　　　　　Carnation Room
Time: 9:30 am　　　Registration and Refreshment
　　　　10 - 11 am　　Seminar in English
　　　　11 - 11:45 am　Translation and Question & Answers
　　　　　　　　　　　　　in Japanese Language

Reserve your seat by calling - (808) 946-8832
Limited to the 1st 65 people

Let us show you how your home can work for you or your parents!

Call for more detailed program information. Wells Fargo Home Mortgage, Inc. originates mortgage loans in New Hampshire under License No. 5757 MB for first mortgages and License No. 5768 MHL for second mortgages and is a New Jersey Department of Banking Licensed Mortgage Banker. ©2003 Wells Fargo Home Mortgage, Inc. All Rights Reserved #3726

資料：Wells Fargo Home Mortgage.

　それだけにローンの種類も多く，煩雑であり——とくに高齢者にとっては——制度利用のメリット・デメリットの比較・検討が難しい。セミナーの参加者が高齢者であるだけに，主催者側は，誤解のないような平易な説明を繰り返しながら，慎重な態度で対応していた。こうした事例でも理解できるように，アメリカのリバースモーゲージ・ローンは，その内容においては，高齢者救済の公的福祉制度である日本の現行のリバースモーゲージとはまったく異質な商品ともいえるものである。ちなみにハワイ州で扱われているリバースモーゲージ・ローンでは，利用者の所得に対する制限的規約や推定相続人の同意・保証人規約は，何も規定されていない。

リバースモーゲージ関係法案　1999年第20回ハワイ州の上院州議会の通常委員会において，委員長ノーマン・ミズグチ (Norman Mizuguchi) は，リバースモーゲージ制度関係法案 "A BILL FOR AN ACT RELATING TO REVERSE

第 1 章 高齢者家計と持家資産福祉制度　43

写真 1-3　リバースモーゲージ・セミナー会場

(2003 年 7 月 8 日 Aki Saito 撮影)

MORTGAGES which was referred S. B. No1134 entitled" について，次のように報告している。[8]

　本議案の目的は，リバースモーゲージ・ローンを利用することで資金を獲得したいとする持家高齢者がリバースモーゲージ制度に関して理解し，適切な判断を下せるために必要なカウンセリングを義務付けるものである。商取引・消費者関係部署，高齢者担当部署，ハワイ州退職者立法委員会，ハワイ不動産協議会はこの方法に対して，支持する意向を明らかにしている。しかしハワイ銀行協議会はこの方法に対

しては反対の意向を表明している。アメリカン・セービング・バンクは——聴聞会での表明ではなくて——書面によって反対表明している。

　リバースモーゲージ・ローンは，一般のホーム・ローンと資金の流れが反対であり，持家所有者に資金を先行して融資し，その返済は，通常は死亡時か，その家を第三者に売却するときまでは求めない仕組みである。同委員会は，リバースモーゲージ・ローンは高齢者が持家資産による固定収入を獲得する方法として次第に普及しつつあると表明している。

　同委員会は，さらにリバースモーゲージ・ローンは誰にでも適切ではなく，その制度の融資方法，そして利用者の年齢や現在，および将来の必要性などの条件によって生じる制度上の利点，不利益などについても，利用者に十分な理解を求める必要性を強調している。

　また同委員会は，住宅都市開発省（HUD; Housing and Urban Development Department）の規約によってリバースモーゲージ・ローンの利用者に負担はないものと規定されているにも拘らず，リバースモーゲージ・ローンに関する情報の対価として，数百ドルを高齢者に請求している不正な貸し手がいることの証言を入手しているとも，報告している。同委員会が金融機関に要求している「カウンセリング」の内容は，連邦政府保証のリバースモーゲージ・ローンのレベルと一致したものである。なぜならば，ほとんどの融資組織はすでに同じような「カウンセリング」を義務付けている連邦政府保証ローンを扱っているからである。しかし同委員会も，リバースモーゲージ・ローンが正規に実施されるためにも事務遂行上の隘路を設定しているのは，安易に形式化させないことが重要であることを認識しているからである。また同委員会では，リバースモーゲージ・ローンの方法を以下の点に注意しながら改正している。

(1) 貸し手が要求されている「カウンセリング」を実施しないことは，ハワイ改正法（480-2節）に規定されている取引・商行為規約に違反する行為であり，また，不公正，詐欺行為，不公平な競合などを強要する行為も違反である点などを盛り込んだ文言と，従来の罰則的文言を置き換えること。

(2) リバースモーゲージ・ローンは，HUD によって保証されているローンばかりではないこと，あるいは他州にも融資が可能であること，融資する場合の「カウンセリング」を要求している連邦法に適応すること。

(3) 必要以上に規約を専門的にすることや複雑化させないこと。

ハワイ州議会によって決定されたリバースモーゲージ制度規約には，さらに次のように規定されている。

(1) リバースモーゲージ・ローン申込書を受付ける前に，融資側はすべての利用者に対して，アメリカの HUD から承認されている団体が実施する「カウンセリング」の受講が必要なことを説明しなければならない。また融資側と利用者は，受講日，住所・氏名，電話番号などを記載した書面に署名するなどの方法で「受講」を確認する必要がある。こうした手続きを経てから，リバースモーゲージ・ローンが実行され，継続されていく。

(2) こうした措置を怠った融資側は，融資を詐欺行為とみなされ，懲罰的でアンフェアーな取り扱いを受けることになる。

(3) リバースモーゲージ・ローンは，利用者所有の住宅資産上に担保設定された金額を極度額として融資するものであり，その清算は，債権譲渡，最後の配偶者の死，主たる住居としての使用を将来的にも放棄した場合，あるいは利用者自身の破産などによって始まる。その他の点として，①HUD によって保証されている，②ファニーメイ（Fannie Mae）に売却される，③当然，他の連邦関連法規の適用も受けるものである。

(4) その他，①資産評価額の範囲内の最高額のノンリコース・ローンであり，②居住用家屋の資産評価額を極度額とした前払いであり，③返済を希望するか，清算時の到来まで，元利ともに返済義務は負わなくて，④連邦法や州法によって認定された特定の金融機関によって扱われるローンである。

グッテンタッグ，ジャック（Guttentag, Jack ; professor of Finance Emeritus at the Wharton School of the University of Pennsylvania）は，アメリカのリバースモーゲージ制度について，次のようにコメントしている。[9]

「連邦住宅省（FHA）の連邦プログラム（Federal Program）であるホーム・エクイティ・コンバージョン・モーゲージ（HECM ; the Home Equity Conversion Mortgage）の発展に伴って，1988年から長期展望に変化を来たしている。プログラムに——連邦政府の指導の下に——高齢利用者保護条項を新たに盛り込み，また高齢者の受給金額の増加方向に変わってきている。現在，リバースモーゲージ・ローンの95％が HECM であり，残りのリバースモーゲージ商品はファニーメイやファイナンシャル・シニア・ファンディング・コーポレーション（Financial

Senior Funding Corporation) が主に扱っていて，他には，レーマン・ブラザーズ・バンク (Lehman Brothers Bank) やエフ・エス・ビー (FSB ; Federal Savings Bank) なども扱っている。勿論，他の種類のプログラムも各州や市には幾つか用意されている。このところ，リバースモーゲージ制度の普及は，過去最高の勢いである。新しい HECM は，2001年度の7781件から2002年は 1 万3048件にまで増加している。とはいえ，活発な市場からすれば，まだ不十分な低い成果でしかない。高齢者の増加とともに，リバースモーゲージ制度も必要なものになっていくのだが，こうした情報が，まだ多くの高齢者に届いていない。本格的な普及はこれから始まる」。

注
(1) 土堤内昭雄「変貌する高齢社会の住宅双六」ニッセイ基礎研究所レポート，1996年参照。
(2) 『静岡新聞』2002年11月14日。
(3) ボリエー，ディビッド『ニッチ市場の覇者たち』(佐藤洋一訳) トッパン，1998年，43頁参照。
(4) 『日本経済新聞』2002年10月22日。
(5) 2003年 1 月24日，著者の質問に対する回答書簡。
(6) 住宅購入資金と改造資金を一本化した融資方法。
(7) Wells Fargo's Hawaii mortgage business up-2002-06-17. http://pacific.bizjournals.com/pacific/stories/2002/06/17.
(8) www.capitaol.hawaii.gov/session1999/acts/Act50 hb1072.htm.
(9) Hawaii Information Service : Consumer Real Estate News. 2003. 4. 14.

第2章
住宅の資産性とその効用

1 住宅の資産性の検討

(1) 住宅の資産性

　すでに百家争鳴の感がある，中古住宅市場再生のための様々な諸説の他に，ここで新たな提言として，新築住宅と既存住宅（中古住宅）との間に介在するすべての区別を，関連する諸制度から排除する方法がある。「未使用」と「既使用」による区別，「築後経過年数」による区別，あるいは「所有権登記上の移転履歴の有無」に依拠した新中古住宅の区別などを，住宅のすべての資産性評価基準から削除する。新築の建売住宅であっても，その売却に期間を要してしまったケースでは，その経過年数（期間）に応じた減価が発生するだけであり，「新中古住宅」などといった変則的な区別も必要なくなり，合理的である。また現行の税法上のあらゆる措置からも，新築住宅と中古住宅とした区別によって生じる格差を撤廃する。建物の価格評価は，あくまでも再取得価格方式に則った適正時価とするのである。金融機関が融資する場合の担保評価も，借り手から提出される建設請負契約書上の金額を基にして決めるのではなくて，一定の評価基準に則った厳正な鑑定評価を行うべきとする。これまでのように，請負業者から提出される水増し見積書に惑わされることなく真正の鑑定評価を断行することで，登記簿上の乙欄に記載される融資側の担保設定額が公信性を帯びてくることになり，融資契約における健全性も向上するはずである。

　日本の融資制度も，現行の債権融資から徐々に担保融資に移行していかなければ，不動産市場のグローバル化は有名無実に終息してしまう。住宅についても，金融資産に対する固定資産ではあるが，その資産価値の換金性といったファンクションで捕捉するならば，還元性に富んだ流通財の一種であるといった観念をあらためて再

構築する。そうした資産観の見直しが要求される社会経済にまで変化してきていることを、われわれはまず認識する。

住宅が社会的資本の一つである限り、社会経済環境のあらゆる機会や場面で、その効用を余すことなく発揮させるべきであり、その新たな効用についても模索されなければならない。個人の資産財である住宅ではあっても、必要性があるならば公的施設として利用する方法も検討するべきである。このことは、憲法第12条の中でも、国民の私権の濫用を禁じ、常に公共の福祉のためにこれを利用する責任について定められているところでもある。住宅ストックも社会的資本といった概念を拡大させ、柔軟な機構（program）を以って、膠着化の兆しが見える最近の社会システムに可塑性を回復させるべきと感じているのは、おそらく著者だけではあるまい。

メイアー、クリストファー（Mayer, Christopher J.）とサマービル、ツリエル（Somerville, C. Tsuriel）は、アメリカの住宅建設（供給）の経済効果について、次のように論じている。[1]

「住宅価格の長期的捕捉によると、住宅価格は弾力的な建設費と非弾力的な土地の価格とに依拠している。そして、アメリカにおいても住宅投資は重要な経済変数の一つである。住宅市場における需要は、建設業界ばかりか、その関連産業の雇用環境に直接的影響を与え、住宅取得にともなって購入される生活関連商品などの消費と、その影響は広汎に及ぶものである」。

（2）住宅の永続性

野城智也氏（2001）は、住宅の永続性（sustainablity）について、日米住宅寿命比較表を使って検討している。[2]そして日本における木造住宅の永続性の阻害要因として、次の3つを挙げている。

(1) 空間容量の制約による都市高密度化、
(2) 建物の寿命が短いこと、
(3) 地球規模でエネルギーも含めた資源が供給されていることである。

著者は、戸建木造住宅の寿命の決定要因として、次のように整理している。

(1) 建築物の構造部に生じる経年劣化であり、
(2) 居住空間としての性能・機能・外観（デザイン）面で捉える陳腐化であり、
(3) 解体・焼却、その他（被災など）の理由による滅失などのケースである。

尾島俊雄氏（1999）は、建築物の寿命について、「耐久年数」、「耐用年数」、「除[3]

去されるまでの年数」の3つに分けて考えている。「耐久年数」は建築の物理的な寿命,「耐用年数」は社会的劣化等を含め客観的使用に耐えないとされるまでの年数,そして「除去されるまでの年数」は実際に建設されてから解体・除去されるまでの年数として定義している。

　この住宅寿命に関しては,例えばアメリカと比較した場合,その半分以下という短命さは確かに異常かもしれないし,またイギリスの住宅寿命にしても,ほぼアメリカと同じかそれ以上に長い。こうした日本家屋が短命とする,いくつかの要因が考えられる。

　構造面においては,短命の直接的原因となる要素は考えられない。著者も,築後30年前後を経過した木造住宅の解体作業に監理者として何度も立ち会う機会があったが,構造材に限って言えば,そのほとんどが,まだ十分に再利用できる状態である。化粧材や合板類は表面上の汚れや破損などからして再利用は難しいが,屋根構造部材や梁材なども構造耐力的に危険な状態になるまでには相当年数を残存させた状態である。したがって構造的要因よりも使用上の用益的要因が重要である。家族構成の変化に即する適応性能が低い。要するに,住宅建設当時の家族構成と30年後のそれとは大きく乖離していることから,改造 (remaking) を検討する場合,構造材にまで及ぶ大規模な改造工事が必要となれば,取り壊して新しい設計 (design) で新築する方を選択するようになる。

　不動産鑑定士の加藤喜久氏は[4],「築後年数が20年程経過した中古住宅の大半がゼロに近い評価額でしかないという実態は,ほぼ経験則に近い」と語っている。確かに,加藤氏の談話と住宅金融公庫の融資基準(木造中古住宅の築後年数を20年以内)とは整合性がある。しかしながら,中古住宅(木造)が,20年間の経年劣化によって,その構造的耐力までもがゼロ・レベルにまで減耗してしまうとは考え難い。築後20年の中古住宅(木造)を再取得価格評価法を用いて鑑定評価した場合,その大半の資産価値がほとんど「ゼロ」であると評価するならば,現行の鑑定評価基準には,十分な検討を要する問題点が包含されていることになる。換言するならば,現行の不動産鑑定評価法を以ってするならば,中古住宅市場を消沈させる効果はあっても活発化に貢献するとは考え難い。また中古住宅市場の流動性の改善を目論んで品確法を制定したりしている一方で,中古住宅売買取引に対して,阻害効果を懸念する制度が併行して実施されている現状は,行政の杜撰な施策を露呈している。

（3）住宅と減価償却

　税法上の減価償却計算の対象値は，原則として取得価格から残存価格を差し引いた残価格である。法定耐用年数22年を経過してしまった中古木造住宅を購入した場合，法定耐用年数の20％相当年数を耐用年数として扱うとする規定があり，その場合は4年の減価償却計算をすることになる。このケースでは，築後26年経過した後の法的耐用年数はゼロと認定されることになり，すなわち，その持家については法的利益や保護の対象から除外されることを意味する。こうした法的背景は中古住宅の購入意欲を削ぐことになり，また住宅の良質な保守・維持管理意欲をも減耗させる結果にも結びつきやすく，結局，中古住宅市場の循環性を阻害しても助長しないだけに，改正の検討が必要である。

　年数の経過による減価償却計算方式だけではなくて，鑑定評価（再取得原価方式）による減価償却計算方法も選択肢として取り込み，所有者の自由意思によって，関係する税法上の恩典も広範に享受できるような改正も検討する必要がある。持家の良質な保守・維持管理に施す自助努力を，その持家の資産価値として積極的に評価し，支援する姿勢を税制上の措置に反映させる。減価償却率を築後年数によって調整する必要性についても理解できるが，その結果として，社会的資本としての持家観を育むような効果を期待したいものである。これらの法定耐用年数については，その年数の伸長・縮小によって実質的課税調整が可能であり，政策的含意から規定されている向きがあり，必ずしも実際の耐用年数を正確に示すものではない。しかし法制度と実態との極端な乖離は，一物二価の市場を形成する懸念がある。

　照井進一氏（1998）は，その著書の中で，「筑波研究学園都市の施設のほとんどに，10年経過した頃から劣化損耗が目立ち始めてきて，建物の設備機器にいたっては残存率が50％以下であった」と書いている。すなわち建物の個別耐用年数が20年に満たないものが大半であったということである。

　2001年7月以降，借入金額（控除対象限度額5000万円）に対して，10年間，1％を乗じた額の所得税額控除がある。この措置の対象となるのは床面積が50 m^2 以上の新築住宅であり，中古住宅（木造）については，床面積50 m^2 以上で築後20年以内の建物に限定している。したがって有形減価償却資産として，大蔵省令第175号の別表第1に定められた木造住宅は耐用年数が22年と規定されている点では，そこに整合性を確認できる。大蔵省令（第175号）「減価償却資産の耐用年数等に関する省令」の別表第1を見ると，建物附属設備のうちで，「電気設備（蓄電池電源設備

は6年)」と「給排水又は衛生設備及びガス設備」は，耐用年数を15年と法定している。減価償却年数が必ずしも，そのものの耐久年数（寿命）と一致するものではないが，供給側の態度としては法定耐用年数をはるかに上回る耐久性能を追求しようとするモティベイションを削ぎかねない規定ともいえる。

吉牟田勲氏（1993）[7]は，「減価償却資産」の意義を「会計処理的概念である年数により，効用が終了するもの」と論じている。また「耐用年数」についても，「製作方法が他と著しく異なったもの，陳腐化したもの等」については，所轄税務署長の承認を受けて耐用年数の短縮（税法令57）が認められる可能性を指摘している。この点からも明らかであるが，耐用年数は「陳腐化」しない年数とも解釈することは可能であるし，さらに類推するならば，「木造の居住用」の建物の耐用年数が22年と法定されている理由を，「会計処理的概念による効用が終了」してしまったのか，あるいは住宅としての「陳腐化」が承認されるからであると解釈することも可能である。しかし現行の法制度（租税特別措置法第35条，36条）は，築後年数が20年（25年の場合もある）を超えた中古住宅を税法上の優遇の対象から除外しているが，この点は明らかに誤りである。社会的資本としての住宅資産に対して，その永続性に配慮すべき法制度が，「会計処理的概念」や「陳腐化」などのあいまいな基準を以って，資産的価値の有限性を法定してしまうこと自体，逆進的である。また会計処理基準や資産評価基準のグローバル化の視点からしても，現行の「減価償却法定耐用年数」については，改めて検討すべき課題である。

照井氏による次のような論述は，「持家の資産性」を明快に言明している。

「欧米では，建築本体への減価償却は認められておらず，その意味では，建築本体の耐用年数はエンドレスである。したがって，彼らは子々孫々までのものを残そうとする。そして，少しでも資産価値を目減りさせないように努力する。つまり，欧米における建築物の評価は，耐用年数に基づく残存価値により決まるのではなく，住み心地によって決まるといってよい。住み心地の良さは，住む人の努力によって決まるわけであるから，その努力さえ続くのであったら永遠の価値を生み出すことになる」。

照井氏は，「欧米社会では，建物の減価償却を認めていないにもかかわらず，耐用年数は指定されていることから推定するに，建設業者（供給者）に対しては減価償却しない完成度を要求する一方で，建築主（所有者）に対しては社会的耐用年数（陳腐化）の存在を提示することによって時間的不可抗力を暗黙のうちに忠告して

いる」と論じ、また、「建築物というものは減価償却するものではなく、進化するものだと置き換えた場合、わが国の建築学も新しい研究テーマが浮かび上がってくる。例えばライフサイクル・コストについても従来の膠着した考え方から脱却できるのではないかと思うし、建築の進化についての新しい技術論の展開も可能になってくるものと思う。その結果が、新しい建築物の価値観を産み出すことができるとすれば、このような研究をすすめることによって、建築の持つ今後の役割が社会的に認知され、発展してゆくものと思われる」とも論じている。すなわち建物は「進化」するものとして捕捉することによって、建物を償却資産財とする従来の価値観ではなくて、新たな価値観の形成と、建物そのものが社会的資本として認知される可能性についても期待できると指摘している点で教訓的である。

(4) 住宅と法的背景

住宅性能表示制度は、2000（平成12）年10月に運用が開始され、2002（平成14）年9月末までの運用累積戸数は設計評価で11万1656戸、建設戸数で3万357戸となっている。国土交通省は、消費者の住宅性能レベル選択の一助を目的にして、建設住宅性能評価を受けた住宅の性能等級の実態調査を実施した。その結果は、同制度導入後の住宅の方が、一般的に性能が高いことが確認されている。とりわけ、耐震性、耐風性、劣化対策、維持管理対策、ホルムアルデヒド放散、高齢者等配慮等の面で、顕著に性能が高められていた。

また国土交通大臣は、「住宅の品質確保の促進等に関する法律（品確法）」に基づく住宅性能表示制度に関して、2003年12月17日付で、既存住宅の性能評価を行う指定性能評価機関として17機関を指定し、既存住宅に係る住宅性能表示制度が全国的に開始されるようにした。[8]

既存住宅に係る住宅性能表示制度は、既存住宅の売買、リフォーム、維持管理等に際して、消費者の判断の目安となる情報提供を目的にして、既存住宅の現況・性能に関して専門家が客観的な検査・評価を行う制度である。新築住宅以外のすべての既存住宅を対象にして指定住宅性能評価機関が建設住宅性能評価として実施するものであり、現況検査・評価書を伴って契約される売買契約当事者は、当該契約に係る紛争の処理を指定住宅紛争処理機関に申請することも可能とされている。

2003年1月に、国土交通省は、性能規定を柱に据えた改正建築基準法の技術基準等を見直す方針を固め、建築住宅性能基準検討委員会を発足させた。その主意は、

本改正が，その意図に反して自由な技術開発を阻害するような結果を表面化させていることから，これまでの「告示」万能的な逆進性を再度，検討する必要性を認めたからである。

その検討対象の中心的な項目として，①現行告示等に定められた方法以外の新たな技術の評価，②材料と構造の一体的評価，実験の認定，③材料認定と建築物認定ルートの整備を挙げている。

改正される以前の旧建築基準法第38条「特殊の材料又は構法」には，「その予想しない特殊の建築材料又は構造方法を用いる建築物については，建設大臣がその建築材料又は構造方法がこれらの規定によるものと同等以上の効力があるものと認める場合においては，適用しない」と規定されていた。そして，この規定を「削除」した法改正が，新たな建設技術の開発意欲を削ぎ，建設産業全体の改革化の可能性をも阻害する失策であったことは，異論を挟む余地もないことである。

技術関連法規は，「安全性」を最優先的に確保させる目的とした最低安全基準を盛り込んだ諸規定である。したがって関係するすべての技術的可能性を網羅したとしても，次なる新たな技術開発の萌芽を阻むような硬直性については，慎重に検討されなければならない。なぜならば，いかなる分野における先進的な現代技術も，時代の変遷とともに進行する陳腐化を免れることはできないからである。法制度そのものが，かつては「規制，あるいは制限する」ことがその主たる目的であった時代から，さらに「促進，発展させる効果」をも包含する法制度が希求される時代環境にまで変貌してきている。

かつての高度成長期から一転して社会経済が低迷し，その伝統的な安定性・確実性を誇っていた金融制度や雇用制度までもが大きく様相を変化させて，その将来を予測できないでいる。また法制度もその社会経済環境の変化を反映して，拡大化と縮小化，平準化と特定化，抑制化と促進化などと，正と負の両極を振れ動くことになる。現在の高齢化社会は，どちらかといえば振幅の少ない低周波期ともいうべきであり，活力に欠ける時代でもあるだけに，新たな挑戦を促す目的に適った法制度上の改廃が必要とされている。モノやエネルギーの産出とその消費だけが注目された時代を終えた今，その廃棄処分に困窮している。完全な消却などの困難性からしても，早急に検討しなければならない課題は，あらゆる分野に亘った「リサイクル化」の遂行であり，促進である。また，当然，その方向に即した関係部門の法制度の再検討が緊急性を帯びていることに説明を要さない。
(9)

国土交通省と法務省との協議によって，スケルトン＆インフィル（SI；Skeleton & Infill）住宅（骨組と内装を分離した工法による共同住宅）の登記手続上の取り扱いが確定された。従来の建物表示登記の事務取り扱い規定によると，未完成の状態にある建物は「建物用途」が未確定である点から，建物登記申請が受理されなかった。しかし建物表示登記申請書に添付する資料の整備を進めた結果，登記申請が受理されるようになる。具体的には，①スケルトン＋インフィル完成の住戸は「居宅」として登記する，②スケルトン状態の住戸は「居宅（未内装）」と登記され，③スケルトン状態の住戸を含む共同住宅の一棟の建物についても建物表示登記の申請が受理されるようになる。この登記事務手続きの進展は，建物登記簿に登記されない場合の不利益，すなわち所有権・抵当権など法的権利の第三者対抗要件が確立できない不利益などが，実務的にも解消されたことと同義であり，この種の建物の普及に大きく踏み出せる措置とも評価できるものである。法的措置の改正が経済行為の活発化に奏功した好例である。

2 「住み替え」の効用

（1）「住み替え」のすすめ

瀬古美喜氏（2001）は，京浜葉大都市圏の住み替え行動について調査した結果，次のように報告している。

「理論的には，すでに持家という実物資産を保有している高齢世帯（65歳以上の世帯構成員がいる）は，容易に買い替え行動に出そうであるが，その調査結果は逆であった。バブル崩壊後の資産デフレや高い移動費用，そして住宅ローンなどを考慮した場合，従前の購入価格よりも売却価格が下回る場合が多く，買い替えができないでいるケースが多い。また普通世帯（単身世帯を除く世帯全体）と比べた場合，高齢世帯は前住居の居住期間が長いほど住み替え率は低く，住んでいた地域への愛着度が強いことが読み取れる」。

また住み替え選択行動に対する住宅税制などの影響度についても調査した結果，不動産流通課税の軽減は，持家が現行制度よりも相対的には安くなるのだが，住み替え選択行動の確率はむしろ下がるといった結果を明らかにしている。このことから，依然として流通課税負担が重く，資産デフレと相俟って高齢世帯の住み替えを阻んでいると結論している。そして京浜葉大都市圏や京阪神大都市圏においては，

「2世代家計」という家族形態によって高齢世帯の住宅問題を解決している実態が報告されている。

「住み替え」を促進させるためには，当然，新築住宅（中古住宅）の供給と中古住宅に対する需要とが同時に必要である。とりわけ中古マンション市場の流通が大きな課題になってくる。すでに老朽化したマンションの建て替えを巡ってのトラブルが多発している。こうした紛争解決に即効性のある法律面での整備や建て替え資金などの融資制度の整備が進展しない限り，既存マンションの中古市場における流通性は期待できない。

しかし，最近，大都市圏ばかりか，地方都市部においてさえも，マンションの急激な供給が気掛りである。需要があっての供給ではないだけに，そのマンション市場は間もなく供給過剰に陥ることになる。そうなれば当然，中古マンション価格は悲劇的な水準にまで落ち込むことになるだろうし，果たして，次の購入者が見つかるかどうかも危ぶまれる。分譲マンションは，その構造上，あるいは立地的条件等などから，若い世帯は次の買い替えを想定しての比較的，短い年数の使用を予定している。子供が増えたりしたら，空間的にも手狭になってくる。したがって，彼らが分譲マンションを「終の棲家」にしようと決めていないことは，多くの調査結果からも明らかである。

では，果たして中古マンションの二次購入者層をいかなるライフステージの対象に的を絞るのだろうか。二次購入者層を想定すると，空間的には余裕のないマンションであっても，①立地的（構造的にも）条件や生活利便性をより優先させて購買を選択する人（世帯）であり，②中古物件だからこそ購入価格が低い点を評価して購入を選択する人（世帯），③立地と価格の条件から勘案して，事業（賃貸収益）用建物として購買を選択する人（世帯）などが想定できる。またこれらの条件に該当する購買者層のイメージとしては，「子供が独立して夫婦だけになった中高年世帯」，「買物や医療施設，その他の公共施設の近くに住みたい高齢者（世帯）」，「子供の近くに住みたい親（世帯）」，そして「子供が生まれて手狭になるまで住もうと考える若い世帯」などが一般的であろう。

しかし，この場合であっても，持家の中高年層や高齢者層の場合は，「住み替え」であり，「買い替え」のケースが考えられる。要するに，中古住宅が処分（売却）できなければ，資金的事情から次の場所の購入ができないケースも考慮しなければならない。こうして検討していくと，中古住宅市場の流動性が重要なポイントであ

ることが理解できる。また，すべての市場に普遍する理想的な流動性とは，すなわち循環性（circulation）とも換言することができる。したがって，住宅であっても，その資産性（価値）をゼロにしない努力（維持・管理）を継続させながら，使用（所有）者の交代をスムーズに進展させる市場ファンクションが必要条件ともいえる。

（2）高齢者「住み替え」支援制度の新設

　国土交通省は，2003年度に，自分の持家（戸建住宅）を賃貸住宅として貸す高齢者の支援をスタートさせた。国からの拠出で基金を新設し，賃貸を仲介した不動産会社が倒産しても家賃収入が入るように保証する仕組みであり，段差が少ないバリアフリーの優良賃貸住宅も増やして，高齢者が老後資金を確保しながら住みやすい家に「住み替え」できるように支援する。併せて，戸建賃貸住宅の不足も補いたい狙いもある。

「住み替え」の場合であっても，それまでの持家を売却しないで，活用して収益（家賃収入など）の獲得を選択する場合は，懸念される地価下落や換金性（売れない）リスクは回避できる点で安全であり，それを民間サイドで事業化することも可能なことである。こうした種類の事業化については，賃貸住宅市場と，「住み替え」需要とをマッチングさせるプログラムが用意され，相互の情報の共有化が実現するならば，よりスムーズに住み替えが加速される期待はある。こうした場合であっても，政策に則ったシステムの事業化であるから，少なくとも高齢者の獲得する不動産収入（賃料など）やその確定申告手続などに対しては，税法上の格別な配慮は必要なことである。

　1998年時点で，65歳以上の人たちで 70 m^2 以上の床面積の持家に住んでいる世帯は356万世帯があり，現在は400万世帯を超えると予想される。東京都の調査によると，こうした世帯の約12％が「住み替え」を望んでいる。高齢者だけの世帯は広さにも余裕があり，その50％が 100 m^2 以上であるという。一方，高齢者側は，持家を貸すことに消極的である。入居者募集や家賃管理などの委託先（不動産会社）の倒産などを懸念するからである。

　国土交通省は，2003年，日本賃貸住宅支援管理協会の中に「住み替え支援センター」を新設した。住宅循環円滑化保証基金（約2億円）を用意して，家賃の支払保証をする仕組みである。この保証基金については，国で1億円，参画する不動産

会社からも1億円を集めて，2億円としている。そして，この制度は高齢者以外でも利用することができる。

「高齢者の居住の安定確保に関する法律」が2001年8月に施行され，2002年中に一部，改正されている。この法律の目的として，「高齢者の円滑な入居を促進するための賃貸住宅の登録制度を設けるとともに，良好な居住環境を備えた高齢者向けの賃貸住宅の供給を促進するための措置を講じ，併せて高齢者に適した良好な居住環境が確保され高齢者が安定的に居住することができる賃貸住宅について終身建物賃貸借制度を設ける等の措置を講ずることにより，高齢者の居住の安定の確保を図り，もってその福祉の増進に寄与する」と定めている。同法第2条に定められた「国及び地方自治体の責務」によって，国及び地方自治体は，「高齢者の居住の安定の確保を図るため，必要な施策を講じるよう努めなければならない」のである。しかし，この法律によって，人間の容器（入物）としての住宅の法的保障は可能ではあるが，人間の尊厳にも関る部分としての，「健康で文化的，かつ快適な生活」までもを保障しているものではない。必要最小限度の介護サービスの享受によって，最低限度の生活を維持・継続することは可能かもしれないが，はたして快適な生活といえるものだろうか。法律でハード（施設など）の保障はできても，「精神的な満足」に代表されるようなソフト面での保障は難しい。そのためには，行政主導型の福祉システムのプログラミングが不可欠であることを，改めて強調しておきたい。

オレゴン・システム　アメリカのオレゴン州で定着している高齢者プログラムを紹介しておこう。
「自宅で独りで生活するのには不安な60歳以上の高齢者」を対象として，「一般家庭に同居させてもらいながら公的介護サービスを受けて生活する」システムである。このシステムは，一般家庭を利用して，最高5人までの高齢者を，家族と同じようにして生活させる仕組みであり，その特徴は，それぞれの高齢者が抱える個人的事情（身体的条件など）に対しても柔軟に対応できる利点があり，公的長期介護施設に入所できないでいる高齢者への対策としても有効な方法である。いわゆる「オレゴン・システム（Oregon system）」と呼ばれているプログラムであり，長期介護モデルのリモデリング・プランともいえる。このプランには，Adult foster care（写真2-1），client-employed housekeeping, agency in-home, residential care/assisted living facilities など，そのサービスの内容によって4種類のタイプがある。

また財源としては，州の一般会計予算から捻出され，受託家族に委託料が支払わ

写真2-1　オレゴン・システムの規約書

Department of Human Resources
Senior and Disabled Services Division

Administrative Rules for Licensure of Adult Foster Homes

Revised August 1, 1998

SDS 511　(Rev 8/98)

出所：オレゴン州資料。

れる仕組みである。こうした委託（CEP；the Client-Emplyed Provider）を受託しようとする場合，その登録手続きに面倒なことはない。学歴や他の必要条件などによる制限はとくにないが，前もって必要な研修（18時間）の受講義務があり，また，登録（license）を更新するためには，毎年，受講する必要がある。

　このオレゴン・システムを，日本の伝統的家族による家庭内介護と比較した場合，その相違点としては，世代の違う非血縁関係の人たちとの共同生活（同居）であり，供与される介護サービスへの報酬（対価）の公的負担である。この相違点を検討することによって，得られる示唆・教訓は貴重なものに違いない。家族の意義と対社会との役割，家族と家族員との関係，家族サービスと公的サービスの関係，コミュニティと個人などについて，改めて考えるきっかけになる。このオレゴン・システムを支えている基盤的概念には，コハウジングを髣髴とさせるものがある。

（3）「住み替え」需要の喚起

　高齢化の進行下，高齢者の「住み替え」需要は，転入先の社会経済の活発化に結びつくと考えられる。これらの転入高齢者のもたらす年金収入や金融資産，そして消費活動は，転入先の地元産業に活気を吹き込む効果が期待できる。

　田原裕子氏（2002年）[13]は，「充実した年金制度によって資金的な余裕がある高齢者が新たな土地で新生活を始めるためには，そうした出費をまかなうために最大の資産である持家の売却が不可欠条件であり，したがって住宅市場の動向に依存する」と指摘し，また日本でも首都圏の地価が再び高騰することがあるならば，アメニティ移動が活発化する可能性についても論じている。田原氏は「アメリカ合衆国では1970年代以降，非大都市圏の人口・経済成長が停滞する中で，高齢人口を受け入れたリタイアメント・カウンティだけが成長を続けるという状況が生じ，高齢人口の流入が非大都市圏における（唯一の）成長産業とすらいわれるようになった。アメリカにおける住宅市場と地方自治体が並行して高齢者のアメニティ移動促進に一役買っている」と論じている。

「住み替え」は，少なくとも需要と供給を同時に市場に顕在化させる。持家の売却と次の住まいの購入需要であり，持家の売却と次の住まいの借家需要，あるいは持家の貸家化と次の住まいの購入需要，持家の貸家化と次の住まいの借家需要などが考えられる。高齢者の場合は，次の住まいとして新築家屋を求めるケースよりも，むしろ中古住宅を選択対象とする方が次の点で有利である。まず購入するのに低価格である点，また周辺の居住環境が既成されていることから購入意思決定が容易である点などがある。そして何よりも，死後の住宅資産処理においても新築家屋に比べて自己負担や相続人の負うべき負担が少ない。換言するならば，利用者側の期待使用期間と使用物件の効用的耐用期間において，整合性があるとも理解することができる。しかし購入者が高齢者の場合，中古住宅購入に伴って気掛りな点は，バリアフリーや介護サービス適応のための改造・改装工事であろう。また定期的な点検・修繕サービスの提供などもニーズが見込まれるサービスである。こうした分野で生成される多種多様なニーズに魅力を感じて，住宅関連産業の他にも，次の成長市場として積極的参入を視野に入れている企業は少なくない。

　また高齢者の「住み替え」は，新たな移転先がライフスパンにおける最終居住地になる可能性が高い。自分の住まいで「自立した生活」が困難になったときは，在宅介護サービスを受けることになる。あるいは子供が近所にいない場合はケアサー

ビス付施設に入所することになる。そうした場合に，住まいが持家である高齢者にとって，その持家の資産的価値を，安全で，なおかつ容易に現金化する方法（制度）があるならば，その利用希望者は少なくないはずである。

厚生労働省の「国民生活基礎調査」によると，高齢者が子供と同居する比率は1980年の同居率69％から2000年の49.1％と，年々低下する傾向にある。そうした傾向の要因として，少子高齢化の進行，高齢者の高位持家率，長寿化などから国民のライフプランが変化してきている点が考えられる。

高齢期の経済的自立のために有効なリバースモーゲージ制度を中古住宅の購入者に適用設定するなどの方法も，他の福祉サービス付帯と共に高齢者にとっては好ましい付加価値となって，中古住宅市場の画期的なプランとなるに違いない。

アメリカの住み替え　アメリカの場合でも，フロストベルト（frost belt）からサンベルト（sun belt）へとアメニティ移動できる層は，資金的余裕がある人たちであり，多くの例が持家を売却した資金を次の新しい土地での生活に充当できる人たちである。カナダでも毎年，100万人を超える人達がサンベルトで越冬しようと移動している（Canadian Snowbird）。こうした移動は，住宅市場の中でも，とりわけ中古住宅の流通性を活発化させるカンフル剤的効果がある。

サンフランシスコやロサンゼルスの中古住宅価格が安定的に高値で維持されている理由の一つとして，活発な高齢者による「住み替え」需要が奏功している点が挙げられる。カリフォルニアに関する不動産情報によると，2002年11月の中位住宅価格は前年比21.5％の値上りで，販売実績の方は9.8％上昇している。カリフォルニアの戸建中古住宅の中位価格は2001年11月から21.5％値上りの32万8310ドルである。こうした値上りの理由を主に貸付金利の低下によるものと関係者は捉えているが，人々の「移動」による影響も無視できない。

石川達哉・矢嶋康次両氏（2001）は，次のように論じている。

アメリカの場合，「持家から持家へ」と「持家から借家へ」を合算した住み替え率が2.9％であり，日本の約4倍である。5年間で考えると約15％の高齢者世帯が何らかの理由で住み替えをしている。厚生労働省の国民生活基礎調査によると，1998年の日米の高齢者（65歳以上）の子供との別居割合をみると，「子供と同居」が，日本は54.9％，アメリカが44.3％，「子供と別居」が日本は45.1％，アメリカが55.7％，「夫婦のみの世帯」が日本は26.7％，アメリカが24.7％，「単独世帯」は日本が18.4％，アメリカが30.9％である。日本の場合，30歳代は「借家から持家

へ」，40歳代・50歳代は「狭い持家から広い持家へ」が一般的であり，逆方向への住み替えは少ない。しかし子供と別居する高齢者の割合が，過去20年間で約2倍の45％とアメリカの55％に接近しつつある点から，日本のライフスタイルもアメリカ型に移行しつつある。両氏は，日米間の住み替え行動の格差は，「価値観の違いというより，住宅ストック市場の厚みの違いに由来している面が大きいはず」と指摘している。

　この点に関しては，著者の意見は逆である。日本人と違って，アメリカ人は移動性の高い（あるいは移動の必然性のある）国民だから住宅ストックも厚いのであり，まず住み替え需要の多さが優先・先行しているのであって，住宅ストック市場の厚さが牽引しているものではない。要するに，デマンド・プル（demand pull）であって，サプライ・プル（supply pull）ではないのである。また住宅の買い替えも資産形成の重要な手段であるからこそリピーター（repeaters）も存在するし，だからこそ住み替えも頻繁に繰り返されているものと結論できる。

中古住宅市場の流通性　中古住宅市場の流通頻度について，総務庁の「住宅土地統計調査」によると，1998年の場合，総住宅数は日本が2万6468千戸，アメリカが11万7282千戸（日本の4.4倍）である。その内，中古住宅取得（販売）戸数が，日本は116千戸，アメリカは5589千戸（日本の48倍）であり，総住宅戸数に対して中古住宅取引戸数の割合では，日本は0.4％，アメリカは4.8％である。アメリカは日本の約11倍相当の中古住宅取引戸数であり，日本は新築住宅に偏重した市場であることが理解できる。

　石川・矢嶋両氏は，日本の中古住宅市場が十分に活性的でない理由として，中古持家と代替関係にある借家の市場が有効に機能していない点と，持家の取得に対する税制面の問題として，取得時や保有に対する税負担が金融資産に比較しても過大である点，相続させた方が売買よりも税制上有利な点などを挙げている。また十分な売り手と買い手が出会う市場が成立し，中古住宅の質を正確に評価したうえでの価格形成が現実には難しい点などを挙げ，性能保証などの必要性も指摘されている。しかし両氏の指摘されているこれらの点は，副次的理由である。直接的理由としては，中古住宅に対する買い替え（住み替え）需要の乏しさにあると結論できる。

　また両氏は，日本の高齢者についても，次のように論じている。「生活資金を確保という観点から見ると，日本の高齢者は必ずしも実物資産を有効活用できる環境にあるとは言えない。高齢者の資産活用に必要なのは，勤労世代が取引相手となる

中古住宅市場を活発化することである」。両氏の論述は，まさに著者も指摘している点でもあり，リバースモーゲージ制度の必要性が，改めて確信できる。

（4）中古住宅市場の明日

　新築住宅を購入するよりも，中古住宅を購入する方が有利，あるいは利便性があると意思決定する要因は何であろうか。この点が明確にされないと，中古住宅市場の活発化に取り組むことは難しい。中古住宅取引状況の日米比較資料によると，明らかにアメリカの方が，中古住宅の売買取引は活況を呈している。この中古住宅市場の取引高の相違が，住宅寿命にある程度の影響を与えていることは明白であり，端的に言うならば，中古住宅に対する市場での需要の有無（多寡）である。日本の場合は，中古住宅の需要が見込めないから費用のかかる修繕も施さない。したがって経年劣化は進行し，基本的な性能・機能までもが損耗した劣悪な中古住宅ストックとなる。また維持・管理レベルの低位な中古住宅に対する需要は少ないことから，循環しないストックとして，取毀・解体を待つようになるのである。

　日本の中古住宅の取引量は，アメリカだけでなくイギリスと比べても低い。転居率は中古住宅の取引量に反映している。日本での転居率は年6％，アメリカは年17％，イギリスは年11％であり，また日本では特に持家世帯の転居率が低い。このことは，日本においては，住宅資産の転売を当初から想定して建設するということが非常に少ないことも示唆している。アメリカでは建売住宅が9割を占めるのに対して，日本では注文住宅が8割を占める。中古住宅を購入する場合，オーダーメードの間取（注文住宅）よりも汎用型（建売住宅）の方が，購入者にとっては利用しやすく再活用性が高い。また中古住宅市場においては，中古住宅の性能評価システムが未整備のために取引の妨げとなってきた。アメリカにおける住宅事情は，家族サイズや所得の変化に応じて住み替えが頻繁に行われる。彼等にとって住宅資産は家族の容器であり，その中身（家族）の変化に応じた住み替えは自然なことであり，行政側も優遇税制措置などによって支援している。また住宅資産を金融化することについても，アメリカ人は日本人に比較して抵抗感が少ない。アメリカ人の，こうした考え方は，リバースモーゲージ制度の普及にも奏功している要素の一つである。以上のような事情からも理解できるように，アメリカのリバースモーゲージ制度を，そのまま日本で流用することは難しい。両国の歴史的，文化的，経済的，社会的事情のすべて相違するように，リバースモーゲージ制度においても，基本的メカニズ

ムは同じでも，アタッチメントの部分は「日本版」を創らなければ，わが国での定着・発展は見込めない。

　経験的に言えることであるが，日本でリバースモーゲージ制度を利用しようとする場合では，一般的木造住宅の資産価値評価額はほとんどゼロに近いだろう。アメリカにおいても，家屋に対する評価額は，その上限をいわゆる「203-b」限度額で規定されている。その住居の購入・担保の場合の最高金額を評価額の97％，15万5250ドルまでとし，毎年，見直しがある。日本でも，リバースモーゲージ制度普及のためのインフラとして，リバースモーゲージ制度に対応した「建物評価基準」の整備が必要になる。何故ならば，マンションなども，将来は制度の対象に組み込む社会的需要が萌芽するからである。

注
(1) Mayer, Christopher J. & Somerville, C. Tsuriel, *Residential Construction : Using the Urban Growth Model to Estimate Housing Supply*, Journal of Urban Economics, Vol. 48, 2000.
(2) 「21世紀の豊かな住まい」『住宅』vol. 50参照。
(3) 尾島俊雄監修『完全リサイクル住宅』早稲田大学出版部，1999年，7頁参照。
(4) 加藤喜久：不動産鑑定士。静岡県三島市在住。伊豆不動産鑑定事務所（代表）。
(5) 減価償却資産の耐用年数に関する省令第3条第1項第2号。
(6) 照井進一『建設産業の近代化とその周辺』大成出版社，1998年，37頁参照。
(7) 吉牟田勲「減価償却法定耐用年数」『現代税法事典第2版』中央経済社，1993年，120頁参照。
(8) 日本建築士会連合会『建築士』No. 605号，2003年参照。
(9) 同前書3頁参照。
(10) 同前書3頁参照。
(11) 瀬古美喜「高齢世帯の住み替え行動」『住宅土地経済』No. 40，2001年参照。
(12) 『日本経済新聞』2003年1月27日。
(13) 「高齢期の移動」荒井良雄・川口太郎・井上孝編『日本の人口移動──ライフコースと地域性──』古今書院，2002年，184頁参照。
(14) 『平成13年度国民生活白書』27頁参照。
(15) Newspaper California Association of Realtors, Newsstand January 6, 2003.
(16) 第8章(注)8参照。
(17) 八田達夫・吉野直行・原田泰・山本茂「金融システムの再構築に向けて」『住宅土地経済』No. 47，2003年参照。

(18) 「203-b」; Section 203 (b): Single Family Mortgage Mart, Senior Loan Center. U. S. Department of HUD-FHA.

第3章
変容するライフスタイルと居住形態

1　変容するライフスタイル

　われわれは，常に二極の，相対的な価値（効用）について検討したり，選択をせまられたりしてきている。それは，正と負であり，ときには善と悪であったりもする。しかし快適性と不快性などの場合は，その相対性は微妙なものになる。ある場面では快適であったとしても，別の機会には不快であるかもしれない。こうした感覚的要素の中には，混在性，あるいは同時性や同質性も併せ持っていると理解することが妥当なのかもしれない。人間の生活面において，住居を空間として捉え，その過密性や過疎性について検討するとき，その場所の課せられた期待によって，適，不適，あるいは快，不快と，その評価は分かれる性格のものである。こうした要素については，個人的相違はあっても，誰しもが，自分の家（home）の中で過ごす「家族との時間」と「独りの時間」の配分や必要度のバランスは，常に無意識のうちにも調整を図ろうとしている。こうした人間同士の「集（衆）」と「個」の相対関係の他に，「空間性」についても十分な検討が必要である。この「空間」の性格が，人間関係に与える影響は重要である。なぜならば，「空間」のキャパシティ（容量）があまりにも低位であれば，常にその「空間」は過密であり，不快な「空間」として固定化してしまうからである。

　住宅地も稠密状態に変化すれば，資金的にも余裕がある住民は，適度な空間的余裕を持つ住宅地を求めて，移動を考える。しかし移動できない事情（子供の学校や職場など）のある住民は，稠密化を阻止しようとしてリゾーニングを画策する。

　こうした視線を住宅地環境に向けてみれば，空間的要素が移動行動や排他的行動を惹起させている要因の一つであることが分かり，無意識のうちに，われわれは居住する環境（周囲）に敏感に反応して生活していることも理解できる。要するに，

住環境要素は個人にとって重要な生存的条件であり、ライフスタイルにまで投影する性格の要素とも結論できる。

(1) コミュニティと「コハウジング」の定義

和辻哲郎氏 (1935)[1] は、その著書『風土』の中で、「家屋の様式とは家を作る仕方の固定したものであり、風土における人間の自己了解の表現であり、また、人間の存在が作るさまざまの共同態や結合態は、一定の秩序において内的に展開するもの」と論じて、「家屋」と「共同」、「結合」、「秩序」などの関係について簡明に整理している。

アレグザンダー、クリストファー (Alexander, Christopher ; 1984) はさらに立ち入って、「共同」や「結合」について、その著書『パタン・ランゲージ』の中で次のように論じている。[2]

「……本当のコミュニティには、バランスのとれた人生体験に必要なものがすべて備わっている。小規模とはいえ、優れた近隣にも同じことが言える。このためには、コミュニティ内で生き生きとした奥行きのある人生体験ができるよう、コミュニティや近隣が、人間の生涯に欠かせないものを幅広く提供せねばならない。(中略) また、コミュニティには、幼児から老人までライフサイクルの各段階の人間がバランスよく居住し、しかも各段階に必要な環境が十分に用意されている」(73頁参照)。

「人は同世代の人間からの支持を必要とすると同時に、ライフサイクルの別の段階の人間からの支持と容認をも必要としている。しかし、とかく分離への要求が混合への要求を圧倒しがちである。今日の住居パターンは、タイプの違う世帯をお互いに分離する傾向にある。この世帯分離の影響は深刻である。本来、人生の各段階における正常な成長には、それぞれの段階で他のすべての世代や団体との接触が必要とされている。ライフサイクルのバランスに応じた住宅が手に入る近隣では、このような接触が現実のものになる。隣人との係わりのなかで、誰もが人生のあらゆる段階の人間と、通りすがりの触れ合い以上のものを体験できるのである。われわれは住宅の混合に対する要求と、自分と同じ世代や同じ生き方の人間の近くに居たいという要求との帳尻を合わせなければならない」(101頁参照)。

「ひとかたまりの住宅が、家主全員で共有する公共地を囲む一つのクラスター

(cluster)を形成しない限り，家に居ても居心地よく感じられない」(104頁参照)。

アレグザンダーの説く「住宅クラスター」とは，見分けやすい近隣を構成する基本単位であり，1ダース内外の住宅の集団（群）を指している。またギャンス，ハーバート（Gans, Herbert；1967）の調査による訪問パターンの形態学から，典型的分譲住宅地の住民は近くの空間クラスターの一員でありたいと望み，クラスターの共有者同士の接触は不可欠な機能であることが確認されている。クラスターでは共有する「共有地」の存在が基本的要素になる。そこを焦点として機能し，グループを物理的に結び付ける。この場合の「共有地」は一本の歩行路だったり，もちろん，緑地でもよい。そして，クラスターの形状とともに，その所有形体も極めて重要である。クリストファーが主張したいところは，

「家庭を構えるという行為に，帰属するクラスターの区分所有権が伴うような所有型式である。さらに理想をいえば，そのクラスターが帰属する近隣の区分所有権も伴えばさらによい。このようにして，すべての世帯主が，自動的にいくつかの段階の公共地の株主になる。そしてクラスター内の過程から都市に至る各段階が成長と修復のプロセスの自主管理能力を持つ政治単位になるのである」(107頁参照)。

「老人同士が寄り集まり，クラスターやコミュニティを形成するのは自然な傾向である。だが，老人コミュニティが隔離されすぎたり，大袈裟すぎると若者にも老人にも有害である。町の反対側の若者は，年寄りの友人から何かを吸収する機会を失い，また老人自体も孤立化を深めていく」(114頁参照)。

「共有地なしでは，如何なる社会システムも存続しない。共有地には特有の社会的機能が2つある。第1に，共有地は自宅の庭や私的領域の外であっても居心地よく感じる場所であり，そのため，より大きな社会システムへの結び付きを感じさせる場所である。しかし，この第1の機能は微妙であり，確かに現代社会では伝統的社会よりも近くの隣人は重要ではない。これは仕事，学校，利害集団などで友人と会えるから，もはや隣人に友人を求める必要がないからである。このことが真実である限り，家と家の間にある共有地は，かってはそれが親交の場所であった時代ほど重要ではないだろう。共有地の第2の社会的機能は，より直接的なものである。共有地は住宅クラスター共通の流動的な活動のための会合地になる。近隣用の大きな公有地――公園やコミュニティ施設――では，この条件を満たせない。それは近隣全体にとっては好ましいが，世帯クラスターの共通機能の

図表3-1　居住形態

グループホーム	痴呆性高齢者や障害者の生活施設。
グループリビング	比較的自立した高齢者の共同生活施設。
コレクティブハウス	若年層から高齢者層までの多世代混住型施設。食事などを共同で行うのが特徴。
コーポラティブハウス	協同組合を組織して敷地を購入し、協議を繰り返しながら建設する。
ライフハウス	「福祉マンションをつくる会」の企画。食堂や娯楽室などを共有しながら生活するマンション型住居。
ルームシェア	部屋を分け合う居住形態。欧米の学生や若者に一般的。

足がかりにはならないからである」(177頁参照)。

以上の記述は、クリストファーの言葉である。著者が「コハウジング」について定義しようとするとき、彼の記述はそのまま代弁してくれている。

彼が、「分離」であり「混合」であると論じている箇所は、著者の場合は「個別」と「共有」の言葉を使って論じようとしている。すなわち、「separate」であり、「share」なのである。コハウジング (cohousing) は、その両方を併せ持っていると定義することが適切であろう。コハウジングと混同されがちなコミュニティ・モデルが日本でも数多く紹介されている。また、最近、コミュニティは、共生型居住スタイルとして、いくつかのタイプに分別されて説明されている。それぞれの明確な定義付けは難しく、その境界も曖昧な部分はあるが、ほぼ、図表3-1のように分類することができる。

(2) リタイアメント・コミュニティ

アメリカの社会経済の深刻な特徴は、拡大化が止まない貧富の格差である。社会経済の内憂を抱えている国は数多くあるが、アメリカの場合は約1割の富裕層が国家総資産の3分の2相当を所有し、9割の国民が残りの3分の1を分け合っているという際立った不均衡性が特徴である。とくに90年代は格差の拡大化が加速された時代といえる。そのエンジンと目されているのが技術革新の目覚しい情報技術分野である[4]。情報技術の発達は、実は各国の社会経済に「光と陰」を投げかけている。アメリカの社会経済においては、情報技術の発達は富裕層にはビジネス・チャンスの拡充と多彩な恩恵をもたらしているが、新技術に乗り遅れている中高年層やマイノリティにとっては、これまで以上に仕事が単純労働力化し、さらに二次産業の製作部門のグローバル化によって雇用機会の減少も同時進行するといったマイナス効

写真3-1 ゲイテッド・コミュニティのゲート・ボックス

(2003年8月著者撮影)

果が次第に顕在化してきている。

　アメリカ商務省の発表によると，2003年3月のアメリカの貯蓄率はマイナス0.8%であり，すでに6カ月間連続して減少している。こうした閉塞感の強い不況は，アメリカ社会における犯罪率を急激に上昇させている。街にはホームレスが増え，ドラックが低年齢層まで蔓延していく。強盗，傷害，殺人，レイプなどの凶悪犯罪がこれまで以上に一般市民生活を脅かし，不平等社会への構造的不満は確実にアメリカ社会をその底辺から蝕んでいく。個人に自助努力を要求し，法的にも自力救済を容認するアメリカ社会では，その結果として，自分たちの住環境（コミュニティ）を犯罪からガードするために外部と完全にシャットした「要塞住宅地」とも言うべき過剰警護住宅地（ゲイテッド・コミュニティ；gated community）を誕生させている（写真3-1）。

　1980年代初頭からアメリカの各地でゲイテッド・コミュニティが勃発している。1885年には10カ所くらいであったのが，1999年現在では約2万のゲイテッド・コミュニティが存在し，約300万世帯が居住していると推計されている（図表3-2，図表3-3）。数百万人のアメリカ人は壁や柵で囲い込まれた住宅地に住みたいと希望し，今日ではほとんどの大都市に，こうした種類のコミュニティを見付けることができるほどに増えてきている。

　都市化と無機質化が進行した現代社会の象徴的な産物ともいえるゲイテッド・コミュニティは，あたかもアメリカの開拓史時代によく見る騎兵隊の「砦」を髣髴さ

図表 3-2　ゲイテッド・コミュニティ建設地

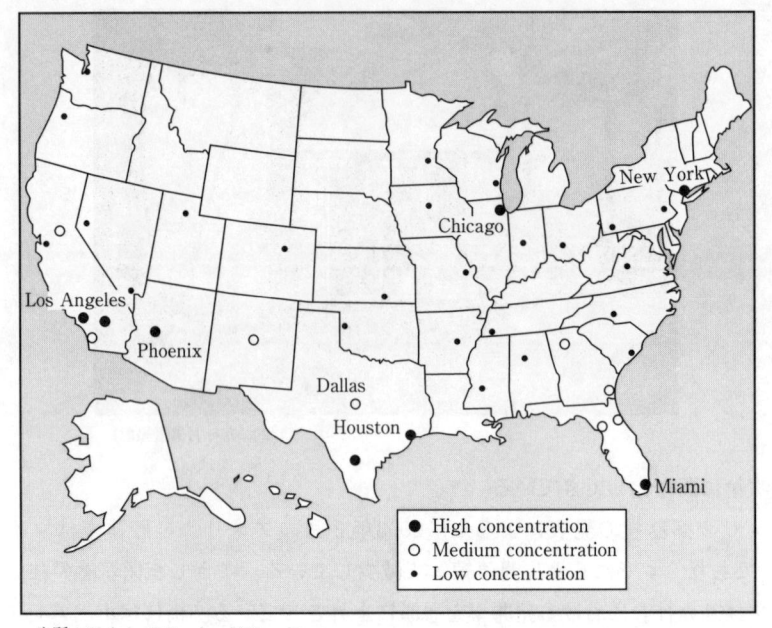

- ● High concentration
- ○ Medium concentration
- ・ Low concentration

出所：Blakely & Snyder, 1999, p. 6.

図表 3-3　ゲイテッド・コミュニティ建設推移（1870-2000）

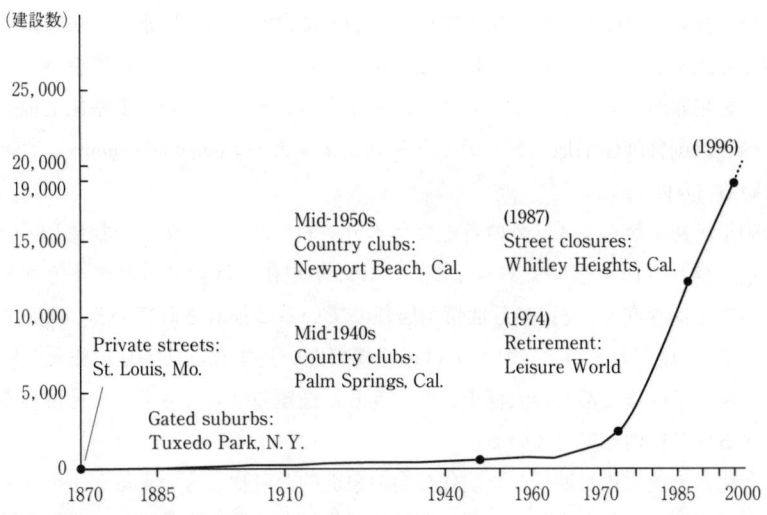

Private streets:
St. Louis, Mo.

Gated suburbs:
Tuxedo Park, N.Y.

Mid-1940s
Country clubs:
Palm Springs, Cal.

Mid-1950s
Country clubs:
Newport Beach, Cal.

(1974)
Retirement:
Leisure World

(1987)
Street closures:
Whitley Heights, Cal.

(1996)

出所：Blakely & Snyder, 1999, p. 7.

せる存在であり，そこでは閉鎖性というより，むしろ侵入者（invader）に対しての完璧な遮断性をその存在的価値としている。しかし見方を変えれば，その中の住民たちは，「自ら，檻に逃げ込んだ」かもしれないが，「檻に追い込まれた」とも，理解できなくもない。社会的特権と巨額な資産を保有しているアッパーのグループ化現象（grouping）ともとれるライフスタイルであるが，しかし，そこには，傍観してはいられない，現代社会の末期的な隔離性が潜伏している。

アメリカのゲイテッド・コミュニティの多くは，その周囲をプライベート・フェンスで囲い込み，監視カメラと電子ロックが設備されていて，警備員による24時間パトロール・サービスがある。そのコミュニティの中には，ゴルフ場から屋内外プール，ショッピングセンター，アミューズメントセンターなどが完備されていて，ハイクラスでリッチな生活を完璧にその囲いの内部で満喫することができる，まさに砦の中のワールドともいえる高級タウンである。外部への通勤や通学，買物などは専用の豪華なシャトルバスがアクセスを容易でかつ安全なものにしている。そのリッチなライフスタイルを謳歌している富裕層とインナーエリアに見られる貧困層の生活との間には，もはや政策を以ってだけでは埋められないほどの深いクレパスが見え隠れしている。

リタイアメント・コミュニティの明日　この他に，アメリカでは退職者向けに「リタイアメント・コミュニティ（Retirement Community）」と呼ばれている居住モデルが発達してきており，全米で1100を超えるコミュニティが建設されている。しかし，このタイプのコミュニティが，いま，岐路に立たされている。その理由として，7600万人という圧倒的な人数で戦後の消費を牽引し，アメリカの社会経済に大きな影響力をもってきたベビーブーマーが，そろそろ55歳を超えて，リタイアメント年齢に達してきているからである。この新たなシニア層は，趣味嗜好の傾向が従来の層とは明らかに違っていて，シャッフルボード・コートの代わりにコンピューター・ルームや温浴施設，そして大学のクラスの方を選択している。2001年の全米退職者協会（AARP；American Association of Retire Persons）の調査によると，ベビーブーマーにはゴルフコースやシニアセンターなどは人気度ランキングが低順位であり，むしろ好もしい隣人関係を築けるコミュニティや自由なスタイルで仕事ができる環境などの方が高順位を占めている。こうした傾向を先取りしたリタイアメント・コミュニティとして，一つは「学習の場」との融合であり，いま一つは「仕事の場」との融合のモデルがある。アリゾナ大学に近接している「アカデミー・ビ

レッジ（Academy Village）」は，1994年にアリゾナ大学元学長ヘンリー・コフラー（Henry Koffler）によって設立された，学習の場と融合したシニア向けのコミュニティであり，学習意欲や知的好奇心旺盛なシニアに人気のあるコミュニティである。そこでは，退職した大学教授の知的資産を学習意欲のあるシニアに提供できる特徴がある。これまでのリタイアメント・コミュニティはゴルフやレジャー設備の充実に力を注がれていた「身体的活動」の場であったが，最近は学問や文化・芸術などの「知的活動」を重視するものが人気を呼びそうな気配である。

また AARP の調査によると，ベビーブーマーの8割が65歳を過ぎても働きたいと考えている。また別の調査によると，ベビーブーマーの17％が退職後は起業家を目指している。したがって，ハイテク産業の集積地であり，コロラド大学のあるボルダー（Boulder Colorado）周辺には，企業や個人起業家向けのインテリジェント・レンタル・オフィスが増えている。その地域に建設されている住宅は，居住と仕事との融合が現実となる設計の住宅が多く，オフィス・スペースとしての用途を想定したブロードバンド回線や大容量電源などが完備されている。[7]

この他にも，リタイア後の居住地として人気が高いのは，「文化度」や「学習の機会」，「仕事の機会」や「ボランティア活動」などの点で評価が高い場所であり，フロリダ，アリゾナ，南カリフォルニアなど以外の場所である点も興味深い。これまでの認識として，退職後の「隠遁生活」よりは，現役時代に果たせなかった時間の過ごし方や夢を実現しようとする，モティバティブ（motivative）なライフスタイルを持った世代のリタイアが始まったと認識すべきである。

2 社会福祉政策的な住宅地開発

（1）住宅地の公有化

西欧社会においては，住宅資産の権利を，底地（敷地）は公共財，上物（建物）は私有財と，二分して考えている国が少なくない。イギリス特有の土地保有形態（tenure）は，その歴史的変遷などを経て，最近は不動産の権利概念もずいぶん変化してきているが，それでも，日本の不動産事情に比較したら遥かに複雑である。

イギリスのように土地と建物の権利が伝統的に分離されてきた社会では，土地使用の主張的存在でもある建物の長命化は重要であり，土地の所有形態と建物寿命との両者の間には明らかに因果関係があると考えられる。日本の場合では，他人の土

地を借地して建物を所有する場合，かつて借地法（平成4年廃止）が借地人側に偏重した保護を与えてきた背景もあって，これまでは地主が借地させることを忌み嫌った傾向が一般的であり，したがって借地権者は少なかったといえる。借家の場合も，その収益性の向上から建築コストが削られ，粗悪な建物という理由以外に，借家人が長期に居住することをも厭う傾向が一般的であったから，最初から長期的寿命への期待は二の次であり，その建物寿命は短いものであった。当時の借家法の下では，建物賃貸借契約の契約期間が遵守されないケースが多々あって，借家人を退去させることは至難のこととする法的環境下であったから，良質な借家を最初から考えていないのが実情であった。戦前の社会経済環境のもとに制定された借地法であり借家法であったがゆえに，借地人や賃借人を社会的，経済的弱者として捉え，偏重した保護を目的にした法律であり，当時の家屋（借家）を粗悪なものにしてきた導因にもなっていた。

　土地を公共財として，その上に建つ住宅を個人の私有財とした場合，住宅としての構造的性能や機能が消滅した時を以って土地の利用権（地上権）を喪失すると仮定した場合は，何人もあらゆる方策を講じてその住宅の修繕や改造に腐心するであろう。イギリスを訪れたとき気付くことだが，明らかに100年以上を経過している個人住宅が，いまだに修繕の手を入れて使われていることに感心させられた人は多いはずである。住宅を維持・保全することが，住宅を基盤とした安全で快適な生活を継続できる唯一，重要な行為であることを理解しているからである。通りに面したテラスハウスの玄関の脇には，馬車が走っていた当時の松明を挿す金具や靴のドロを擦り付けて落とす金具が，今もそのまま残されている。市街地の土地のほとんどが貴族の所有地であり，市民は土地の使用権者として建物を所有しているケースが多いことと，彼らの建物の寿命が100年以上であることとは，無関係ではない。こうした土地・建物の権利関係など法的環境における相違が，住宅事情にも，当然，多面的に影響を及ぼしている。

　土地は公共財とし，建物は利用者の私有財とする。仮に日本でこの原理を採用した場合を想定する。底地（敷地）と上物（住宅）の権利を二分（separate）する原理を個人住宅に当て嵌めて検討してみよう。私有財である建物の衰滅を以って利用権の消滅とするならば，建物の所有者は住宅の継続性の保持を目的した，あらゆる方法を講じることだろう。こうした権利構造は，住宅の継続性を改善する結果，有限的資源である建設資材の有効利用化が進み，建設廃材処理問題の減少化を促し，

環境保全上からも有意義な結果を招来するに違いない。建物の資産性が向上維持されているために，リバースモーゲージ制度（この場合は建物に限定した）を利用した場合も，有利な年金収入に変換できる。

　土地財の私人所有は，多くの社会的不公平性を包含している。地価上昇による譲渡益取得や家族への遺贈は，土地所有者のみに限って享受可能な特権的果実でもある。相続税法の適用だけを以ってする社会的配分効果は薄く，土地財を私有することから生じる社会的不公平性を払拭するまでのものではない。しかし建物は私有財とし，遺贈権を与えることによって家族共有財としての性格も付与し，以って居住の安定性は保障されることになる。

　この方法によれば，住宅資産は建物評価だけに限定され，地価の変動による直接的影響を受けることはない。わが国では，土地財も私有化し，その土地を何代にも亘って相続させていくことが可能な社会であり，土地財固有の特徴であるところの「有限性」がゆえに，投機の対象にもなってきた。われわれは，あえて歴史や伝統の持つ旧弊性や蓋然性から脱却して，根源的な原理・原則に則って，これからの「住居」について考究する必要性に直面しているのかもしれない。

（2）スウェーデンの「土地利用権」

「住まいは人権」とする意識や価値観が，スウェーデンには具現化されている。快適な住環境の中で良質な住生活を享受したいとする要求は，教育や各種の社会サービスを受ける権利と同一の基本的人権であると捉え，実践している国がスウェーデンである。

　ストックホルム市（スウェーデン）の土地対策には刮目すべきものがある。それは「土地利用権契約制度」である。この制度のもとに，市のほとんどの土地が土地利用権に基づいて利用されている。土地は市が所有していて，利用権者は一定期間を利用できる仕組みである。この方法を採用することによって，市側が地域の将来設計に沿った全体的都市計画を実施することが容易になること，また，造成工事も行政側による一括施工の方法によって，個人がそれぞれ行う個別の造成工事は必要なくなる。したがって，造成工事費の大幅な削減が達成可能となるなどの利点が挙げられている。利用期間は当初，50～60年間位であるが，賃料は10年毎に調整される。市の財源としても，土地利用権収入は重要度を増してきていて，1987年には市の歳入6億1500クローネのうち，37％強の2億3000クローネを占めている。市側は

土地造成度（加工度）を極力抑え，自然環境の保全と同時に建設工事費の削減を図っている。その結果，自然の起伏が生かされた多彩で個性的なデザインの家屋が様々なバリエーションを描いて配置され，人工的な街の雰囲気はない。自然林なども取り込まれた中で，公園，庭園，プレイヤードなどが点在している。その住宅地の住民が利用する公共施設（保育園，学校，図書館，各種センターなど）も適当な距離に程良く配置されている。[8]

外山義氏[9]（1999）は，スウェーデンの土地政策について，次のように論じている。スウェーデンでは公的所有の土地の割合が高く，ストックホルム市では市内の約7割，郊外の9割が公有地であり，たとえ私有地であったとしても，土地を投機対象とすることを抑えている。都市開発の影響から周辺地価が上昇したとしても，地方自治体は先買権（過去10年間の適正価格）によって上昇前の価格で買収できる。こうした政策の効果として，社会経済の変動による影響を恐れることなく住宅供給計画を遂行することが可能であり，地域住民生活に必要なインフラなども整備することができる。日本の場合は，土地の最大評価価値はその財産的価値にある。したがって，公共財ではなくて排他的所有権の対象であり，不動産資産として投機の対象であり，重要な相続財産でもある。片や，スウェーデンでは土地の使用価値がもっとも重要であり，所有価値や財産的価値は重要ではない社会経済である。こうした違いは，スウェーデンでは土地をも含む自然環境のすべてが公共利用権の下にあるとし，公共財として捉えている伝統的価値観の存在から生じてくるものである。スウェーデン方式が，生産過程では資本主義的競争原理に則り，分配過程においては社会主義的平等原理に徹している理由も，こうした伝統的価値観がその根底にあるからであろう。

本書では，スウェーデンの社会福祉政策の中でも重要な位置を占める住宅政策について，すでに発表されている幾つかの研究資料を参考に検討してみよう。

1946年，非営利住宅事業体による公的住宅の供給政策によって，この分野には投機対象性が失われ，国庫からの助成が国民利益に直結するシステムを構築していることによる効果は大きい。もう一つの住宅供給源として，協同組合組織がある。その協同組合は1924年に設立され，組合員の住宅取得目的の貯蓄をベースにした住宅建設を行い，共同管理も行われる。この場合の住宅の所有形態は「居住権の所有」であり，市場価格での売買も可能である。この協同組合方式による住宅供給シェアは年々，拡大化され，実績をあげている。計画の段階から組合員が参画し，さらに

維持・運営についても個々の組合ごとに居住者同士の協議制によって決定され，遂行されていくことが特徴であり，住民参画の方法によって住民同士の連帯感や協同意識の構築も期待され，近隣コミュニティの形成が自然派生的に行われていく。住宅所有形態としては，「持家」(46%)，「居住権の所有」(約15%)，「賃貸」(40%) の3種類がある。

　しかし，1990年代に入って，スウェーデン経済も第二次世界大戦以降，最大の危機に直面している。当然，住宅政策も影響を受けている。1991年から大幅な税制改革が断行され，所得課税は下げられたが，固定資産税負担は増えてきたし，不動産関連税の増額や，すべての住宅形態に亘っての評価額に対する財産課税制度が導入された。

「居住権の所有」とは，通常，組合員は集合住宅を供給する非営利住宅協同組合の会員権を所有する形態を取る。この形態の住宅所有に関しては特別の法律が定められている。組合員は自己資金投資を求められるが，それに加えて，協同組合に支払う固定資産税や支払利息分をカバーする月額費用を納める。組合員は通常，住戸の維持管理の責任を自ら負うが，居住権を売買する自由もある。この形態は戸建住宅ではほとんど存在しない。

住宅（住宅地）
供給・管理手法　日本の行政による住宅の供給方法は，公団などによる直接給付と住宅金融公庫などによる住宅資金の公的サポートの両面で実施されている。一部の地方自治体によって，土地利用権に類似した内容の住宅地分譲計画も実施されているが，しかし，それらの共通する事情は，過疎地がゆえに住民の転入を意図した住民誘致対策の一環として行われているものがほとんどである。住民が転出していくばかりで新規転入者がいない町村の窮余の策として検討するのではなくて，全国的にカバーする将来性のある住宅政策としての有効性を検討してみる必要がある。

　ここで，新たな「住宅（住宅地）供給・管理手法—日本版」を創案してみよう。

　住宅（住宅地）の供給と住宅地管理とのセット方式が制度基軸であり，非営利団体としての基盤に立った住宅供給管理協同組合と公的機関である地方住宅供給公社との2つのグループによって担当される。この手法の特徴として，住宅の敷地の権利は「所有権」ではない，「使用（利用）権」に基づいている。

　運営形態としては次のとおりである。
① 事業主体：地方住宅供給公社，

② 事業目的：優良な住宅地の供給，
③ 対　　象：地域内に6カ月以上継続して住民登録している市民で一定額の投資をする者，
④ 条　　件：権利；使用権（要，登記），住宅地として区画を利用する権利，
　　　　　　契約；50年間（更新契約は可能），
　　　　　　譲渡；不可，相続人の場合は地位の承継が可能，
　　　　　　賃料；規定賃料，
⑤ 賃貸用戸建住宅：建物賃貸借契約，
⑥ 経営組織：公益法人「住宅地開発運営組合」の設立，
⑦ 組 合 員：一般，
⑧ 投資負担金：最低額の規則あり，
⑨ 配　　当：投資額に応じた配当支給。年度末に支給。

地方住宅供給公社法第1条（目的）「集団住宅及びその用に供する宅地を供給し」の部分によって，戸建住宅用の宅地の供給が対象から除外されている。この部分を「集団住宅や戸建住宅及びその用に供する宅地を供給し」と改正することによって，個人の住宅需要に応じた優良宅地の供給が可能となる。また，第8条の「人口50万人以上の市でなければ，設立することができない」の箇所に，「ただし，地方自治体の議会で決議された場合は，この限りではない」と付記して，「人口50万人以上の市」以外の地方自治体の住民であっても，そこの議会で決議された場合は適用可能とする措置を講じておかなければ，憲法上において保障されている個人の権利（憲法14条「法の下の平等」）の侵害に相当する懸念がある。小泉内閣の「構造改革特区」の活用などを考え合わせることによって，新たな住宅地供給の道が拓かれるかもしれない。

住宅地の「所有権」ではなくて，「使用（利用）権」とする場合のメリットとして，次の点が挙げられる。
① 土地取得の金銭的負担が少ない，
② 土地の購入資金負担がない分，建物工事費に余裕が生じる，
③ 使用権の第三者への譲渡はできないが，一定条件のもとでの相続は可能である，
④ 購入時の所有権移転登記に伴う登録免許税などの課税対象から外れる，
⑤ 公共施設の利用が便利である，
⑥ 土地供給法人に投資した資金に見合った収益金の配当が受けられる。

(3) イギリスの「コ・パートナーシップ方式」

本書では，住宅地経営手法の一つとしての「コ・パートナーシップ・ハウジング（協同出資型住宅地方式；co-partnership housing）」に包含されているメカニズムとしての，「住宅資産を媒体として，働き盛りの時期の財産的備蓄（stock）と，高齢期からの取り崩し（return）」機能に注目して，「リバースモーゲージ・プログラム」の嵌め込み（combine）を検討し，社会福祉性を兼備した住宅地経営手法の「ジャパン・モデル」を模索しようとする目論みを持って取上げている。

1901年，ロンドン郊外のイーリングの地に，ビビアン，ヘンリー (Vivian, Henry ; 1868-1930) によって，最初のコ・パートナーシップ・ハウジングがスタートした。この「協同出資型住宅地方式」の理念（concept）としてのキーワード，「多世代・多階層混住（multiple generation/class mixed group）」，「協同生活（corporate life）」，「相互扶助（mutual life）」，「共同生活（living together）」，「共用空間（common space）」，「共同管理（management together）」などは，そのまま「コハウジング」にも共通する性格のものであることに気付く。また，その発生をみると，コハウジングはオランダにその端を発し，片や，協同出資型住宅地方式はイギリスからと，地理的条件は違うが，それぞれがほぼ同時期に誕生している点でも興味深い。

(1) コ・パートナーシップ・ハウジングの概要

この協同出資型住宅地方式を一言で説明しようとすると，次のようになる。「イギリスという伝統的階級性社会のなかで，特権的な存在でもあった個人地主による開発利益の寡占的搾取に対する非難をかわすための政策的意向もあって，一般市民社会への開発利益還元をシステマライズしたプログラム」とでも言えるものであった。この手法は，そこに住む住民達に，周辺の住環境の共有意識からの連帯感を持たせることによって，住宅地の計画，建設，管理全般に亘って積極的に参画させ，さらに住民と慈恵的投資家との間に協同関係（co-partnership）を構築することによって協調的な管理体制を安定化させ，居住環境の成熟に伴う開発利益の分配（sharing）を目論んでいる。

住宅地経営手法の一つであるコ・パートナーシップ・ハウジング（協同出資型住宅地方式）の概要を，西山康雄氏（1992）は次のように整理している。

「コ・パートナーシップ・ハウジングは，用地買収資金，住宅建設資金，自ら運営するコミュニティ・センター建設費，住宅地の維持管理費，社債償還，公的機

関からの借入金返済，配当金などが主な資金使途であり，資金調達は公的機関からの借入資金と賃貸収入によるものである。毎年，残余金は借家人に家賃額に応じた株式を配分する方法を取っている。すなわち，「配当付家賃」と言える性格のものである。年数の経過とともに借家人の受け取る株式は増えていく。したがって，借家人の受取配当金も増えていくことになる。また，借家人が管理状態をハイレベルに維持することは法人の管理コストを削減することに繋がり，経費節減は法人利益を増やし，最終的には配当収入が増える効果が借家人に還元されるシステムである」。

投資家にとっても，住民達による自発的な維持管理は，優良な住宅地を保持することになり，投資対象物件の資産価値の増加にも繋がることを意味し，歓迎される結果である。このような地主と住民との関係を，日本の「定期借地権付住宅地」に組み込むことによって，高齢化社会の新たな居住モデルの誕生を見ることができるかも知れない。

(2) コハウジングとの比較

コハウジングと協同出資型住宅地方式との比較においては，その資金調達方法と施設の規模・構造面などにおいても，顕著な相違点が認められる。

① 集団の性格として，コハウジングを「プライベート・グループ」とするならば，協同出資型住宅地方式は「パブリック・グループ」と分別できる。
② コハウジングが協同生活を営むことを前提としながらも，各人各様の設計に基づいた住宅を購入する目的をもって計画に参画していくプログラムであるのに対して，協同出資型住宅地方式は優良な住環境を創出させようとする大前提のもとに，各方面からの資金を調達し，優良住宅（借家）を建設するプログラムといえる。
③ コハウジングの住戸は主として「個人資産」であり，協同出資型住宅地方式の住戸は原則として「借家」である。
④ コハウジングの施設には，協同性，便益性，集約性があるが，協同出資型住宅方式には，その上にさらに，収益性，投資性，公益性，住宅政策性などが付加されている。
⑤ 資金調達方法では，コハウジングはメンバー各人の負担（購入額）であるのに対して，協同出資型住宅地方式は「協同出資型住宅法人」を設立し，転換社

債と株式の発行を行い，その住宅の賃借希望者と投資家とが共に出資する。
⑥ 施設運営資金は，コハウジングが各住民の負担する共益費で共同施設費を賄うのに対して，協同出資型住宅法人の運営資金は，公的機関からの借入資金と賃貸収益（家賃）を以って賄う。

(3) コ・パートナーシップ・ハウジングの「ジャパン・モデル」

協同出資型住宅地方式の開発手法は，将来，日本に導入したいプログラムの一つである。以下，「ジャパン・モデル」を検討してみたい。

① 事業の種類：大規模優良住宅地開発運営事業，
② 事業の規模：25万平方メートル以上の地域，
③ 事業の目的：福祉プログラム付優良住宅地環境整備，
④ 事業計画：
　　　事業主体；公益法人―開発運営事業組織（企画・開発・運営），
　　　事業資金；公的資金，一般投資資金，参画者投資資金，
　　　建設計画；一般住宅（低層），コミュニティセンター，ショッピングセンター，保育園・託児所，各種公共サービス施設など。
⑤ 福祉プログラムの概要
　　参画者は，私的年金プランとして，次の2種類の方法から選択できる。
　(i)「賃貸借契約方式」：参加希望者はそのプロジェクトに投資し，住宅完成後は建物賃貸借契約を取り交わし，住宅の賃借権，占有使用権を得る。65歳までは毎月，家賃を支払い，決算期には配当株式を受け取る。65歳以降は，株式配当金を月次年金方式（一括現金も可能）で受け取って，その住宅で生涯，居住することができる。配偶者が残った場合は，その者の死亡時まで同様な条件が継続する。しかし，生存配偶者の死後は，住宅資産に対する一切の既得権は消滅する。
　(ii)「リバースモーゲージ方式」：プロジェクト参画希望者は，プロジェクト融資資金を利用して，戸建住宅を購入する方法で不動産所有権を取得する。借入返済は家賃方式で，毎月，返済する。65歳以降は，その住宅資産の評価額の一定枠内での融資を受けて，月次年金方式で現金を受け取る。返済は，本人の死亡時にその住宅を売却する方法で決済する。ただし，この場合も，生存配偶者がある場合は，同様の条件で継続する。生存配偶者の死後は，住宅

資産の売却代金による一括返済とする。この融資契約は、ノンリコース・ローンとする。
⑥　行政上の支援
　住宅地開発に際しての「開発行為許可申請」に当っては、現行の都市計画法の一部改正が必要となる。日本の都市計画の用途規制はゾーン規制であり、既存の住宅地との関係から、斬新なコンセプトに則った住宅地開発が不可能になるなどのケースが懸念される。「構造改革特区」などの活用も考えられるところである。現行の調整区域内における開発を特別許可する方向への改正を検討する必要もある。大規模開発による周辺環境の影響は既存のインフラの拡充などが優先課題となる。また、税制面などにおいても、配当金収入や住宅資産売却に伴う譲渡益課税など、あるいは登録免許税や消費税など各種の税法上の優遇措置も、その収益、費用の福祉性を鑑みて、制度のインセンティブとして必要な支援策となる。
⑦　コ・パートナーシップ・ハウジングの「ジャパン・モデル」の特徴
　不動産投資信託商品として販売することで一般からの投資資金の流入を図る方法、低利な公的資金の融資を利用する方法、また参加者からは不動産投資を受け付ける等の方法で資金を調達する。
　日本の伝統的な住宅資産観は、その独占的・排他的性格がゆえに、ややもすると公共性や公益性に欠ける嫌いがある。それがために、広域に亘る周辺地域全体の環境整備計画などは、個人地主の個人的な権利主張を尊重するあまり、全体計画の実施が難航する事例が多いのが実態であった。憲法第29条の「財産権」に、私有財産といえども公共福祉の目的には供する義務を明文化しているとおり、この際、「財産権の限界」を再検討する必要がある。
　上記⑤の(i)、(ii)ともに、第三者への譲渡や相続は可能ではあるが、基本的には住宅資産を私的財産と捉えないで、むしろ公的資産として捉え、一定期間中の利用権として理解するような概念の再構築が望ましい。住環境はパブリック・アセット(public assets)として良好な状態に維持するべく、住民達によるボランタリーな管理を心掛けることがその住宅環境の評価を向上させ、結果として、配当にも還元効果が及ぶはずである。そうした図式を描けるような仕組みが未来的な住環境システムと言える。

3 市街地の再生と共生

(1) 市街地とコンバージョン

　シューマッハー，E・F (2000) は，「アメリカの大都市の生活は，心理面でも，経済面でも，生物学的にも崩壊しつつある。現代の大都市の住民は史上例のないほど互いに無関心となり，社会的にも精神的にも孤立している。」と論じている。また「個性無視と工業化に向かっている」とも警告している。[14]

　アメリカではいま，そうした荒廃から徐々にではあるが，しかし着実に脱却しようとする動きがある。

　ポートランド（オレゴン州）市内を歩いていてまず気付いた点であるが，市内の中心部の大規模商業施設の幾つかが100年以上経過した既存大型建物を用途変更して再利用している（あるいは，させている）。最新設備のスーパーマーケットが，実は古い建造物（旧倉庫）の中に納まっているケースなどは珍しいことではない。市内の公設駐車場などの施設は，その収容台数効率や構造上の理由などもあって新設するケースが多いようだが，他の用途の店舗などは実にスマートに歴史的建造物の中に納まって営業している。

　そうした事例は，北米の街で数多く見聞することができる。アメリカでは――その展開はすでに歴史的でさえあるのだが――100年以上も経過した既存建物が，必要とされるあらゆる目的に転用されようとしている現実がある。写真3-2のレンガ造の建物は1906年に建築された製氷工場兼発電所であるが，次の目的へのコンバージョン（conversion）を待っている。旧い建物の所有者が個人ならば協力を要請し，所有者を特定できない建物ならば行政が没収して，その周辺地域に最も必要なサービスを提供させる目的のために再生させる挑戦を繰り返している。そして，彼らは，必要ならば，抵触する規制や障害となる事物に対して地域の住民たちと協力しながら，改廃や移動・変更を加えている。その様子は，「公（行政）は民（市民）があってこその公である」といった，地域の市民の生活を活気あるものにしようとする行政側の気概が感じられるものである。

　市内の中心部に商業施設を集める（写真3-3）。その中には，食料品や日用品を扱う大型店も誘致されている様子から，都市中心部に居住する住民数を確保しようとしている行政側の政策的意図を窺うことができる。都市部の夜間人口が増加する

第3章 変容するライフスタイルと居住形態　83

写真3-2　ポートランド市内の旧建物

(2002年8月著者撮影)

写真3-3　地域再開発事業・ポートランド市内

(2002年8月著者撮影)

ことは，住民たちによる様々な生活関連の消費活動が活発化することになり，金融関係，一般企業のオフィス，高級商品の販売店やレストラン以外にも，中小規模のあらゆる業種に亘ってのサービスの提供が受けられる場所にもなる。

　ポートランドの解体寸前の古い建物とその地域を生き返らせた (revitalization) 手法の商業的成功の秘訣は，相互に補完的な用途に対応した種類のテナントを混在させたことであろう。例えば，地下フロアと1階フロアは商店（物品販売店），2階

フロアはオフィス，3階以上は住居用とするなど，多用途・多目的建物であり，しかも24時間営業で1週間に7日間を営業日とするケースである。オフィスの勤め人たちや商店の店員たち，それにアパートの生活者（消費者）たち，レストランや映画館に出掛けてくるお客たち，アパートに出入りする住民たちが醸し出す活気，そして，時間帯によって変化する通り（street）の色彩などが，その周辺一帯を魅力的な場所に変えている。そうした変貌の一つの利点としては，たとえ経済不況下にあっても，ある程度の安定的消費が期待できる点であろう。行政側にしても，税収入面での安定化に貢献する要素として評価できる。企業単位で考えるならば，雇用者も被雇用者側にしても，職住近接の効果は侮れない。雇用側は人件費（通勤費などの間接経費を含めて）の軽減化にも資するものであるし，働く側でも，通勤時間の節約や体力などの面で余裕が生じてくることになり，生活の安定化にも奏功する。

中心市街地と住宅 このような復興（restoration）の波に伴って，それまで高レベルであった犯罪発生率にも低減効果が見え，ますます転入する住民数が増加することになる。他の地域からの移動人口の増加は，中心市街地や周辺の既存住宅に対する需要過多，供給過少を顕在化させていくことになり，既存住宅価格は上昇する。地価も郊外に比べて高いことから，新築住宅以上に中古建物の需要が喚起されてくる。その結果は住宅資産の循環性の安定化であり，中古住宅市場の蘇生を促すことにもなる。

国土交通省は，2003（平成15）年に，密集市街地の防災対策強化を促す「密集市街地における防災街区の整備の促進に関する法律」（密集市街地法）の改正案をまとめている。この改正案によると，老朽化の激しい木造住宅が密集する地域の一定区画をまとめて，その地権者の3分の2の同意を以って集合住宅への建て替えが可能になる。

同法の「目的」は，「密集市街地の防災に関する機能の確保と土地の合理化かつ健全な利用を図り，もって公共の福祉に寄与すること」である。都内をはじめ，各地の都市部には，いまだに個別の小区画の土地に老朽木造家屋が雑然と建てられている市街区が相当数存在している。狭小の木造家屋の乱立や緑地の不足，そしてその周辺は決って慢性的な交通渋滞問題を抱えている。

この「集合化」による防災上の改善効果は勿論のこと，各住戸の資産価値の維持・向上といった観点からしても，防災共同建物への集合は有利な点が多い。また当該市街区の居住環境の改善はその地域の不動産価値を高めることになり，高齢期

のリバースモーゲージ制度の普及にも寄与する効果は大きく，将来の社会的資本の再生・整備といった視点からしても，期待するところは大きい。しかし，反面，形を変えたジェントリフィケーションにもなりかねない懸念は拭えない。少数地権者の生存権的主張にも，十分に耳を傾ける配慮は欠かせない。

　住宅の再生に対して，深い関心を寄せて実践してきているヨーロッパの各国にも学ぶべき多くの足跡を見出すことができる。

　イギリスのローレンス，ローデリック（Lawrence, Roderick J.；1992）[15]は，その著書『ヨーロッパの住居計画理論』の中で，目覚しい工業化を遂げてきた国々において共通している点としながら，「この10年で，都市を破壊して復興させるやり方から，修繕するかインフィル・プランニング（infill-planning；躯体とは別に内装全般を対象とした計画）へと移行してきている。新しいやり方は，個々の建物の保存や改善，よく選んだうえでの取り壊し，そして新しい建物の建設ということを意味する。大規模な破壊から修繕やインフィル・プランニングへと重心が移行してきている」と論じている。また住宅政策とその実践の方法が，取り壊しから修繕，インフィル・プランニングへと移行した要因として，住宅政策が，現存する住宅ストックを最大限活用する方向に転じられた点が奏功しているものと断じている。

　「ヨーロッパの多くの国々ではこのような仕事には政府から補助金や助成金が与えられている。さらに高い失業率と赤字収支予測に直面している国々では，修繕への投資は建設業を促進すると考えられる。なぜなら，この種の仕事は労働集約型で，比較的輸入量が低い水準の材料や技術に頼っているからである。最後に，このやり方は古い住宅の断熱性を増すと同時に，建設によるエネルギーの使用は経済的である」（267頁）。

　住宅地の郊外化が定着してからは，一層，都市部（インナーシティ）の荒廃化（ブライト化；blight）が加速され，凶悪犯罪の多発も深刻な社会問題として取上げられてきている。これまでアメリカ社会では慢性的な疾患視されていたブライト化が，逆に，最近は都市部における居住機能の再生の導因として作用している。行政側もこうした再生事業に対する積極的な介入を実践し，バックアップする姿勢を明確にしている。スウェット・エクイティ（sweat equity）などは，顕著なパターンといえる。[16]

ライフスタイルと居住形態　日本の都心部について，神野直彦氏（2002）は次のように論じている。[17]

「日本の心臓部とも言うべき東京都千代田区が過疎化している。1975年に7万人を超えた人口は3万人を下回りかねない状況にある。コンビニエンス・ストアはあっても，日用品を購入できる身近な商店街は千代田区には欠けている。子供たちの足でも歩いていける距離には見出しがたい。その地域で生まれ，子供を生み育て，老いていく人間の基本的営みが完結できなければ，地域社会は空洞化していく。」

長谷工総合研究所が行った調査結果によると，1990年代中頃から首都圏では，新築住宅の取得件数全体を占める分譲マンションの販売件数の割合が，2年連続で過去最高を更新している。同研究所は，「マンションの居住環境のよさが購入者に認められた結果」としているが，その他にもいくつかの理由がある。まず，バブル崩壊後から頻発している，企業による遊休不動産放出が誘因となって，マンションの大量供給が考えられる。最近の分譲マンションの特徴でもある，居住面積の大型化や販売価格の低下などの理由の他に，中高年層の都心回帰現象の顕在化や子供のいない若い世帯に見られる，居住傾向あるいはライフスタイルの変化なども加速的要因となっていることは否めない。

しかし，こうした理由だけを以って，最近のマンション販売実績の急激な伸びを説明し切ることは難しい。バブル崩壊後から今日まで，地価下落が継続している現象は，日本の経済基盤の重要な構成要素であった「土地神話」の瓦解を実証するものであり，大手企業から個人家計までもが，その保有する不動産の資産価値の低減化と，逆に負債額の増大化を余儀なくされている。かつては，「住宅取得」が将来に向けての資産形成（所有不動産の値上効果）を約束してきた不動産市場の右肩上がりの座標はすでに旧態モデルであり，現在はほぼ不動産価格は平準化モデルに近付きつつある。そうした右肩上がりのカーブを描かない経済環境に立脚して，初めて個々人（世帯）夫々のライフスタイルに相応しい「居住性」に注目した住居の選択が顕在化し始めてきている。

高齢期における都市中心部での居住は，次の点において優れている。

① 高齢者自身の移動性が高められる。プールや図書館などの公共サービス施設，医療施設，ショッピング施設などへのアクセスが容易である。
② 知人・友人などとの人的交流やサークル活動などへのコミュニティ的交流もスムーズである。こうした交流性が高められることによって，運動的機能ばかりか，精神的機能までもが活発化されて，ひいてはノーマライゼーションの延

伸化が可能となる。
③　家族構成がダウンサイジングされつつあることから，マンションに代表される共同住居形態が受け入れられやすい環境に変化しつつある。
④　若い世帯の場合も，結婚年齢の上昇や出産率の低下が彼等のライフスタイルを多様化させている。調査によると，「結婚しても子供を持たない」夫婦が30.5％，3組に1組の夫婦は「子供を持たない」と考えている。[19]

アメリカの大都市が辿ってきた「都市中心部の再構成」が——その構成要素の種類や多寡の相違はあるが——日本の都市中心部においても検討される時代に足を踏み入れ始めている。

都市中心部への交通機能　US TODAY 紙面 (March 7, 2003) には，1990年代に増加していた「都市部から郊外への通勤者数」をいまだに上回っている「郊外から大都市に流入する通勤者数」が問題視された記事が掲載されている（図表3-4）。こうした通勤事情も，雇用環境との関係が密接であり，労働者（ブルーカラー）層には，逆に都心部から郊外に流出する傾向が見られている。

ポートランドの交通機関であるマックス（MAX；路面電車）は，市街地の中心部の一定区域内は電気駆動によって走行し，一旦郊外に出るとディーゼル・エンジンに切り換えて走行している。郊外の停車駅の近くには通勤者や乗客のために用意された，相当な台数が駐車可能な大駐車場が用意されている。マックスはまた，市街地の中心エリア内では誰でもが無料で利用できる。こうした交通システムは，ポートランドの中心エリア内への自動車の乗り入れを抑止する効果があり，駐車場スペースの縮小化や交通渋滞の回避，車両の排気ガスなどによる大気汚染も排除している。自動車の中心市街地乗り入れを規制する政策は，一定地域内の無料乗車サービスを提供するコストと，公共駐車設備を用意し，運営・管理するコスト，それ以外にも，自動車の乗り入れによって発生する道路施設の補修コスト，交通事故対策コストなどを考量した場合，行政の財政面でも均衡している。何よりも，商業地域の周辺の住民たちの中心市街地へのアクセスがより安全で便利に改善されたことにより，商業地域内への一般住民の流入が促進されて，生活必需品の販売業者や，その他様々な生活サービスを提供する業者の営業が成り立つようになっていく。行政側にしても，財政上のメリットも見込める施策といえる。こうした取り組みを総称するならば，「中心市街地の再生化」といえるだろう。

次に，都市中心部の交通関係施設，とくに駐車場スペースを住居施設に転換する

図表 3-4　都心部への通勤者数の推移

Commuting shifts in most populous metro areas

The numner of people who commuted from urban centers to suburbs increased in the 1990s. But more people still commute from the suburbs to the central county of metropolitan areas.

Metro area	Central County	People coming in, 2000	Change from '90	People going out, 2000	Change from '90
New York-Northern N.J.	New York (Manhattan)	1,458,790	2%	121,982	3%
Los Angeles-Riverside-Orange County	Los Angeles	439,874	-7%	282,344	16%
Chicago-Gary-Kenosha	Cook	476,320	12%	293,363	32%
Washington-Baltimore	District of Columbia	481,112	-3%	70,318	4%
San Francisco-Oakland-San Jose	San Francisco	265,291	2%	96,544	29%
Philadelphia-Wilmington-Atlantic City	Philadelphia	230,383	-7%	140,094	10%
Boston-Worcester-Lawrence-Lowell-Brockton	Suffolk	329,515	3%	104,922	-12%
Detroit-Ann Arbor-Flint	Wayne	233,761	4%	208,906	10%
Dallas-Fort Worth	Dallas	451,880	45%	133,399	52%
Houston-Galveston-Brazoria	Harris	288,201	45%	98,427	60%

Source: Census Bureau

出所：*USA TODAY*, March 7, 2003.

方法を検討したい。都市中心部の中にも人間生活の有機性を政策的手段によって培養していくことで都市の無機質化を防がなければ，経済情勢の波や産業構造の変化に翻弄され，やがては都市中心部の陳腐化が始まる。それとも逆に都市中心部が物質（価値）交換の場として先鋭化するならば，コミュニティとしての有機性を衰耗させていくことになる。いずれの場合であっても，都市中心部は空洞化，もしくは荒廃化することになる。また，ポートランドやシアトルでは，カー・シェアリング (car sharing) が盛んに利用されている。ホノルル（ハワイ）でも奨励されている，1台の車両を数人で共同して使用する方法である。通勤などの場合では，ほぼ同一時間帯に市街地に通ってくるのに乗り合わせて使えば，車両に要する諸費用が分担 (share) できて通勤コストも下げられるし，廃棄ガス汚染防止にも貢献し，また市街地の駐車スペースも削減できるなど，利点は多い。何よりも通勤時の交通渋滞が解消される。現在，アメリカ全土では，車両を時間単位で貸し出すカー・シェアリング会社が急成長している。企業や大学などでは，通勤・通学費用の削減と駐車場の問題から，積極的にカー・シェアリングを利用し始めている。

　一方，イギリスのロンドンでは，2003年2月17日から，金融街シティや議会のあるウエストミンスター地区を含む約21平方キロの「混雑ゾーン」へ乗り入れる自動

車から，渋滞税として一律5ポンド（約960円）を徴収する制度が施行された。この制度の効果は上々で，渋滞がすっかり解消された様子がテレビで報道されている。

　道路を自動車の渋滞で占拠されたような状態が解消されて，一般の人たちのスムーズな利用を取り戻すことができたのだから，「利用機会」のシェアであるといえよう。

（2）後退する商店街の再生と共生

　日本の各地に見かける既存商店街の多くが，郊外型大型店舗の活発な進出の影響を受けて，利用客数の激減あるいは逓減状態にある（写真3-4）。商店街メンバーらによる再生策や専門家などに依頼しての「街興し」も成功事例は少なく，期待するほどの効果が見えてきていない現状である。こうした低迷化の理由はいくつか挙げられるが，主にその周辺地域の人口分布の変化であり，生活パターンの変化，それに伴う購買行動の変化による場合が多い。駐車場（しばしば，有料）から商店街に足を運ぶよりも，大型店舗の場合は収容台数に余裕のある駐車場（無料）が目の前にあり，また，店舗内に入れば，スケールメリットを生かして商品が圧倒的なボリュームで陳列され，いつも廉価で販売されている。消費者にすれば，省タイム，省エネルギー，低コストのショッピングの場所であり，アミューズメントの場所でもあることから，その集客力の差は歴然としている。かつては市街地の中心にあって，賑わった商店街にも世代交代の波は押し寄せ，また周辺地域の居住環境変化なども導因となって，これまで担ってきた社会的役割の変化・交代を余儀なくされている事例は，日本の各地に見つけることができる。旧市街地の中にある商店街の多くが，それまでの商業サービス提供の場としての役割もすでに終焉化しつつある。したがって，その仕組みをリモデリングさせなければ，次の新たな役割も探せない。

　後退化した商店街の再生の方法の一つとして，商店街に居住する住民数を増やす（呼び戻す）方法がある。1階部分は，あらゆる日常生活に必要なサービス・商品を扱う店舗が並び，2階フロアーは物販以外のサービス（美容院，診療所など）の提供，3階以上からアパートメントとする。居住スペースについても，用途の可変性を維持させておくためには，建物区分所有ではなくて，「賃貸借契約に基づいた住居」の形態の方が適当であろうし，インフィル方式も検討する必要がある。

　旧商店街に居住することは，生活利便性に優れ，歩いて生活する部分が増えるはずである。街中の喧騒についても，最盛期を終えた旧商店街だけに問題視するほど

写真 3-4　後退化した商店街

静岡県沼津市町方町商店街は，日本最初のアーケード式商店街であった。
(2002年11月25日著者撮影)

のレベルではなくて，むしろ快適なものと予想される。勿論，都市計画法の用途区域規制や関連法規などについても検討を加える必要もあり，行政側の積極的な支援が必要なことは言うまでもない。そして，こうした居住機能を取り込んだ再生に最も必要とされる要素は，新しいコミュニティの構築である。既存の商店会と転入してくる住民たちとの間に，共生する意識の融合化を目標とするコミュニティが果たす役割は大きく，逆にこうしたコンセプトが共有できなければ，新たな街づくりを成功させることも難しくなる。

都市近郊のコミュニティについて，江上渉氏 (2002) は，次のように説明している。[20]「町内会などへの加入率が地方より低い都市近郊部では新しい動きがある。最新のニーズをくみ上げ，組織化できる仕組みをもつところの中には，社会運動といえるほどに質を高めている例が出てきた。そこでは組織全体ではなく，意欲のある有志が主体となっている。今後の大きなテーマは高齢化への対応，リサイクルなど環境問題だろう」。

既存施設とコンバージョン　最近，各地でコンバージョンが注目され始めている。いわゆる既存建物の「用途変更」である。都内で老朽ビルを改装して居住施

設付の事務所ビルなどに変身させているケースが、雑誌などに取り上げられている。大成建設は東京都心部の中古オフィスビルを改修してマンションに転換する事業を始める。2005年度には200億円の受注を目指している。また都心オフィスの供給過剰化（2003年問題）などから、競争力が低く、空室率の高い老朽オフィスビルの増加傾向と、マンション市場に見られる都心回帰現象の加速を集束化させたコンバージョン事業の展開も決めている。昨今の不動産市場においては、小規模な老朽ビルなどのリセールは極めて困難な状況下にある。そして多くの場合は、既存建物は解体されてから更地売買が一般的である。しかし都内によく見かける小規模な雑居ビルも、これまでと違った用途を付加させたビルとしてリバイブ（revive）する方法を以って、中古ビル市場に新たな需要を創り出すことは不可能なことではない。函館市や高松市に見られるウォーターフロントとしての再生は商業施設であるが、著者の提言は、都市中心部にあるオフィスビルの再生であり、既存の商業施設、あるいはオフィス施設に居住機能を付加する方法で、「都市環境の居住化」とも換言できる。そうした、一見、異質で相反した環境・機能同士を混在させる方法で、「秩序ある融合」を模索していくことは、凋落しつつある地方都市の駅前商店街の再生にも応用できるはずである。

栃木県佐野市にある「悠楓園」は、74戸がすべてバリアフリー仕様のケア対応型賃貸マンションであるが、その前身は、デパートの撤退した後の空きビルであった。その後、民間企業（医療法人）が購入し、年齢制限や所得制限のない新しい取り組みの高齢者向け住宅として蘇生した事例である。こうした大幅な用途変更を伴うコンバージョンの場合は、注意しなければならない点として、一つは都市計画法による用途規定や建築基準法上の各種規定（構造・採光など）、そして消防法など、関係法規の確認である。いま一つは既存建物に新たな性能・機能を付加する方法によって蘇生した再生建物に対する、改造資金の融資側による担保評価方法なども、やはり今後の重要な課題である。このように、用途変更を伴った大規模なコンバージョンを施した既存建物を鑑定評価する場合に、日本の現行の鑑定評価基準を以って、その建物の再構築された資産性（担保力）の的確な評価が期待できるのだろうか。既存建物に施された改造工事によって、増強あるいは付加されたコンバージョン価値としての構造上、用途上の性能・機能は投入された資金額によって捕捉され、建物評価額に反映されなければ、投資意欲を削ぐ結果になる。こうしたケースでは、固定資産税課税評価額は増えても、金融機関による担保評価額には反映されない事

例が実際には多い。コンバージョン事業には税制面や融資面でのインセンティブ措置が必要であり、鑑定評価基準の見直しも同時に行われなければならない。

　欧米社会では、市街地中心部にある既存建物の蘇生は古くから普及している手法であり、そのプロセスや効果についての学習機会は多い。日本の場合、既存の市街地の再生事業に取り組もうとするとき、まず、その制度的インフラとしての現行の不動産関連の法規や会計・鑑定基準、あるいは金融制度等の検討を優先させなければならない。なぜならば、法制度的規範そのものがその制度基盤である環境の急激な変化に対して、すでに追随性、あるいは先導性が失われ、陳腐化が始まっているからである。社会経済の全体に及んで成熟化が進行しているわが国においてはなおさらに、新設よりも、既存資源の転用あるいは流用のプログラムを検討する必要がある。

注
(1) 和辻哲郎：1889～1960年。哲学者。『古寺巡礼』、『風土』、『日本古代文化』等。
(2) アレグザンダー、クリストファー『パタン・ランゲージ』（平田翰邦訳）鹿島出版会、1977年、100頁参照。
(3) 同前書「住宅クラスター」105頁参照。
(4) 明石紀雄・川島浩平『現代アメリカを知るための60章』明石書店、1998年参照。
(5) 『日本経済新聞』2001年5月1日。
(6) 24時間セキュリティサービス完備のコミュニティ。Blakey, Edward J. & Snyder, Mary G., *FORTRESS AMERICA — Gated Communities in the United States*, Brooking Institution Press, 1999 参照。宮本倫好『挑戦するアメリカ高齢者パワー』亜紀書房、2000年、142頁参照。
(7) 村田裕之「シニアの新しいリタイアメント・スタイル」『英語教育』［増刊号］2002年10月号、36頁参照。
(8) 藤岡純一「住宅、土地利用、そして環境」『スウェーデンの生活者社会』青木書店、1993年、175頁参照。
(9) 外山義：1950年生まれ。『グループホーム読本』等、著書多数。
(10) 外山義「住宅政策と都市計画」『スウェーデン』東京大学出版会、1999年、313頁参照。
(11) ヘンリー、ビビアン：1868～1930年。大工、労働組合主義者にして自由党員。1906年から1911年まで下院議員であった。1901年、ロンドン郊外のイーリングで、最初のコ・パートナーシップ方式による住宅地開発である、ブレンサム田園郊外を手掛けた（西山康雄『アンウィンの住宅地計画を読む』彰国社、1992年、117頁参照）。
(12) 西山康雄は、「コ・パートナーシップ（Co-partnership)」を、協同組合借家人方式と

いう訳語を検討しているが，借家人，投資家，入居者が力を合わせて居住地の建設と経営に参加する「協同の姿」を日本語として具体的に表現するためには，「協同出資型住宅方式」を採用している。著者はさらに，開発した住宅地全体の経営を考える視点から，あえて，「協同出資型住宅地方式」と表現したワードを本書では使用している。

(13)　前掲書『アンウィンの住宅地計画を読む』121頁参照。
(14)　シューマッハー，E.F.『スモール・イズ・ビューティフル再論』(酒井懋訳) 講談社，2000年参照。
(15)　ロデリック，ローレンス『ヨーロッパの住居計画理論』(鈴木成文監訳) 丸善，1992年，262-267頁参照。
(16)　平山洋介『コミュニティ・ベースト・ハウジング』ドメス出版，1998年，336頁参照。
(17)　神野直彦『地域再生の経済学』中央公論社，2002年，87頁参照。
(18)　『日本経済新聞』2002年10月21日。
(19)　加藤寛監修『ライフデザイン白書2000-01』ライフデザイン研究所，1999年，21頁参照。
(20)　『日本経済新聞』2002年12月5日。
(21)　『日本経済新聞』2003年4月20日。

第Ⅱ部

住宅市場の変貌

San Francisco 郊外住宅地
(2002年8月著者撮影)

第4章
日本の住宅市場

1 成熟する住宅市場

(1) 変容する住宅市場

　国土交通省の発表によると，2002年1月1日時点での公示地価は，東京，大阪，名古屋の三大都市圏の全用途平均で6.9％下がって，11年連続しての下落となった。地価下落が長期化している中で，地方銀行は，これまでの地価の恒常的値上がりを前提とした不動産担保主義の住宅ローンから，個人の返済能力に重きを置いた証書貸付融資への方向変換を検討し始めている。北海道銀行では，新たな住宅ローンを2002年3月からスタートさせた。融資対象としては，新築住宅購入，中古物件購入，マンション購入，リフォーム資金，借り換えなどであり，融資実行時の満年齢も20～71歳（完済時76歳）と，幅広い需要層の取り込みを試みている。融資金額については，税込年収に対する年間元利返済割合の限度枠（年収500万以上の場合は40％以内）を設定している。融資形態は，証書貸付（金銭消費貸借契約）方式によるものであり，原則的には人的保証は不要である。
　最近の雇用制度の変化から，40～50歳代の中年層の雇用環境が悪化している。したがって，将来の稼得予測が不確かなことから，長期のローンの利用を躊躇するケースが増えてくる。こうした金融環境や雇用環境の変貌は，必然的に値頃な住宅への需要を高めることになり，それはアメリカの住宅市場に近づいていることになる。しかし日本の場合は，最初の住宅取得需要の方向を，初期投資負担の軽い中古住宅市場へとシフトさせるためには，幾つかの隘路を潜らなければならない。本書では，中古住宅市場の活況を創出する方策の模索を，その目的の一つとしている。
　2001年に行われた住宅金融普及協会の「全国分譲戸建住宅価格調査」によると，

3年前に比べて全国の分譲住宅価格は数％の上昇が見られ，3000万円未満の割合が減少し，4000万円台の割合が僅かながら増加している。敷地面積の全国平均は前回比で2.2％狭小化し，129 m^2 になっている。一方，建物の床面積は前回比2.2％増加の 99.1 m^2 であり，過去3年間で見ると最大の床面積になっている。要するに，分譲価格は上昇したが，その土地の面積は狭くなり，建物床面積の方は逆に増床されている。戸建住宅の敷地が狭小化していく傾向の根底には，「少子化」と「高齢化」の社会構造上の変化が影響している。一頃はゆとりある自然環境の中での「子育て」への期待感もあって，都市部近郊の郊外住宅地が人気を博した。しかし最近では都心から離れた地域ほど地価の落ち込みが激しく，下落率は軒並み2桁（八王子市諏訪町の場合は15％の下落）になってきている。[1]「子供が少ない世帯」や「子供の巣立った夫婦世帯」では，住宅についての要望でも，将来の「増築」の可能性よりも，むしろ夫婦単位の「余裕のある内部空間」の方を選択する傾向が定着してきている。やがて迎える高齢期の「ノーマライゼーション」を想定して，内部のリフォームを予定・勘案したデザインを好ましいとする風潮に変化しつつある。

　2002年3月，矢野経済研究所（東京都中野区，矢野暁社長）がインターネットを通じて，27歳から31歳までの消費者1000人を対象にしたアンケート調査を行った。[2]その結果，「将来，住みたい住宅」として「戸建住宅」を選択した層は73.4％，「分譲マンション」は19.1％であった。彼等のハウスメーカーの認知度は，積水ハウスが99.4％，その次に旭化成，ミサワホームと続いた。この調査の結果から，「団塊ジュニアは戸建住宅志向である」と結論している。子供と同居しない親世帯は，都市中心部のマンションへの「買い替え（住み替え）」需要層となり，団塊ジュニアが同居する2世代世帯は「建て替え」需要層になるといった，世代間に居住形態の「二極化」の進行が予想される。また人口構成上の「高齢化」は相続件数を増やし，「少子化」は子の相続する可能性が高まることを示唆している。高齢者の持家率が8割以上であることから単純に推測しても，将来的な新築需要（購入した宅地に住宅を新築するパターン）は逓減傾向にある。少子高齢化傾向の逆風を受けた大手ハウスメーカー各社が，その営業ターゲットを，「買い替え」や「建て替え」，あるいは「増改築（リフォーム）」[3]需要をターゲットにした軌道修正を始めている点からも実証される。次に，「リフォーム」についての調査結果を考察してみよう（図表4-1）。[4]

　図表4-1(1)からは，「住宅が狭い」ためのリフォームは僅か9.0％であり，同図

図表 4-1 リフォームについての調査結果

(1) 住宅リフォームの動機 (%)

もっと快適に暮らしたい	45.9
住宅が古い	30.8
設備が古い	29.7
家族構造の変化	15.8
高齢者対応	15.0
住宅が狭い	9.0

資料：住宅リフォーム・紛争処理支援センター調査，2001年。

(2) 改善計画の目的 (%)

子供の成長や老後など将来に備える	30.2
住宅が狭い	26.5
住宅が傷んでいる	24.4
設備や内装に問題	22.2
親または子供との同居	12.4

資料：「平成10年住宅需要実態調査」建設省調査，1998年。
出所：「X PRESS CLUB」Vol. 33.

表(2)によると，「住宅が狭い」理由からの改善は26.5％である。これらの結果から，住宅の広さ（床面積）が従来の平均的規模以上に余裕があれば，「増築」も特に必要なく，内部の「リフォーム」で対応することは可能である。最近の戸建住宅のパターンが，「敷地の狭小化」と「床面積の増加」が特徴であることは，こうした調査結果から汲み取れる消費者のニーズを反映させたものであることが理解できる。しかし「買い替え」を検討するケースにおいては，敷地が窮屈（土地が狭小）な住宅は，その「可変性」が著しく損なわれることから，中古住宅市場での需要はさらに低くなり，当然，売却金額も低下する可能性が高い。このところの，郊外住宅地から都市中心部へと買い替え（住み替え）する「都心回帰」傾向が顕著であることも加担して，郊外型住宅地は確実に「買い手市場」に移行しつつあり，今後も中古住宅の販売成約状況は厳しいものと予測される。

解体と着工　図表4-2からすると，「老朽化」による除去は，除去戸数総数の約3分の1前後であり，残りの3分の2相当は，「老朽化」以外の理由による取り壊しである。家族員の変化による「狭小さ」や「バリアフリー化」，あるいは「住宅設備」などの劣悪化などといった物理的理由以外に，周辺の地域事情の変化（区画整理などの都市計画事業施行，道路計画，買収など）などがあり，その他には──少ない事例ではあるが──「火災」や「風水害」などによる消滅も

図表4-2 住宅の減失戸数の推移

(単位：千戸)

年度	減失戸数 A＋B	除去戸数A 計	老朽化	その他	除去戸数再建築に係るもの	災害による減失戸数B 計	火災	風水災	震災その他
元	287	279	101	179	247	7	7	0	0
2	286	278	98	180	245	7	7	1	0
3	272	258	90	168	225	14	7	7	0
4	279	271	95	176	243	7	7	0	0
5	289	280	99	181	251	9	7	1	1
6	301	293	107	186	268	8	7	0	0
7	288	279	93	187	251	9	8	0	0
8	321	314	107	207	289	7	7	0	0
9	234	227	77	149	205	7	7	0	0
10	214	208	71	138	187	6	6	0	0
11	219	213	70	144	191	6	6	0	0

注：1.「再建築」とは，既存の住宅を除去し，引き続き，当該敷地内において住宅を建築することである。
    2.「老朽化」とは，「老朽して危険があるため」を除去原因とするものである。
出所：建設省住宅局住宅政策課監修，2000年，50頁。

図表4-3 新設住宅着工戸数と地価，工事費，金利動向の対比

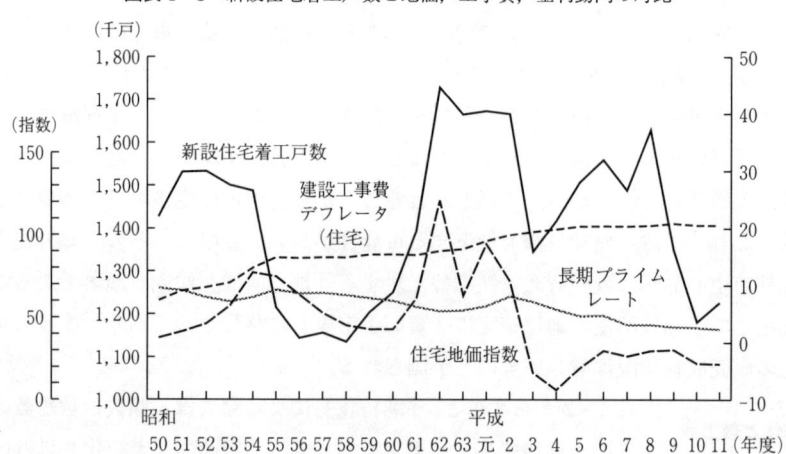

注：1. 住宅着工戸数は建設省「建築統計年報」による。
    2. 住宅地価指数は国土庁「地価公示」の公示価格（住宅地全国平均）年別変動率を用いて2年（元年度）＝100の指数とした。
    3. 工事費デフレータ（住宅）は建設省建設経済局調査情報課資料による。2年度＝100の指数。
出所：『建設白書2000』463頁。

図表4-4 分譲マンションの平均単価の推移（東京都区部）

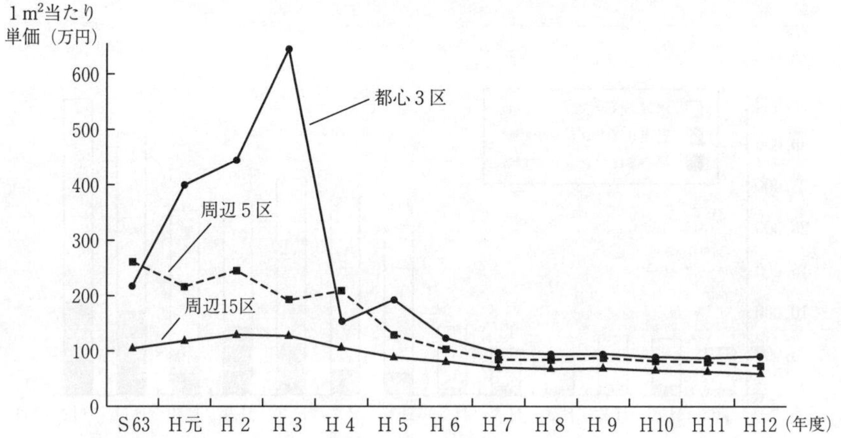

出所：国土交通省編，2001年，36頁。

ある。総務庁の「住宅着工統計」を見ると，建て替え率は，昭和39～43年までは平均42％から50％くらいまで上昇して推移してきていたが，平成5～10年では平均41％までに下降してきている。時を同じくして，マンション購入数が増えてきていることから，戸建住宅からの買い替え（住み替え）が進行しているものと考えられる。

また図表4-3からも明らかであるが，新設（新築）住宅の着工戸数の推移は，建設工事費や金利動向との関連性以上に，住宅地の価格動向に，より密接な因果関係を見出すことができる。新設住宅戸数が増え始めてから，追随して地価が値上がり，次に，新設住宅戸数の減少が始まってから，僅かなタイムラグを保ちつつ，地価が値下がりしていく。金利動向との関連以上に，住宅市場には，家計の資金的余裕の有無，すなわち雇用環境や景気動向の影響が大きく作用している。これらの要素が，相互的に連関し合って住宅市場の様態を形成しているのだが，さらに税制効果を投射させることによって，より複雑なラインを描くことになる。このように流動的で，不安定な住宅市場の中にあって，唯一，住宅の建築工事費だけが安定的な上昇カーブを描いているのは，奇異な現象である。そうした結果は，膨張（bubbly）した住宅価格を維持させるものであり，中古住宅市場における再販時には極端な値崩れを起こす要因となり，最終的には中古住宅市場に不況をもたらすことになる。要するに，日本の住宅価格は，均衡価格（competitive price）ではなくて，むしろ協

図表4-5 分譲マンションの供給戸数の推移

供給戸数（戸）

凡例：
- 周辺15区マンション戸数
- 周辺5区マンション戸数
- 都心3区マンション戸数

横軸：S63、H元、H2、H3、H4、H5、H6、H7、H8、H9、H10、H11、H12（年度）

出所：国土交通省編，2001年，35頁。

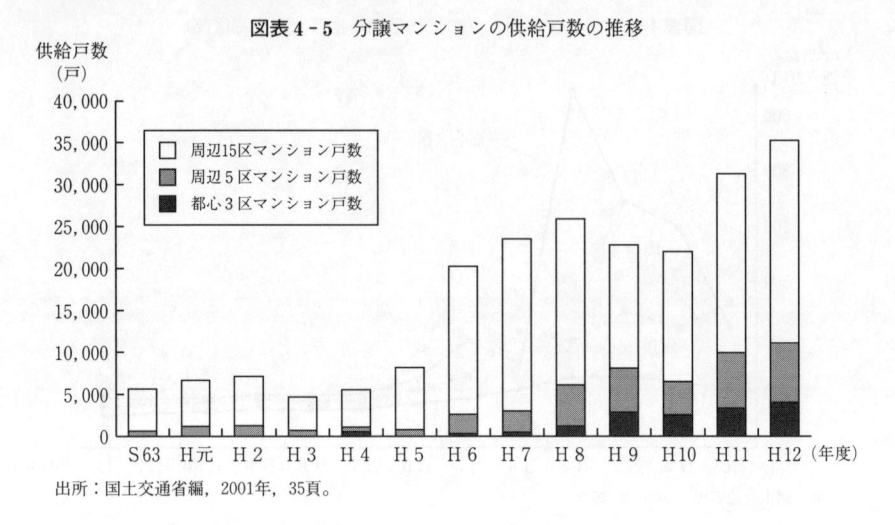

定価格（agreed price）であると結論できる。他の各産業全般に普遍的な，国際的競争の席巻を受けながら企業進化が行われている業態とは，明らかに対極的である。

1994（平成6）年頃を境に，分譲マンションの販売価格が低い「価格帯」で安定してきている（図表4-4）。また，それに呼応した形で，分譲マンションの「供給戸数」が伸びてきている（図表4-5）。戸建住宅からの住み替えがスローテンポではあるが，着実に進展している様子が確認できる。

（2）金融資産と住宅市場

先行きの展望が描けないデフレ経済下において，積極的にリスクをとっての資産運用は，このところ，すっかりその影を潜めている。家計の保有する金融資産は，銀行や生保などを経由した形で，その4割強である527兆円程度が国債と財政投資融資に回っていることが，日銀の資金循環統計によって確認できる。デフレが固定化しそうな低迷経済の中で，安全性を優先するネガティブ志向が社会全体に蔓延している。その結果として，経済活動の源泉である企業に資金が流入し難くなってきている。[5]

矢嶋康次氏（1998）は，そのレポート「個人金融資産残高の展望」の中で，日本の個人金融資産が安全資産に偏重している点，個人金融資産残高が将来的にも順調に増加し，この分野が次世代の収益基盤になるといった暗黙の前提を指摘している。[6]

また，その伸び率こそ景気低迷の影響を受けて過去のようなカーブを描かないが，日本銀行の「資金循環勘定」によっても，個人金融資産残高は一貫して増加を続けていることが確認できるとも報告している。

　日本社会においても，高齢期に負担する医療費や介護費用，不時の出費などに備えて，家計における金融資産のストック化が継続されている現状は，再検討する必要がある。総務省の「全国消費実態調査」によれば，金融資産（貯蓄残高—負債残高）は，高齢世帯（世帯主が60歳代以上）では世帯主が50歳代以下の世帯に比べて高くなっていて，相対的に多くの金融資産を保有している。また高齢者では持家世帯が多く（88%），その持家世帯では，金融資産の少ない高齢者夫婦世帯（夫65歳以上，妻60歳以上）の場合でも，実物資産（住宅・宅地資産残高）を3000万円近く保有している。

　奥村洋彦氏（2002）は，日本経済が低迷し構造改革が進まない原因の一つは，家計が預貯金偏重の資金運用を続けているからだと指摘している。また石川達哉・矢嶋康次両氏（2001）は，日米両国の高齢者の貯蓄行動について比較して，次のように説明している。「日本の高齢者の貯蓄率は高く，米国の高齢者の方は貯蓄を取り崩していると受け止められているが，事実は異なっている」と断じている。実際には逆であり，日本でも高齢者の無職世帯のほとんどは貯蓄を切り崩しているのに対して，アメリカの高齢者世帯の特徴として，金融資産のみならず住宅資産も換金化されていると報告している。アメリカの高齢者の多くが，持家をより小規模化した家に買い替える方法で差益（キャピタル・ゲイン；capital gain）を手にするか，売却した現金を持って賃貸住宅に移り住むからである。またリバースモーゲージ制度の利用も無視できない。勿論，その背景には，安定した需要層を持つ中古住宅市場の存在があり，老齢期における持家の譲渡益に対しては課税しないという税法上の特例などの効果も挙げておかなければなるまい。また日本の65歳以上の無職夫婦世帯の場合，「純金融資産（金融資産—負債）の2.9倍，年間可処分所得の20.5倍以上の実物資産を保有している」とも，両氏は説明している。

　西村清彦氏（2002）は，昨今の日本経済停滞の根本的原因として，投資収益性の低下を挙げている。そして「社会投資ファンド」の創設を提言し，一般家計の潤沢な金融資金を社会投資へと誘導する必要があり，そのための税制改革の必要性も論じている。西村氏の提言している，「社会投資ファンド」の創設は著者も同意できる内容である。私的収益性に偏った不動産投資（REIT）と違って，あらゆる分野

に亘ったプログラム（ストック）に対する「投資ファンド」と説明することが可能であろう。具体的なストックとしては，製造部門のシステムであり，福祉部門の高性能器材かもしれない。要するに，日本社会の中のあらゆるサービスに関するハード・ソフトに対する投資ファンドである。次の時代のプログラムとして，早急にシステム・アップされることを期待したい。

著者は，西村氏の「家計の金融資産を投資へと誘導する」アイディアに類似しているが，中古住宅市場の活性化への提言として，一般家計に備蓄され滞っている金融資産に着眼して，活発な流動性を付加させる目的を以って，現在の賃貸住宅市場への整備資金としての投資へと誘導するプログラムを模索している。いわゆる「不動産投資ファンド（REIT）」ではなくて，一般家計から賃貸住宅市場への直接投資といったシステムである。

例えば，個人が中古住宅を購入する。それを賃貸用（高齢者仕様）に改装（改造）してから，再び賃貸商品として賃貸住宅市場に流通させるのである。戸建住宅で，ある程度の規模（広さ）を有した貸家（賃貸住宅）は賃貸市場においても，その供給が少なく，ストック不足は慢性的である。そうした物件は賃料においても，ワンルームなどに比較した場合は高額であるが，2世代（親と子）夫婦が同居することが可能であり，当然，1世帯あたりの賃料負担は半分で済む。また夫婦の他に子供が2人以上の家族は，広めの戸建住宅を探している。庭を持つ独立家屋（戸建住宅）では，大型ペット（犬など）も子供の成長に併せて飼育することも容易であり，また複数の駐車も可能な点などからも需要層は厚い。中古住宅市場の流動性を改善する目的であるから，中古住宅を購入し再投資する一連の経済行為に対しての様々なインセンティブ策の必要性は断るまでもない。とりわけ個人家計に新たに発生する「不動産収益（賃料収入）」への課税上の配慮は欠かせないし，また収益物件の修繕費用などの経費についても同様に配慮が必要である。修繕費や改装費などについても，別途，配慮することによって，その経済効果を周辺領域に広汎に波及させる意義は大きい。こうした著者の提言については，同時多発テロ事件による惨事の後も継続しているアメリカ住宅市場の好調振りと，その影響を受けて未曾有の好況を呈しているリフォーム市場が実証しているものと説明できる。

日本の住宅市場も，個人住宅の「買い替え」などのスムーズな展開がなければ，市場の流動性を高めることは難しく，したがって投資家の関心も集まらないことにもなり，ますます市場は魅力を失うことになる。この打開策としては，個人投資家

図表4-6 アメリカの世代別持家率　(％)

年　齢	1980	1983	1986	1990	1993	1997
Under 25	21.3	19.3	17.8	15.3	15.0	18.3
25 to 29	43.3	38.2	36.1	35.9	34.6	35.5
30 to 34	61.1	55.7	54.1	51.5	51.0	52.0
35 to 39	70.8	65.8	64.2	63.1	62.9	62.5
40 to 44	74.2	74.2	69.3	70.4	68.7	69.4
45 to 54	77.7	77.1	75.6	76.1	75.2	75.4
55 to 64	79.3	80.5	81.0	80.4	79.6	79.7
65 to 74	75.2	76.9	77.6	78.7	79.9	82.3
75 以上	67.8	71.6	70.3	71.0	74.0	75.4
統　計	65.6	64.9	63.8	64.1	64.5	65.7

出所：*Real Estate Development*, p. 322.

の投資意欲を煽り立てるプログラム（この場合は中古住宅市場）の創設と，併せてその流通メカニズムの整備が必要である。中古住宅市場における新たな需要層の掘り起こしを検討する場合，まずターゲットとして「若年者層」と「高齢者層」が候補に挙げられる。若いうちから，「自分の家」を持つライフプランを推奨し，最初の住宅取得に対する様々なインセンティブを設けて支援する。図表4-6のアメリカの持家率を見ると，比較的，若い時期から住宅を所得している様子が分かる。

また持家高齢者に対しても，積極的な「買い替え」や「住み替え」を促す方法で，自発的なノーマライゼーションの延伸化を認識させ，それを支援する。著者のこうした提言は，アメリカやオーストラリアなどにおいては，すでに何らかの形で実施されている内容である。アメリカの場合では，住宅の「買い替え」についての税法上の優遇措置や高齢期の住宅の譲渡益に対する課税免除であり，オーストラリアでは，最初の住宅購入の場合は，公的補助金が支給されている。日本にも，似た様な税制上の優遇措置やインセンティブはあるが，多分に制限的適用であり，しかも複雑な規約ゆえに難解であり，したがってその効果は期待できない。

（3）定期借地権付住宅の将来性

1995（平成7）年以降，戸建住宅以外の居住形態である，マンションやコーポラティブハウスなどを選択する層が明らかに増えてきている。かつては，自分の家（持家）を所有することは，「一国一城の主」としての象徴であり，その居宅は「男の城」とも標榜されてきた。しかし最近の住宅事情からすると，「戸建住宅を所有

すること」には，以前ほど「重き」を置かれない世相に変容しつつある。これまで，一般的家計からすれば，「毎月の借家の家賃負担よりも，持家の住宅ローンの返済」を選択する方が，将来に向けた堅実な資産形成の方法であった。しかし90年代初頭の地価バブルの崩壊から以降，「土地神話」は霧散してしまい，従来の土地本位制を基盤としてきた社会経済についても懐疑的・批判的な認識が蔓延した結果，住宅（持家）に対する観念も，次のように変化してきている。

(1) 住宅を，「持つ（所有）」ことから「借りて使う（利用）」ことへの移行に対しての抵抗が希薄になりつつある。

(2) 住宅を，「相続資産」としての「期待・役割」よりも，単純に「生活の場」として世代単位で考える選択を優先させるライフスタイルが，社会的認知を受けるように変化してきている。こうした背景には，住宅の資産性が乏しくなってきている最近の不動産市場の低迷が根底にあり，もちろん「少子化」による相続事情の変化も無視できない。

(3) 地方にも「都市化」の浸透が著しく，ライフスタイルの多様化も進んできていることから，親子間における住宅の代襲相続も，以前ほどに重要視されなくなってきた。

(4) ビジネス環境や雇用環境の変化から，「建て替え」以外に，「買い替え」などの移動性を帯びた「住み替え」を選択する次世代が増えてくる。

住宅資産観の変化と相俟って，定期借地権（借地借家法第2条①）の法制化による加速効果から，全国的に「定期借地権付住宅」の普及が顕在化し始めた（図表4-7）。1999（平成11）年末までの定期借地権付住宅の供給実績は約2万5000戸余りで，過去最高を更新した。戸建住宅を中心に都市基盤整備公団や自治体の住宅供給公社の本格的参入が目立った。

国土交通省は，2000年度中に，定期借地権を活用したリバースモーゲージ制度の導入を計画していた。仕組みとしては，都市基盤整備公団の借地に住宅を建てた個人が，定期借地契約時に納めた保証金（600～1000万円）を担保に金融機関から融資を受けて，その後，保証金の償還を受ける際に相殺するものであり，融資額は毎月，月額1～2万円程度から100万円位の一時金の融資を想定した制度であった。定期借地権そのものが50年程度であり，保証金の償還期限をさらに短縮する方法をもって，融資側のリスクを軽減しようとした制度であり，デモンストレーション・プラ

図表4-7　定期借地権付住宅供給実績　(戸数)

	1993	1994	1995	1996	1997	1998	1999	2000
戸建住宅	102	1,393	2,662	3,198	2,804	2,967	2,985	4,027
マンション	159	536	1,213	1,766	1,007	1,404	2,189	1,234
合　計	261	1,929	3,875	4,964	3,811	4,371	5,174	5,261

出所：定期借地権普及促進協議会資料。

ンとしても期待できるものであったが、まだ、具体化までには至っていない様子である。

　日本の定期借地権は、50年間の更新を予定しない借地契約であり、その時限性ゆえに相続性は薄い。所有権を保有しない土地に、借地契約して住居を造り、次世代への相続を予定していないことは、親と子の夫々が、「居住する場」を各世代単位で選択していくことになる。この点について、ハワイ州の定期借地権に詳しい西村和夫氏（ハワイ大学名誉教授）は、「日本の借地権の法定期間が余りにも短期的であり、継続性が乏しい点で、社会的制度としての普及は難しい」と、コメントしている。定期借地権制度は、「所有」の時代から「利用」の時代への移行を加速させる効果から、居住の固定性が希薄な分、人口構造上の変化に対する順応性に優れている点、これまで以上に移動性を帯びたライフスタイルを選択しやすくなるといった点などから、将来的には普及する可能性が高く、また住宅市場の活性化に対する奏功も期待できる。しかし最近の傾向である地価下落が、毎年継続している現状では、定期借地権付住宅の普及もおぼつかないとする意見もある。中央住宅（埼玉県越谷市）の中内慶太郎氏は、「周辺地価の値下りが著しい現状では、土地の負担が少ない借地契約のメリットが乏しいこともあって、営業実績に結びつき難い」と語っている。

　著者は「地価下落が継続している現在こそ、まさに好機」と捉えている。その理由としては、地主も周辺地価が騰貴している時期に、所有地（宅地）を、50年間の長期に亘って権利移動や権利設定、あるいは自己使用もできない（凍結）状態にする定期借地権付住宅地への転換には躊躇するはずである。このところの経済情勢では、土地そのものの有効的利用の計画も少なく、土地も余剰気味である。また土地を売却しようとしても、買い手市場であるだけに難しい状況にある。ならば、契約保証金も入り、地代収入も確実な定期借地権付住宅地として稼動させた方が、より賢明な策と考えることも可能だからである。

図表 4-8　定期借地権付住宅で実現した点　(％)

土地が広くなった	60.6
建物が広くなった	75.4
想定より予算が安くすんだ	46.6
通勤・通学などの利便性が向上	14.4
環境が良くなった	33.5
建物の設備やグレードが上がった	41.5
駐車場が広くとれた	41.5
二世帯同居ができた	9.7
その他	3.8

資料：国土庁『土地白書』平成9年度版。
出所：*HOME CLUB*.

図表 4-9　底地権利形態別比較

価　　格	定借住宅の平均価格	3,151万円（所有権住宅の55％）
敷地面積	定借住宅の平均面積	203.6 m^2（所有権住宅の155％）
建物床面積	定借住宅の平均床面積	123.5 m^2（所有権住宅の126％）

出所：『建設白書2000』CD-ROM。

　また借地して住宅を建てる側にしても，雇用の不安定な経済情勢下で，将来の収入確保が予測できない時期の持家取得でもあることから，土地代負担の軽減と，何よりも土地を所有するメリット（地価の値上り）が期待できない市場環境などを勘案したとき，定期借地権付住宅の取得は検討に値する選択肢である。定期借地権契約に，保証金を担保にしたリバースモーゲージ制度特約の付加なども可能なバリエーションの一つであり，個人のライフスタイルの多様化と定期借地権契約とのマッチングには興味深いものがある。

　平成9年度版『土地白書』から，定期借地権付住宅が土地代負担がない分，住宅の規模や設備，また敷地の余裕などの面でも，向上していることが理解できる（図表4-8）。図表4-9，図表4-10からも明らかであるが，土地代負担が少ない分，居住空間に余裕を持たせている様子が理解できる。

　1998年度の住宅価格と年収との関係について，日米両国を比較してみると，アメリカの新築戸建住宅の平均価格が1830万円（1ドル＝120円），平均世帯年収が561万円とすれば，住宅取得は年収の3.26倍であるのに対して，日本の平均戸建住宅価格4406万円，平均世帯年収が808万円であり，約5.45倍である。しかも，住宅価格の差額の大半は，土地代金の格差によるものである。図表4-11の「国富構成の比

第4章 日本の住宅市場 109

図表 4-10 住宅資金負担の比較

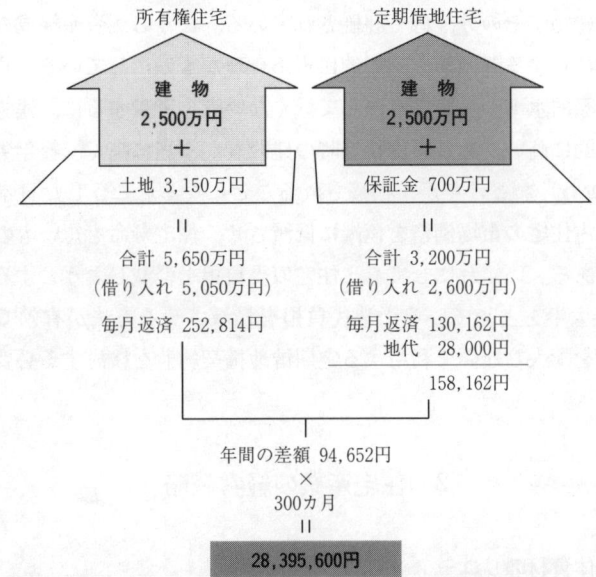

所有権住宅
建物 2,500万円
＋
土地 3,150万円
＝
合計 5,650万円
(借り入れ 5,050万円)
毎月返済 252,814円

定期借地住宅
建物 2,500万円
＋
保証金 700万円
＝
合計 3,200万円
(借り入れ 2,600万円)
毎月返済 130,162円
地代 28,000円
158,162円

年間の差額 94,652円
×
300カ月
＝
28,395,600円

坪50万円の土地63坪,建物価格を2,500万円とした場合の比較例。自己資金は600万円,残りを借り入れ,金利3.5％25年返済とし,別途工事,諸費用は算入していません。

出所：*HOME CLUB*.

図表 4-11 国富構成の比較

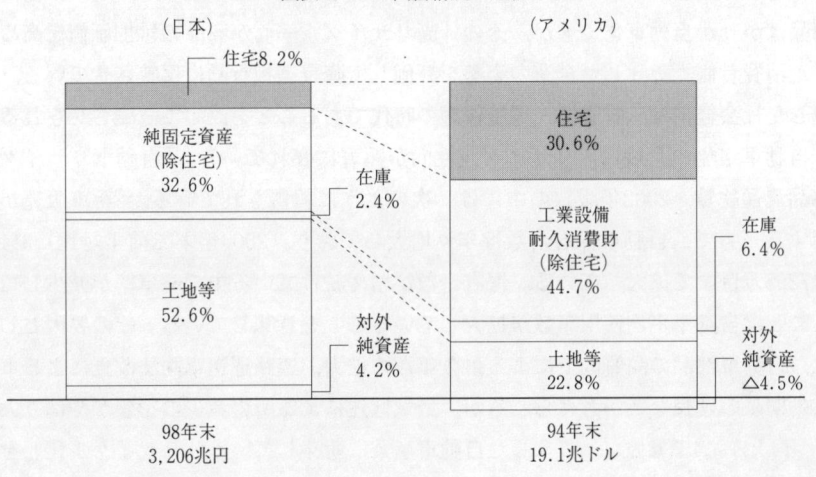

(日本)
- 住宅 8.2％
- 純固定資産(除住宅) 32.6％
- 在庫 2.4％
- 土地等 52.6％
- 対外純資産 4.2％

98年末
3,206兆円

(アメリカ)
- 住宅 30.6％
- 工業設備耐久消費財(除住宅) 44.7％
- 在庫 6.4％
- 土地等 22.8％
- 対外純資産 △4.5％

94年末
19.1兆ドル

出所：建設省住宅局住宅政策課監修,2000年,160頁参照。

較」を見ると，日本の場合は，土地の評価がアメリカと比較しても著しく高く設定されていて，建物がその分，低く評価されている。こうした資産構成の歪みが，日本の住宅資産に対する評価額を国際的にも不合理なものにしている。建物の新築工事費用は，国際的水準からしても決して低くない点も考量するに，建物資産の減価償却率が相対的に高い，あるいは新築時の建設費が不当に高く，経年劣化も著しい（修繕回数が少ない）などの点が，指摘されることになる。こうした日本の住宅資産の構成が，中古住宅の市場価格を極端に低減させ，住宅寿命も短いものにしている間接的要因である。いずれにしても，住宅取得負担を軽減しようとするならば，住宅価格構成の大半を占めている土地代負担を軽減させる方法が有効であり，したがって「土地を購入しないで利用する定期借地権契約」を検討する必要がある。

2 住宅産業の経営戦略

（1）建物解体資材のリユース

日欧の環境規制強化を受けて，大手自動車メーカー各社が車のリサイクルを本格化させ始めた。2003年1月28日，日産自動車は資本提携先のルノー（仏）と再利用しやすい新車を設計する新システムの共同開発に成功したと発表している。またホンダも解体業者から買い取った中古部品の転売事業を軌道に乗せている。生活関連商品ばかりか自動車までもが，その「高リサイクル率」が商品の付加価値を高め，また消費者側もそうした企業の姿勢を評価して購買選択行動に反映させている。成熟した社会経済は，省資源・環境保護の時代であることを改めて認識させられる。

自動車市場の全般に，リサイクル性向が顕著に表れている。『自動車リサイクル部品流通総覧・2002年版』の中には，次のように報告されている。「新車販売が低迷する一方で，自動車保有台数は年々増大しており，2000年末で前年対比1.3％増の7265万台まで拡大している。保有台数が増え続けている中で廃車率が減少していることは自動車平均使用年数が拡大していることを意味している。その要因としては，自動車部品の品質向上による耐久年数の拡大，道路運送車両法改正による車検有効期限の延長などが考えられるが，景気低迷による所得減少の影響がやはり大きい（同上書，4頁参照）」。こうした自動車産業に萌芽している「リサイクル化」を住宅産業に敷衍してみるとき，業界を挙げて取り組まなければならない重要な課題で

あることが理解できる。新築件数の将来的逓減化とリフォーム需要の拡大傾向は，住宅財の使用年数の長期化を示唆するものである。抱える建設廃棄材問題が深刻なだけに，これまで以上にリサイクル化を積極的に展開しなければならない事態に直面している。

　環境省は，2010年度までに，日本全体のリサイクル比率を現状から更に約10～14％までに引き上げることを柱にした計画案をまとめ，中央環境審議会に諮った上で，政府計画として閣議決定される予定で進めている。(18) この新計画は，大量消費の是正と2001年に施行した循環型社会形成推進基本法に基づいて作成されている。2000（平成12）年11月に施行されている建設リサイクル法（「建設工事に係る資材の再資源化等に関する法律」）の第1条「目的」の中に，「再生資源の十分な利用及び廃棄物の減量等を通じて，資源の有効な利用の確保及び廃棄物の適正な処理を図る」と規定されている。木造住宅の場合で考えると，解体廃棄物の中には，そのまま，あるいは一部を加工することで十分に再利用（reuse）可能な部材（梁・柱・母屋・根太などの構造材）も相当量，含まれている。しかし建築基準法第37条（建築材料の品質）の中で，「建築物の政令で定めるもの」には「国土交通大臣の指定する日本工業規格又は日本農林規格に適合する」建築材料の使用を義務付けている。再利用部材がこの指定基準の範疇に該当するかどうかを，公的機関に判断を仰ぐことは容易なことではなく，むしろ煩雑であることが廃材の再利用を阻んでいる。こうした諸般の事情から勘案するに，解体される木造住宅の再利用部材を，次の建築の中で積極的な再利用を促進させる方向に向けて，建築資材の基準や関連法規の改廃の検討を急がなければならない。写真4-1，写真4-2は，バンクーバー郊外（カナダ）の戸建住宅の新築工事中の現場で撮影したものである。写真では判別し難いが，古い材料も使用されていて，各接合部は，金属製の接合補強材が多用されている様子が見える。

　また日本でも，「混構造」を使った建物を容易に建築できるような法令上の改廃が必要である。構造上の種別を跨いで2種類以上の構造による建築が普及することによって，解体資材の再活用のレベルも向上するはずである。伝統的な和風建築物は，実に多種多様な資材をあらゆる部所に取り込んで建てられている。現に，数百年以上の歳月を，木材，土，藁，萱，紙，石材，金属などの資材が，それぞれ建造物の一部を成しながら今日までに現存している事実がある。木造在来軸組工法では，単位床面積当り32 kgの廃棄物が排出されており，平均的な日本の住宅の延べ面積

112 第Ⅱ部 住宅市場の変貌

写真4-1 カナダの木造住宅の現場1

(2002年8月著者撮影)

写真4-2 カナダの木造住宅の現場2

(2002年8月著者撮影)

が154 m² だとすると，1軒当たり8.2 t もの廃棄物が排出される計算になる。混合廃棄物が平均で約30％を占めており，木造在来軸組住宅では32.6％と他の工法以上に多い。これは戸建住宅という小規模な建築の中に，多種類の部材が使われているだけでなく，それらが複雑に接着され，埋設されているために，解体するとそのボリュームが膨張することからも，大量の解体廃棄物を創出するものと考えられる。すべからく建設工事には副次的に建設副産物が発生する。その建設副産物は，「建設廃棄物（廃棄物処理法）」と「再生資源（資源有効利用促進法）」とに分類でき，さらに「再生資源」は，その利用形態によって，「原材料として再利用の可能性のあるもの」と「そのまま再利用できるもの」に分類されている。

　国土交通省総合政策局の資料『建設リサイクルの推進について』によると，1999（平成11）年度の日本国内における廃棄物の総排出量は約4億5000万トンであり，その内の11％（5145万トン）が一般廃棄物，89％（3億9980万トン）が産業廃棄物であると報告されている。一般廃棄物に関しては，減量化が中心的対策であるが，産廃の場合は可能な限り再資源化を遂行し，再資源化が困難な場合に縮減，最終処分とされている。主に産業廃棄物には次のような課題が多い。①最終処分場の残容量の不足が大きな社会問題化されていて，しかも最終処理場の新規設置は難しい状況にある点，②不法投棄の横行が後を絶たない状況で，不法投棄量は年間約40万トンであり，③廃棄物の焼却によって，CO_2 やダイオキシンなどが発生する点などである。

　国土交通省は，「建設リサイクル推進計画2002の基本理念」として，次のような内容を掲げている。

① 「循環型社会経済システムの構築の必要性」
　資源の有効な利用の確保および廃棄物の適正な処理を図るためには，建設資材の開発，製造から建築物等の設計，建設資材の選択，分別解体等を含む建設工事の施工，建設副産物の廃棄等にいたる各段階において，建設副産物の排出抑制，建設資材の再利用および建設副材料の再資源化・縮減の促進という観点をもった，環境への付加の少ない循環社会経済システムを構築することが必要である。

② 「他産業と連携した取り組みが重要」
　循環型社会経済システムの構築に当たっては，建設産業の責務が非常に重いとの認識の下，環境への安全性を確認した上で再リサイクル性を勘案し，他産業の廃棄物を原材料とする再生資材を建設業が利用すること，及び建設廃棄物を他産

③「建設リサイクルの量から質への転換が必要」

建設廃棄物の再資源化・縮減率は現状で85％に達しており，量的に見れば建設産業におけるリサイクルへの取り組みは一定の成果をあげている。このような状況を鑑みて，今後は，従来からある再資源化・縮減率の向上といった「リサイクル量」の観点に加えて，再リサイクル・リサイクル利用の拡大といった「リサイクルの質」に関する取り組みを強化していくべきである。国土交通省は，2005（平成17）年度の目標として，建設廃棄物の再資源化・縮減率を88％（平成12年度は85％），中でも建設発生木材の再資源化率を60％（平成12年度は38％）として掲げている。

（2）リフォーム事業の展開

「切り口を変えた事業展開ということは，多かれ少なかれイノベーションの展開を意味する」。清成忠男氏（1993）は，リスクを負いながら，創造的なビジネスを切り拓いていく積極的な事業展開を称して，「企業家活動（entrepreneurship）」であると断じている。こうした企業活動の根幹を成すものは，企業家精神（entrepreneur spirit）であり，マーケット・デマンド（market demand）を牽引力とした創造的企業活動を，率先躬行する精神的タフネスが強く要求されるところである。また競合する他企業に競り勝つためには，こうしたタフな創造的革新性が必要なことは断るまでもない。

リサイクル事業 2003年2月，連結売上高386億円（2002年8月期）のペイントハウスは，リフォーム展示館「ペンタくん多摩センター（東京都多摩市）」をオープンさせた。リフォーム営業を「訪問販売」から「店頭販売」へと切り替える営業形態の「逆転効果」を期待しての巨額投資である。新築に比べて契約金額の低いリフォーム事業の抱える課題として，営業コストの削減がある。リフォーム展示館建設によって，営業に要する人件費の削減，成約までに要する時間の短縮，実物大のリフォーム・モデルによる訴求・説得力の増強を期待している。いま一つは，8兆円市場と期待されていながらも，市場の全体像が描けないでいるリフォーム市場にあって，消費者意識に店舗ブランドを定着させ，先行者利益を獲得しようとする同社の目論みがある。同社はリフォーム事業に特化している点で特

図表4-12　株式会社ペイントハウスの増資と売上の推移

事業年度	増資（千円）	売上（億円）	事業年度	増資（千円）	売上（億円）
1989年	3,000	2.48	1998年	403,000	219.31
1991年	10,000	12.13	2000年	424,400	305.10
1996年	40,000	25.43	2001年	781,400	364.52
1997年	169,000	133.27			

出所：同社サイト資料。

徴があり，経営体制としては分社化を進め，現場（施工）においてはリフォーム技術の向上と施工力の安定供給化を目的にした「多能工養成所」を，1997（平成9）年に設立している。同社の増資・業績の推移（図表4-12）から，バブル崩壊後，低迷化している住宅市場にあって，リフォーム需要は急激に伸びている様子が窺える。

　リサイクル関連事業を手掛けるベンチャー企業が，相次いで新興株式市場への上場に向けて動き始めている。これまでの中古市場といえば，中古書籍の販売企業が中心であったが，最近では厨房機器や自動車用品，住宅，産業資材などの業種にもその裾野は拡大化される傾向にある。産業界や一般消費者間においても，環境への配慮意識の高まりなども加速効果を及ぼして，リサイクル市場の拡大が上場へのエンジンとなっている。リサイクル市場の活発化は，商品のライフサイクルの延伸化と使用用途の多様化を示唆するものであり，商品の市場流通性は画期的に高められる。

競売物件の再販事業　最高裁判所によると，全国の地方裁判所で扱う競売件数は，バブル期の不良債権処理が始まった1993年頃から急増している。2001年度には7万4782件で，10年前の1.7倍になる。競売の成立率は，1990年代前半は30％前後であったが，2000年，2001年は70％を超え，5万件以上が成立している。

　株式会社「やすらぎ」は競売物件を専門に扱っている。同社は，2001年，群馬県を中心に19都道府県で627件を落札し，すべて再生中古住宅として売却した。平均落札価格は1100万円で，改装費は約350万円，販売価格は1800～2000万円前後であり，同地域内のほかの中古住宅よりも3～4割ほど安く設定されている。群馬県藪塚町で2002年4月に開催した住宅展示会では，洋風の木造2階建住宅に人気が集まった。その住宅は，敷地面積は約230 m²，延床面積が105 m²，価格は2180万円であった。同社の2002年1月期の売上は約117億円であり，2年前に比べると約4.5

図表 4-13　株式会社「やすらぎ」の売上実績と経常利益 (万円)

事業年度	売上	経常利益	事業年度	売上	経常利益
1999年	2,555	98	2002年	11,762	927
2000年	2,634	126	2003年	15,000	1,600
2001年	4,013	236			

出所：同社サイト資料。

倍に急伸している（図表4-13）。こうした業績の急激な伸びは，次のような市場や「やすらぎ」商品の特徴に基因している。

①中古住宅商品に対する需要が決して低くない点，②値頃感のある販売価格であり，③すでにリフォームが施されていて，再生商品として販売されているために，④その改装後の状態を確認できる点などである。要するに，「格安で，そのまま使用できて，なおかつ安心」できる格安住宅を，同社は販売していることになる。同社の須田社長は「当分は地方の地価は下がり続け，不良債権も増えてくる。景気低迷が続く限り，競売市場の盛況は続く」と語っている。

不良債権処理や担保不動産の流動化を手がけるアトリウム（東京，高橋剛毅社長）は，築後10〜30年経過した資産価値の低減している既存の中古建物（ビル，マンションなど）を購入して，大規模リフォームを施し，安定的収益物件にリメイクするか，再生商品化して売却益を見込んでいる。同社がこのほど設立した特定目的会社（SPC）が物件の取得を担当し，アトリウムが管理を受託する方針である。同社は，取得原価の低い競売物件を短期保有した上で転売し，譲渡益の獲得を目的にした事業展開であり，競売物件特有の複雑な権利関係の整理や不動産の修繕によって劣化した資産価値を回復させるノウハウが企業力となっている。同社は，2002年には銀行6行から総額100億円の融資枠を取り付けているが，その他にも私募債で約60億円を調達している。一定の営業実績を積んだ段階で，事業収益だけを原資としたノンリコース・ローンの組み込みや専門ファンドの組成も視野に入れている。また，アメリカの投資銀行数行による合弁会社を通じて，不動産の長期保有を目的にしたファンド事業にも着手している。

競売市場の法的支援　競売市場は，短期借家権などを盾にした競売物件引渡しの妨害行為などが横行して，一般からの競売参加は難しいところがあったが，1996年の民事執行法の改正によって，暴力団関係者らの排除が以前に比べて容易になり，競売物件が扱いやすくなっている。1999（平成11）年11月24日，

最高裁大法廷は，金融機関などが抵当権者として，直接，土地や建物を不法占拠している人に対して，明け渡しを請求できるか否かを争う訴訟の上告審において，「不法占拠によって競売不動産の売却価格が下がるおそれのあるような場合には，抵当権が侵害されたと評価できるため，抵当権者は物件の所有者に代わって妨害を排除できる」とする初めての判断を示した。この不法占拠に対する「判例変更」はリバースモーゲージ制度の発展にも大いに寄与されるものである。リバースモーゲージ制度の利用者が死亡して，債務の弁済時に，「可能性」として想定される「第三者による不法占拠」のトラブルへの対応措置として，現行のリバースモーゲージ制度には，必ず，推定相続人の連帯保証や同意が必要とされている。しかし，今回の最高裁の判例によって，こうした第三者の保証や同意を必ずしも必要としなくなる。

2003年1月28日，法制審議会の担保・執行法制部会は，不良債権処理を円滑にするための対策などを盛り込んだ民法と民事執行法の改正要綱案をまとめた。競売物件に居座り，立退き料を請求する「占有屋」を排除する目的で短期賃貸借制度を廃止するなど，抵当権を強化することで，塩漬けになっている不動産の流動化を図る目的である。「短期賃貸借」は，抵当権が設定された住宅などを3年以内の短期契約で借りている人には，その住宅が競売に付された後も契約期間満了までは住み続けることを例外的に認めた制度であり，本来は「弱者保護」であったが，悪用する事例も多く，社会問題にもなってきていた。

国有未利用地の売却　財務省理財局は，2003年に入って，関東など各地の財務局に国有未利用地の追加売却を要請している。国有未利用地の大半はバブル崩壊後に急増した相続税などの物納財産である。これまで数年間，税外収入である未利用地の売却収入は3000億円程度の計画に対して，実績は2000億円程度であり，国の保有する未利用地は増加する一方である。地価下落が続く中，売却件数を増やす効果は単価下落で金額に大きく結びつかないで，国が実質的な含み損を抱える懸念があるし，さりとて政府による性急な物件放出は，更なる価格下落を招来するジレンマに直面することになる。政府はいま，かつて行政の手による土地取引価格調整によって指導した経緯のある取引価格を大きく下げた価格で売却を急いでいる。2001年度には電子メールによる方法で応募拡大化を図り，2003年度からは一部の作業を民間に委託する方法で土地信託手法の導入も実施して，実績を改善させようとしている。しかし，こうした事態こそ，実は政府はその指導性を国民に

表顕させるべき好機ともいえる。国有未利用地の有効活用策として，政府主導（あるいは民間委託方式でも）による「定期借地権付住宅」の建設を具体化させるべき時機である。その場合であっても，建設する建物用途としては，高齢者対応型の長期賃貸住宅などを優先的に検討しなければならないことに論を俟たない。

(3) 住宅設備機器メーカーのリフォーム戦略

2010年には9兆円市場とも予測されている住宅リフォーム市場は，新築住宅市場の先細り感とは対照的に成長市場視されて，住宅設備機器メーカーからは熱い視線を浴びている。

2001年度の持家（注文）住宅の着工戸数は前年比13.9％減の約37万7千戸で，36年ぶりに40万戸を割り込んでいる。2002年度も4～10月は約23万戸と3％減で，このままで推移するならば年間36万戸前後に止まりそうな低調ぶりであった。対照的に，2002年で7兆684億円のリフォーム市場は，2010年には9兆4千億円程度まで拡大化するものと予測されている。新築住宅着工戸数が前年度の117万戸から将来は100万戸を割り込むものと悲観的に予測されているだけに，住宅リフォーム市場における成否を賭けて，住宅設備機器メーカー同士の鎬を削る戦いが続くことになる。

住宅設備機器メーカーは，新築住宅市場においても，中小規模の工務店を営業ターゲットにしてきていることは従来も同じであるが，リフォーム市場の場合には，各社が自社ブランド名を冠した支援組織を新たに立ち上げて，工務店の加盟店化を積極的に展開させている点で特徴的といえる。工務店にすれば，新築工事に比較してリフォームは利益率は高いが，その工事規模も小さく，工事金額が数万円程度で魅力に乏しいことからも，住宅設備機器メーカーほどに熱心ではない。しかしリフォーム工事の内訳を考えてみた場合，設備機器関係費用が占める比率が高い点からも，住宅設備機器メーカーにすれば高利益率の市場であり，直接，消費者とのリフォーム契約を結ぶケースも少なくない。

TOTOは，住宅設備機器の国内のリフォーム向けの売上高比率が，2002年度4～8月に初めて新築住宅向けを上回った。TOTOの場合は，2002年11月に大建工業と「TDコラボレーション・フェア」を大阪市内で開催している。最新機器や施工例を紹介するデモンストレーションの開催は，住宅リフォーム市場で覇権を握るための旗揚げでもあった。この両社は，「リモデルクラブ」という工務店へのリ

フォーム支援組織を立ち上げた。工務店にしてみれば，TOTO のロゴが入った看板の使用や施主に対するリフォーム後のプレゼンテーション手法などの研修も受講できる利点，また TD コボレーション・フェアのような集客力の高いイベントに参加できるメリットもあり，見込み客の招待や実際の商品を会場で紹介できるなど，営業戦略の強化も図れる点などでメリットは多い。一方，TOTO の方はそれらの点をアピールして，工務店の加盟を勧誘している。2002年には，すでに両社は会員獲得に向けて，工務店向けのアピールを目的にしたプロモーション・センターと，住宅設備機器の共同企画する組織も，相互に社員を派遣して，都内に設置している。1999年3月末時点で加盟店総数は1739店であったが，2002年8月には3119店までに拡大された。この期間に見られる TOTO のリフォーム向け売上高は，全売上高の4割弱から5割を超えた比率を占めるまでに成功している。両社は，「加盟店総数5千店」を2004年度の目標として掲げている。性急なまでの工務店の組織化には，不況下にあってもリフォーム市場の拡大の可能性を確信しているからである。消費者の住宅リフォームの動機で顕著なのは，「間取りや水回りの改善」，「収納スペースの確保」，「インテリアのイメージチェンジ」などであり，自分の「好みの空間」をこれまで以上に意識し，希求するようなライフスタイルに変わってきている。

　松下電工もリフォーム事業拡大を目論んでいる点では，TOTO と競合する関係にある。同社は，2002年10月，新たに「ココデリフォーム」を発足させている。施工や接客などについての研修受講を条件として工務店の加入を認定し，松下ブランドの看板やカタログ類を提供することで，工務店の営業活動を支援する仕組みである。これ以外のリフォーム店組織「リファイン」もすでに展開していて，大阪府枚方市に2002年5月に開業している「リファイン枚方駅前通り」があり，住宅設備機器以外にも照明器具なども一緒に交換できる点を売りにしている。しかし加盟店は，初期費用負担が90万円，その後も販促品の使用料などで月額約10万円の負担があるために，現在の400店強の加盟店は規模の大きい企業が多い。後発の「ココデ店」の方は，新築と兼業でリフォームも手掛けたい意向の工務店向けに，参加料も2万円と割安にしている。加盟する工務店の規模や方針によって組織を分別化して，リフォーム市場の裾野を拡大化したい戦略である。

　INAX でも，リフォーム事業拡大化の目的で，「LIFA」を組織化している。加盟店を集めて勉強会の開催や，店舗改装の援助などを通して，INAX 自身がタイル・販売メーカーであることからも，新築を手掛けてきたタイル施工業者などのリ

フォーム部門の立ち上げを支援する仕組みである。ロイヤルティーは，初年度が月額3万円であり，現在約280店が加盟しているが，加盟店全体の売上高は年間約200億円弱である。加盟するのに，相当の費用負担が必要なために加盟店数は少ない。現在，INAXは「LIFA」の他に，加盟店の負担の軽い組織を検討している。

　前田建設工業がフランチャイズ（FC）方式でリフォーム事業を展開する。FC方式を採用するメリットとして，部材の原価と手間賃をセットにした定価設定をして，全国一律価格で臨もうとする方針である。これまで直営方式で実施してきたリフォーム事業のブランド「なおしや又兵衛」をFCに貸与して，人材育成を含めた経営ノウハウを提供する。東京，大阪などの主要都市圏の住宅街を中心にして，今後1年間に15店舗ほど出店する予定であり，商業地には24時間営業の店舗を設営する。[27] 大手企業のリフォーム事業までもが，コンビニエンス・ショップと同じような営業形態を選択せざるを得なくなった市況が反映されている。

　リフォーム市場には，ホームセンターやスーパーなどの異業種の参入が相次いで，企業間の契約争奪戦は激化の一途を辿っている。当然，悪質業者の暗躍も多発して，社会問題になりつつある。過熱化した市場で，高齢者世帯が深刻な被害に遭遇しないような，業界全体で共同して取り組むセイフティガードの用意を怠ってはならないし，大手メーカーも負うべき社会的責任について改めて再認識する必要がある。

　住宅設備機器メーカーのブランド力を利用したい工務店と，工務店の持つ地域に密着した営業力・情報力を取り込みたいとするメーカーとの利害関係は，現在のところでは一致している。しかし一般消費者にしてみれば，こうしたメーカーと工務店の協業組織に果たして如何なるメリットを期待できるのだろうか。ややもすれば消費者は「蚊帳の外」に放置されているような印象を払拭できない。消費者にとっての「ブランド力」とは一体，如何なるものだろうか。大手メーカーだからこその製品保証，高度の技術力，あるいは莫大な資金が投下されている広告宣伝の効果によって刺激される消費者の優越感なのであろうか。大手メーカー主導のリフォーム組織は，加盟店に起因する施工技術上の瑕疵責任についても，大手メーカーが連帯してスムーズな補償を約束してくれるのだろうか。リフォーム現場の施工単価などの面で考えても，安くなる要素は少なく，むしろブランド名を冠している加盟店だけにリフォーム施工価格基準そのものが固定化されてしまう懸念はある。ただリフォーム市場は，1件当たりの工事金額が新築に比較して小額であるがゆえに，多件数の受注を欲しがる事情がある。それだけに参入する企業間での価格競争

は熾烈化するだろうから，幾分の低価格化は期待できるかもしれないが，リフォーム工事の価格破壊や技術革新を射程に入れた加盟店化でないことは確かである。

アメリカのリフォーム市場と日本のリフォーム市場とを比較すると，両国の住宅市場の相違点は明確である。アメリカはオーナー・ビルダー（owner builder）の多い国でもあることから，自分たちの手で施すリフォーム・スタイルが定着している。したがってカタログ販売やDIY（Do It Yourself）市場が成熟していることも加担しているのだが，リフォーム市場はより身近であり，その裾野は広汎である。

（4）中堅企業の挑戦

企業の所属する，あるいはテリトリーとする経営領域の拡大化，そして新たな経営資源の獲得を目的とする企業行動の選択肢の一つとして，経営の「多角化」がある。この企業の経営システムにおける多角化は，その領域環境との融合性，あるいは適合性が重要な前提要件となる。また，そのためには経営領域と企業システムとの相互に介在する情報交換機能の構築の必要性について説明するまでもないが，企業内における情報収集能力と情報分析能力との並列化は要求されるものであり，両能力の不均衡は，利益をもたらさないばかりか，経営上の固定的負担（コスト）に変換する性格があるだけに注意しなければならない。経営の多角化は，企業の経営主体に多機能化を迫るだけでなく，現場部門にも高位な自律性を要求するものである。インベストメントとリターンとのバランスに苦慮しながらも，自己増殖を続ける（あるいは，続けざるを得ない）首都圏周辺部の中堅企業について，概観してみたい。

首都圏地域に密着して住宅関連総合事業を展開しているポラスグループ（中内俊三社長，埼玉県越谷市）は，1969（昭和44）年に，有限会社中央住宅社として発足している。現在，グループ全体の売上実績は1157億円（2002年3月期），総従業員数は1723名であり，その営業種目は住宅に関連する分野の大半を網羅している。同グループの特徴として，①短期間の急激な成長，②事業部門の分社化，③内製化の徹底，④創業者（社長）の企業理念の徹底，⑤優れたパブリック・リレーション（Public Relation）などが挙げられる。

① 「短期間の急激な成長」は，一般的に，成長のハイスピードに追随できない組織の未成熟から惹起する問題を多発させる傾向がある。そして営業努力に基づく営業実績の向上は，結果として組織の拡大性向を醸成する。一旦，組織に

拡大化が起きると，組織そのものの自己増殖力も加担して，組織全体のランニングコストの逼迫化が誘発され，やがて固定化する。売上対利益比率や売上対人件費比率などからグループ全体の最適規模を探り，調整する自己調整能力（機能）が必要とされる規模まで，ポラスグループは達していると考えられる。自己調整能力を内在させない組織は──長期間で俯瞰するに──その経営内容に不均衡を顕在化させてくる可能性がある。とりわけ自己増殖しやすい人件費の監査や対売上経費などの定期的な監査は欠かせない。

② 「分社化」については，一般的には親会社の規模拡大によって生じる非効率性の増大から，分社化させる方法で分権化を図り，親会社の管理負担の軽減化を期待する。子会社の方は，権限委譲によって意思決定が迅速化し，経営環境の変化に対する調整能力も高まる。勿論，経営責任も明確になり，収益性に対するインセンティブ効果も期待できる。親会社の方は，組織のスリム化によって視野が拡大し，戦略的な意思決定に専念することが可能になる。また人件費の面においても，組織のスリム・分権化は雇用調整能力を向上させる。1978（昭和53）年，創業者である中内俊三社長が，ドイツのシーメンス本社工場を訪問した際，シーメンス社が部位門ごとの分離・独立によって業務体質の強化・徹底を図っている点に着目した結果，中央住宅にも「分離・独立」の導入を決意させている。主要部門を分社化することによって，各部署の責任とその成果を明確にしながら，各部署の能力を総合・集束させる方法で，高品質住宅の安定的な供給を確実なものにさせようと目論んでいる（図表4-14）。

③ 「内製化」については，その効用の一つである販売商品の性能や機能の対外的瑕疵保証責任も明確になることによって，顧客との対応もスムーズになり，クレーム処理の迅速化にも繋がる。また同グループでは，建築技術者養成校（職業訓練法人ポラス建築技術振興会）や独自の技術研究所（ポラス暮し科学研究所）なども設立・運営して，不安定な人的資源である職人（施工能力）の安定的確保と，同時に建築の技術的水準の向上に努めている点は，経営基盤の安定化に奏功するものである。その背景には，クレーム産業といわれている建設業の中でも，住宅産業はとりわけ細かいクレームが多発する特徴がある。それだけに精妙な施工技術が要求されるといった，業界特有の事情もある。また，この建築技術者養成校の場合には，職業訓練校として外部化されているために，その経営的リスクの一部が分散化されている点も評価されるところである。

④ 「企業理念」については，企業のガバナンスの問題に深く関与する点でも重要であり，分社化が進んでいる組織（グループ）の場合には，末端まで周知・理解させる努力は欠かせない。「企業理念」は組織にとっては「錦の御旗」であり，高い理想を掲げなければならない。「集合」における「理念」といった概念からすれば，「アメリカ国家」と「星条旗」の関係を連想してしまう。アメリカ社会にとっての星条旗は，唯一不変のアメリカ国家の象徴であり，コトある毎に掲げ，国民の意識を一つに収束させるためのサイン（sign）である。多民族・多文化国家であるアメリカ社会は，星条旗というサインの下に，同一国家の国民として結束する必要があるからである。企業という組織でも同じことが言える。ポラスグループも，抱える従業員数は1723人（2003年4月現在）である。従業員の一人一人が本社の経営方針を熟知し，その精神を実践させるためには，企業理念を明確にして，その徹底的浸透が課題となる。

⑤ 「企業」とその帰属する「地域」との関係は，その企業の存在価値やその存続性に大きく影響する要素である。清成忠男氏（1993）は，地域と企業の関係であるパブリック・リレーションについて，「個人や企業が共同で地域社会のレベルアップに資する作業を行ったり，個人や企業相互の利害調整を行う領域」と定義している。また清成氏は，「企業の存在そのものが，社会的存在であり，企業はまさに社会の一員として成り立っている。取引関係を的確に処理することは当然であるが，パブリックとのかかわりを円滑に処理することがとくに重要である」と論じている。同グループの中枢である中央住宅の本社が所在する埼玉県南の草加・越谷周辺は，「埼玉都民」が大半を占めている点からも，地域に対する帰属意識が低いと指摘されている。そうした地域の発展性を危惧した中内社長は，地域の文化として，徳島の「阿波踊り」を踏襲した「南越谷阿波踊り」を，全社を挙げて定着させようと努力してきた。その結果，1984年から始まって2002年には18回目の祭典が盛大に開催されるほどに定着・発展をみた。まさに「地域貢献は企業の社会的責任」であり，「企業は地域社会の形成者」でなければならないと説いている清成氏の論説をそのまま，実践した好例である。

同社の中内慶太郎専務は，「農耕型経営」を意識して経営していると語っている。要するに，地域に密着して，綿密な意思疎通を重んじ，地域の社会的資本財でもある住宅資産を，請われて，「造らせて頂く」立場を意識していく姿勢を，経営の本

図表4-14 ポラスグループ 建築関連グループ

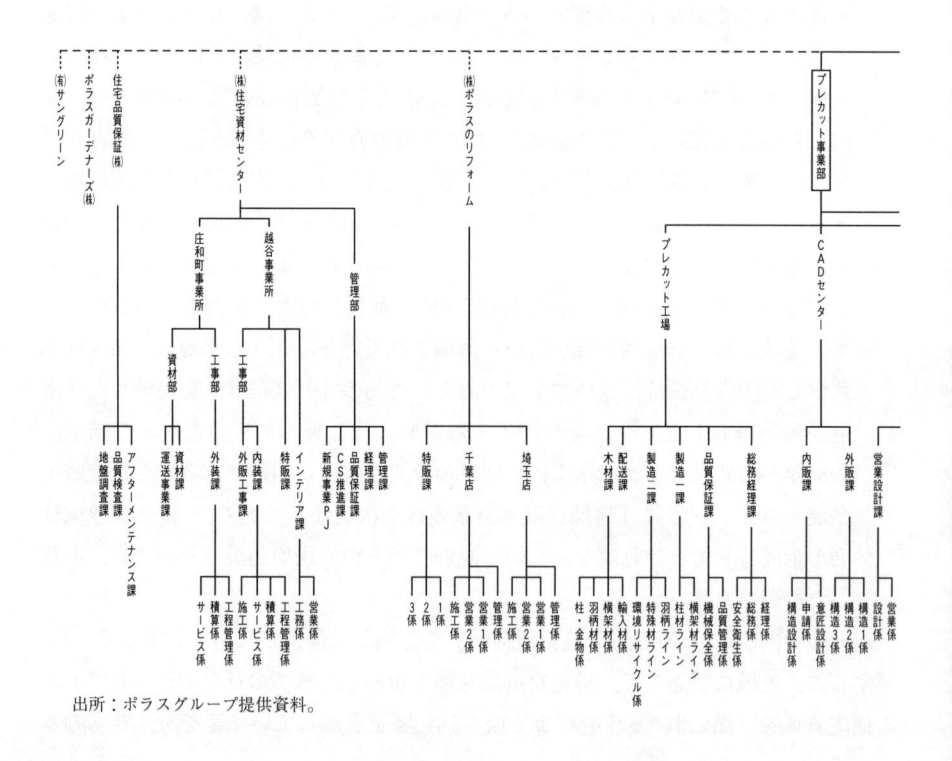

建築関連グループ

- (有)サングリーン
- ㈱ポラスガーデナーズ
- 住宅品質保証㈱
  - 品質検査課
    - 地盤調査係
    - アフターメンテナンス係
- ㈱住宅資材センター
  - 庄和町事業所
    - 資材部
      - 資材課
        - 運送事業課
        - 積算係
  - 越谷事業所
    - 工事部
      - 外装課
        - 外販工事課
        - 施工課
        - 工程管理係
        - サービス係
      - 内装課
        - 積算係
        - サービス係
    - 特販課
      - インテリア課
      - 新規事業PJ
      - CS推進課
  - 管理部
    - 品質保証課
    - 経理課
    - 管理課
      - 工務係
      - 営業係
- ㈱ポラスのリフォーム
  - 特販課
    - 3係
    - 2係
    - 1係
  - 千葉店
    - 管理係
    - 施工係
    - 営業2係
    - 営業1係
  - 埼玉店
    - 管理係
    - 営業2係
    - 営業1係
- プレカット事業部
  - プレカット工場
    - 木材課
      - 柱・金物係
      - 羽柄材係
      - 横架材係
    - 配送課
      - 輸入材係
      - 羽柄ライン
      - 特殊リサイクル係
      - 環境リサイクル係
    - 製造二課
      - 柱材ライン
    - 製造一課
      - 横架材ライン
    - 品質保証課
      - 機械保全係
      - 安全衛生係
    - 総務経理課
      - 品質管理係
      - 総務係
      - 経理係
  - CADセンター
    - 内販課
      - 構造設計係
    - 外販課
      - 意匠設計係
      - 構造3係
      - 申請係
      - 構造2係
      - 構造1係
    - 営業設計課
      - 設計係
      - 営業係

出所:ポラスグループ提供資料。

第4章　日本の住宅市場　125

ープ組織図　(平成14年6月21日現在)

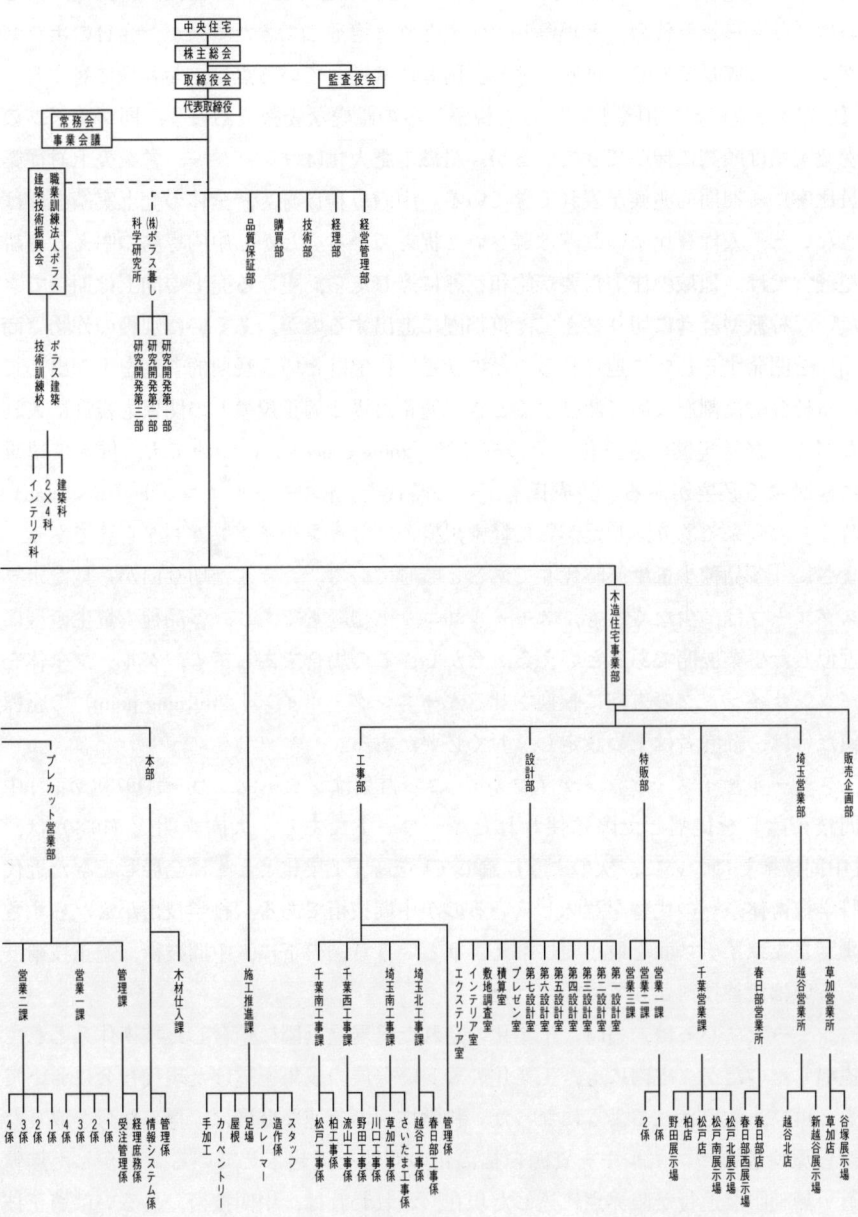

```
                        中央住宅
                        株主総会
                 取締役会      監査役会
                       代表取締役
         常務会
         事業会議
  ┌──────┐  ┌──────┐
  │職業訓練法人ポラス│  │(株)ポラス暮し │  品 購 技 経 経
  │建築技術振興会 │  │ 科学研究所  │  質 買 術 理 営
  └──────┘  └──────┘  保 部 部 部 管
     │         │          証       理
     │         │          部       部
   技 ポ
   術 ラ
   訓 ス              研 研 研
   練 建              究 究 究
   校 築              開 開 開
                     発 発 発
                     第 第 第
                     三 二 一
                     部 部 部
      ┌─┬─┐
      イ 2 建
      ン × 築
      テ 4 科
      リ 科
      ア
      科
                                              木造住宅事業部

  プレカット営業部    本部       工事部       設計部       特販部        埼玉営業部      販売企画部

  営 営 管   木  施    千 千 埼 埼 エ イ 敷 積 プ 第 第 第 第 第 第 第   営 営 千   春 越
  業 業 理   材  工    葉 葉 玉 玉 ク ン 地 算 レ 七 六 五 四 三 二 一   業 業 葉   日 谷
  二 一 課   仕  推    南 西 南 北 ス テ 調 室 ゼ 設 設 設 設 設 設 設   三 一 営   部 営
  課 課     入  進    工 工 工 工 テ リ 査               計 計 計 計 計 計 計   課 課 業   営 業
            課  課    事 事 事 事 リ ア 室               室 室 室 室 室 室 室      部  業 所
                     課 課 課 課 ア 室                                          所

  4 3 2 1  1 3 2 1  管 経 情 受 管   手 カ 足 フ 造 ス 松 柏 流 野 川 草 越 春 さ  2 1 柏 野    春 松 松 春  越 新 谷
  係 係 係 係  係 係 係 係  理 理 報 注 理   加 ー 場 レ 作 タ 戸 店 山 田 口 加 谷 日 い  係 係 店 田    日 戸 戸 日  谷 越 塚
                     係 係 シ 管 係   工 ペ   ー 係 ッ 工 工 工 工 工 工 工 部 た         展 展    部 北 南 部  北 谷 展
                           ス 理          ン      マ    フ 事 事 事 事 事 事 事 工 ま         示 示    西 展 展 東     展 示
                           テ 係          ト     ー     係 係 係 係 係 係 係 事 工         場 場    展 示 示 展     示 場
                           ム                リ                                  係 事         所 所    示 場 場 示     場
                           係                ー                                     係                 場              場
```

質として捉えている。中内俊三社長が，住宅産業を「正しい人間的な行い」，あるいは「与えられた使命」と理解して住宅造りに邁進してきた結果が，今日のポラスグループの成長であると理解できる。両者に共通している点は，お客様に対する，「住まいを造らせて頂く」といった視座からの謙虚な姿勢であろう。同グループの営業実績は順調に伸びてきているが，組織の肥大化はマンパワー（営業売上対従業員比率）に初期的兆候が表れてきている。中内専務自身も，全体の売上実績を伸ばさないと，人件費比率の改善は難しいと捉えている。しかし中内専務の唱える農耕型経営では，地域の住宅需要が飽和状態に達したら，更なる売上の向上は期待できない。狩猟型経営に切り替えて，首都圏に進出するのか，あるいは別種の作物（商品）を開発する必要に迫られることになる。住宅財という長期的資産を生み出している社会的役割を改めて認識するとき，適正市場と適正規模との関係も視野に入れながら，経営規模の適正化とその継続性（going concern）についても，併せて慎重に検討する必要がある。清成氏も，この時代を，「スモールユニット（smoll unit）時代」の到来であり，したがって経営規模の「ダウンサイジング」が必要であり，まさに「多品種少量生産時代」であると断じている。こうした切り口から見たポラスグループは，少なくとも，スモールユニット型経営であり，多品種少量生産型に近似した事業展開であるといえる。しかし，この場合であっても，グループ全体をダウンサイジングの方向に転換させるターニング・ポイント（turning point）の座標値だけは，経営者は予め設定しておく必要がある。

「スモール・イズ・ビューティフル」。この言葉はシューマッハー（1973）が，「中間技術論」を提唱した際に使われたキーワードである。大内秀明氏（1999）は，「中間技術」について，次のように論じている。「工業化とともに発展してきた近代科学技術体系への代替を意味しているのが中間技術である。科学技術がもたらすさまざまなマイナス面を最小限に抑えようという意図の下に，中間技術，適正技術，あるいは代替技術として提唱された」。

シューマッハーは，当時，工業化の遅れた発展途上国に適合した技術体系として提唱したのだが，皮肉にも，工業化の著しい発展の成果を遂げた現代社会においても，再び，注目されるようになった。科学技術の急速な発展は，様々な形を取りながら環境破壊やエネルギー資源の枯渇化の問題を提起させている。そうした無軌道・無制限な進行が限界点に達した現在，われわれは，中間技術，あるいは適正技術に象徴される中庸の必要性を，誰しもが理解し合える社会経済に立脚している。

(5) ハウスメーカーの功罪

　国土交通省の発表（2003年1月31日）によると，2002年の新設住宅着工は前年比1.9％減の115万1016戸であり，2年連続の減少となり，ピークの90年に比べて30％減少している。マンションなどの分譲住宅は前年比4.4％減の32万3942戸であり，大都市部のマンションは供給過剰に陥っている。注文住宅は4.9％減の36万7974戸と38年ぶりの低水準である。このような不振は，雇用不安からか賃貸住宅に継続して入居する人が増えているからである。その反動として貸家着工は2.7％増であり，したがってハウスメーカー各社は貸家需要の掘り起こしに躍起になっている。こうした市況に対して，政府は住宅資金の生前贈与として3500万円までを非課税とするなどの住宅減税措置を施し，その効果に期待している。ベビーブーマー・ジュニアが20歳代後半に達していることからも，住宅購入のインセンティブとしたい政府の意向である。国土交通省の試算によると，年間住宅投資は約20兆円であるが，住宅関連製品までを含めると約50兆円にまでに膨張し，約2.5倍の拡大効果がある。逆に考えると，住宅市場の不況は雇用悪化を招き，家計の収入を減少させ，住宅需要をさらに低下させることになり，ついには市場全体が悪循環に落ち込むことを示唆している。

　アメリカでは，平均的年収の3倍程度の価格で，全室エアコン付高気密・高断熱の新築住宅を供給している。戦後の住宅需要急増時代に住宅性能の向上に取組み，構造用合板の住宅生産の利用を契機に，規格化，標準化，分業化を活用した2×4工法を普及させた。こうしたアメリカの取組みとは全く逆の方向を選択していたのが，日本の住宅産業である。住宅資材の供給不足から，多種多様な代用建材が新建材として登場し，商社―建材問屋といった流通経路を通して，それまでの材木流通経路を辿りながら工務店に届けられる。それぞれのターミナルが閉鎖的な商圏メリットを形成するようなシステムが構築されていた。

　かつて戦後の経済成長に呼応して人口の都市集中化は進み，恒常的に住宅需要は増大傾向に入った。他の産業は，技術革新によって生産性を改善させながら経済成長に伴走していったが，住宅産業界は需要の増大はあっても，生産性を改善・追随させることができなかった。その結果，ハウスメーカーにおいては，不足しがちな労働者の離反を阻む目的で，苦渋の選択として，特殊な工法を導入せざるを得なかった。また生産性の向上・改善策よりも目先の工事を受注・消化することによって，自己利益の取込みを優先させた。労働者による施工能力の確保は当時の建設省

や労働省の政策でもあった。しかし，こうした労働者の企業ごとの拘束状態は，いったん住宅市場の需要が冷えてくると企業経営を圧迫するようになった。営業力の乏しい小規模な工務店は，営業力があって施工能力が不足しているハウスメーカー系列に取込まれ組織化されていくことになる。ハウスメーカーの方は，営業上の便法的で姑息な技術改善や特徴を一般消費者にアピールするに止まり，本格的な生産性の改革や，住宅のデザイン，機能，性能などの開発を怠ってきた。そうした結果，中古住宅の市場価格はローン残債以下といった珍現象が一般常識化するような，不合理で未成熟な住宅市場を形成している。

衣食と住　一般市民生活を「衣・食・住」の各要素で考えてみたい。このところの「衣料産業」は日本人の体型の変化，新素材の開発，空調設備技術の発達による屋内環境コントロールの進歩，ファッション情報の国際的同時化などと，その時代性を先端的に捉えてクリエイティブである。また海外に移した生産施設の縫製技術などにしても，国内商品とまったく遜色ない高級品を安定供給できるまでにレベルアップしている。「食文化」にしても，食品素材のあらかたを輸入品に依存していて，一般家庭の食卓に世界各地の特産物が並ぶことも日常的であり，食材の旬も忘れるほどに，一年中豊富な種類の野菜や果実が店頭に並ぶ時代である。しかし「住まい」の方は，「衣・食」分野とは対照的に後進的であり，住宅産業界においての刮目するべき革新性は見当たらない。敢えて言うならば，一部のハウスメーカーが欧米住宅のデザインなど外観的な部分を模倣した「超低価格住宅」商品の限定販売を，最近，発表している程度である。その「超低価格住宅」商品は，すなわち「量産企画工業化住宅」であり，住宅のほとんどの部分を半完成製品にしてから現場に搬入して据付ける方法で従来の現場作業を減らし，コスト低減を試みているモデルである。日本の伝統的技法である軸組工法で建てられた木造住宅とは明確に別物の「和洋折衷型木造住宅モデル」は，いみじくも，ライフスタイル多様化への過渡期にある日本の現代社会を如実に反映させている。

ハウスメーカーは，建物商品の耐用性として，経年劣化による「物理的耐久性」と，ライフスタイルによる陳腐化といった「機能（用途）対応性」との二面に収束して，可変性（variable）をアピールしている。しかし彼らの言う「可変性能（variable capacity）」は，あくまでも何種類かのパターン化されたバリエーション・プランに限定された内容であって，しかも，その施工はハウスメーカー指定業者でなければ不都合なはずである。要するに工場生産住宅の建物は，経年後の修繕や改

造などの施工許容度が，在来工法に比べても極めて低いことから，一般の大工さんの手による改修や改造は難しい。こうした齟齬が逆風となって，このところ，大手ハウスメーカー各社の営業姿勢に対する世間の批判も喧しくなってきている。

某大手ハウスメーカーは，築後30年を住宅の「建て替え」の時期と設定して消費者に提案している。建物の「老朽化」などの構造的理由以外にも，30年以前と現在におけるライフスタイルなどの格差から生じている「陳腐化」，あるいは高齢期を迎える両親との同居など家族員の変化なども視野に入れた「安全性」付加（バリアフリー）の必要性などから，「建て替え需要」の掘り起こしを図っている。また彼らが謳い上げる「百年住宅」は50〜100年の耐用性が期待されるものとしているが，そのランクは最高級商品であって，一般向けの「普及版」は25〜50年の耐用年数とされている。したがって，最も厚い客層を「攻略ターゲット」にする場合は，40〜50年間の住宅寿命と設定して，「築後30年の建て替え」を提言している。結論すれば，日本の家屋の平均的寿命は40年前後とした，これまでの一般概念は何も改善される兆しがないことになる。その寡占的ともいえる事業規模からして期待されるハウスメーカーの企業方針の中に，長期的展望や業界のオピニオン・リーダーとしての先見性や革新性を見出すことは難しい。

量産企画工業化住宅　最近，大手ハウスメーカーが「量産企画工業化住宅」の販売強化を新聞発表した際に，アピールされた「メリット」の一つとして，その住宅の「将来の売却」を想定した「流通性＝換金性」と「高資産性」を確保する目的で，「シンプルデザイン」，「高品質」を取り上げている。そのコンセプトに基づいたプランニングとして，「飽きのこないシンプルなデザインとフォーフェイス（四方の外観）の良さ，ライフスタイルに合わせた使用勝手の良い間取り（可変空間）」を謳っている。中古住宅の市場価格を形成する要素のうちでも重要なものは，二次購買者の判断する「可変難易度」であり，没個性的でシンプルデザインの「外観」といえる。日本人の住宅に対する重視点は，「間取り」と「性能」であるとする調査報告書がある。中古住宅の購入意思決定要因として，使いやすい「間取り」への変更や，「性能」のレベルアップの「可能性＝可変性」が重要視されるのである。

またハウスメーカーが消費者にアピールしている「高品質」とは，「長期間にわたって継続される住宅の資産性」であり，この場合の「資産性」とは，①「耐久性に優れている＝長期間の使用に耐え得る」と，②「売却する場合の換金性＝売却す

るときの価格と需要」との2種類の価値を意味するものであり，①を「自己使用価値」とするならば，②は「換金価値」とすることができる。ハウスメーカーが，高齢化社会に対応した新たな企業戦略として，「買い替え」や「住み替え」の可能性と高齢期におけるリバースモーゲージ・プランの利用を視野に入れていることが理解できる。

ハウスメーカーと
リバースモーゲージ制度

住宅資産継承の概念として，①「家族内伝達」と，②「社会伝達」との2種類に分類することができる。①は血縁家族による「相続」から継承居住であり，②は社会的継承機構としての「市場」を通じて次世代に受け継がれる。住宅の政策的検討をする場合，「家庭内伝達」を中心的位置に据えて考えるならば，「累代的居住を前提とした住宅（住宅地を含めた）造り」を検討する必要性があり，また，「社会伝達」を中心にして検討するならば，「市場における流動性（流通性）」を前提にしたものでなければならない。アメリカの平均的住宅資産観としては，明らかに「社会伝達」が主流である。これまでの日本の住宅資産価値観については「家庭内伝達」が主流であって，基本的には「自己使用価値」であり，「相続資産価値」であったから，購入当初から売却による譲渡益（換金性価値）を予定するケースは少なかった。ハウスメーカーのアピールしている「資産性」は，中古住宅として売却する場合であっても，「好条件取引の可能性」であり，言い換えれば，「持家の市場価格が長期的に継続する可能性」を説明している。このことは，明らかに，高齢期の「持家資産変換システム」の利用を射程に入れたセールスポイントである。わが国でもライフスパンが延伸化した結果，「住宅による資産形成」の必要性がようやく注目され始めてきた兆しと理解できる。またハウスメーカー各社は，主力の戸建住宅販売の不振から，超低金利や株式市場の低迷が続くなかで，収益物件としての賃貸アパート販売へと，その営業ターゲットをシフトさせている。

ミサワホームは，2002年に集合住宅事業の専門部隊となる「アパート推進グループ」を発足させている。全国の販売会社でも，集合住宅経営に必要な税制などの知識をもった，あるいはファイナンシャル・プランナーなどの有資格者による「アパート専従販売員」を300人ほど配置して，きめ細かい経営戦略を顧客に与える方法で，収益性の安定した賃貸アパートの販売に力を傾注している。

積水ハウスは，土地の所有者からアパート用地を借上げての「アパート経営」を，顧客に斡旋している。アパート建設後は，関連企業の積和不動産グループが実勢価

格の9割前後で一括借上げ，一定の賃料を支払うシステムである。「所有」と「使用」と「管理」の3要素を三者で分担して，リスク分散とリターン配分をプログラミングしたプランであり，「土地」の果実を三者でシェアしている。積水ハウスの2003年1月期の連結営業利益は，前期比3％減の725億円程度であり，予想の670億円を上回っている。広告宣伝費や住宅展示場費用などの経費圧縮と住宅関連子会社の採算改善が奏功した。売上高は，ほぼ横ばいの1兆3千億円程度であり，戸建住宅の販売戸数が1割減，アパートやマンションなどを含めた住宅販売総数が5％程度減少しているのが響いている。

　大和ハウス工業は，土地を所有者から借受けて，アパート賃貸による運用収入を所有者に還元するサービスを強化している。賃貸管理子会社の大和リビングが地主から一定期間，土地を借上げてアパート経営を担当する方法で，建設資金が不足していたり，経営リスクを避けたい土地所有者向けのプランである。

　2002年の全国の持家着工戸数は，前年比4.9％減の37万戸弱に止まったが，アパートを含む貸家は3％程度の伸びを示している。東京都23区内で，土地を所有している場合，家族が住むことを想定したアパートを建てて得られる利回りは，諸費用（管理費や税金など）を差引いた後の収支計算で平均6％，土地から購入する場合では3％程度を見込めるものと試算されている。最近の急激な地価の下落と超低金利が功を奏しての利回りであり，預貯金に比べて有利な条件ではある。しかし販売業者側は，とかく収益性（利回り）を高めたい目的で勧めている，「単身者あるいは夫婦向けのワンルームや1LDK」など，小規模な賃貸物件に対する市場の賃貸需要の先行きは，あくまでも不透明である。それだけに，顧客がハイリスク・ローリターンに陥らないよう，専門業者であるハウスメーカー側の慎重な検討が，企業姿勢として要求される。

　こうした，比較的，小規模の建物を建設する方法で安定収益が見込めるプランは，リバースモーゲージ・プログラムとしても，システム化することができる。勿論，高齢者（世帯）が住む持家の立地的条件などにもよるが，その敷地に建つ既存住宅を賃貸アパートに建て替える方法で，所有者に現金収入が安定的に発生するようなプランを住宅資産変換プログラムとする場合，そのアパートを担保にした年金融資（リバースモーゲージ）契約を結び，死亡時には当該アパートをハウスメーカーが買い取る方法で清算する。ハウスメーカーは，その買い取ったアパートにリフォームを施してから，次の顧客に収益商品として販売できる。この場合でも，フランス

のビアジェ（viager）やリース・バック・セール（lease back sale）などの要素を取り込んだプランが面白い。アパート経営をしながら，所有者（高齢者）に割賦払い方式で，購入代金を支払うプランである。その場合も，不動産売買契約は公正証書を作成し，購入者は保証保険の加入義務を負い，転売の場合は連帯保証人となる。ハウスメーカーは常に連帯して保証する方法で，契約の継続性・安定履行性を維持することができる。情報収集能力の他に，資金力や営業力の面からしても，経営規模の小さい工務店などでは取り扱うことが難しいプランであるが，すべてに亘って優位なハウスメーカーの次の営業戦略として検討に値するものである。プランそのものは長期的ではあるが，その市場性や循環性に優れ，なおかつ社会的資本としての継続性に優れている点からも商品評価は高い。さらにそのプログラムのもつ福祉性に着目するならば，法制度や金融制度からのインセンティブ的支援を期待できるものであり，官民ともに取り組んでほしいプログラムでもある。またハウスメーカーの資金力と情報力，そして何よりも営業力をもってすれば可能なシステムが，「住宅下取りプラン（my home trade-in plan）」である。某自動車販売会社でも，自動車販売商法の一つとして扱っているシステムであり，要するに住宅を販売する際に，その住宅の将来の下取りを約束する方法である。建物の規模や構造，立地条件などの条件設定に応じた標準契約パターンに基づいて，将来の下取り価格を，最初の販売価格から差し引いた残価契約額によって販売する。もちろんアパートなどの収益物件でも適用させることは不可能ではない。業者側のメリットとしては，最初の販売価格が低く抑えられる点，将来の営業実績の予約が確定する点，途中のリフォームの受注なども期待できる点である。デメリットとしては，地価下落リスク，金利上昇リスク，投下資金の回収の長期化リスクなどがある。しかし，「住み替え」需要を煽り立てる効果や，顧客情報の中で，需要と供給の双方の情報を管理する方法で営業機会は飛躍的に拡大化する。インターネット・マーケットを利用する方法などを併用することによって成約率の向上も期待できる。保険会社などとの提携によって，新たなマーケットの構築も期待できる。そして何よりも，ハウスメーカーの担う社会的役割や社会的認知の度合が増大することから，ネームバリューの拡充も期待できる。

（6）期待される技術開発

住宅市場の流動化を促進させるためには，最初の取組みとして着眼するものは，

その隘路とされる素因を取払う作業である。そして市場の流動化に阻止・抑止要因として作用する関連法制度の調整・修正作業が懸案化されるのが一般的な手法であった。しかし，この手法は，主動力である新技術の開発などの前では，明らかに「後次的・副次的」である。住宅産業でいうならば，ダイレクトな推進力を期待できるのは，やはり「革新的な技術開発」である。したがって住宅市場の改革を推進させる作業手順としては，恒常的に多頻度で市場に表顕している具体的現象を分析・解析する方法を優先させる。なぜならば，法律面における現行制度の改廃，あるいは新たな法制度の制定などに見られる法的対応は——多くの場合に適応する普遍的通則であるが——すべからく具体的現象の表顕後から始まるからである。

住宅市場における最大の——あるいは最強のというべきか——競争力は，厳格な法律的庇護を享受できる工業的発明，すなわち技術工法（構法）における革新的な技術開発といえよう。でき得るならば，その技術は「発明の保護及び利用を図ることにより，発明を奨励し，もって産業の発達に寄与することを目的」にしている特許法に基づいた特許権を取得できるレベルに達するまで完成させる。その特許権の取得者が獲得することを許された専用実施権（特許法第77条1項）は，同条2項において認められた，「専用実施権者は，設定行為で定めた範囲内において，業としてその特許発明の実施をする権利を専有する」営業的特権であり，その所属する産業界においての，独占的・排他的な支配権を法的にも保障された無体財産権的私権だからである。そしてなによりも，このような技術革新は，同法第1条の目的にも明記されているとおり，「発明を奨励し，もって産業の発達に寄与する」効果が大きい。住宅産業界においても，画期的な技術革新は新たなビジネス・スキームを萌芽させるばかりではなく，関連産業の広範に様々な技術開発を誘発させる触発効果は計り知れない。こうした波紋は，その伝播性に優れ，住宅市場に住宅商品のアフォーダブル・モデルを誕生させ，住宅市場の全般に，とりわけ中古住宅市場の流通性やリサイクル性までも改善させるきっかけになる。

「技術開発」には，その関係分野に新たな条件（材質的・技術的）の付与が必要である。その新しい条件が実際の工程に嵌め込まれた結果，抽出される現場のデータに基づいてあらゆる試行錯誤が繰り返されることになる。新たな技術開発を目的にした挑戦は，まず従来の市場の実態を明確な数値的データとして捕捉するための分析作業が必要とされ，さらにその解析作業に取り組まなければならない。ある産業における新しい技術の開発が商品化，あるいは市場性を検討するところまで到達し

た段階から，はじめて法的環境として関係する環境関連法，取引関連業法，そして技術関連法などの検討が始まる。

ここから，ようやく法制度と市場との関係調整の緒に就くことになる。こうした一連の取り組みは，それまで潜在していた問題点を顕在化させ，その関係分野は広汎であり，関連する市場に多面的活力を育む。建設ベンチャーのミラクル・スリー・コーポレーション（奈良県大和郡山市）は，既設の家屋を抱え込みながら，3階建て住宅までに増改築する新工法を開発して，2001年頃から全国展開を進めている。その工法自体に，特段の新しさはないが，「ミラクル・スリー構法」と銘打って特許権を取得したことによって，市場の寡占力をその構法技術に付加させるのに成功した好例である。

ペインティングと中古住宅の資産価値　技術革新による新商品の誕生と市場との関係に触れてみよう。たとえば画期的な住宅関連の新商品として，「誰にも手軽に塗れて，しかも完璧な仕上がりで，値段も安価で，全国津々浦々，どこの店でも手に入るペイント（塗料）」が市場に出回ったと仮定しよう。塗装は，塗装面の素材と塗料の種類，塗料と薄め液との配合，使用する刷毛，施工と同時に養生の方法など，結構，専門的知識とテクニックが要求される。しかし最近の塗料商品はほとんどの点で専門的情報はすでに商品にインプットされていて，消費者は塗装を施す素材の種類と塗装面積程度を知っていれば，ペインティングは女性の手によってでも可能なほどに簡便化されている。「塗装」といった分野での技術開発が多彩な可能性を市場にもたらした結果である。「ペンキ塗り（塗装工事）」は専門職人の仕事とされていた固定観念を打ち砕いて，主婦でも簡単に職人並みの塗装ができると考えたならば，挑戦する家族は増えるに違いない。当然，新商品の販売実績は鰻上りに上昇カーブを描くことになるし，塗装用刷毛や梯子，そして養生用シートなどの関連商品の販売実績までも伸ばすことになる。さらに言うならば，DIYショップに塗料を買いに出かけた際に，つい余計なモノまで（衝動買い）買物かごの中に入れてレジカウンターに向かう確率も高い。

アメリカの場合は，住宅の大半が木造であり，その外装は勿論，内装も塗装仕上げが少なくない。好天気の休日には，郊外住宅地のあちこちで，自宅の外壁のペンキ塗りに精出す人の姿が見られるはずである（写真4-3）。こうした傾向は，「風が吹けば桶屋が儲かる」式の論理展開によって，中古住宅市場の流通性を圧倒的に改善し，中古住宅そのものの資産性をも向上させている。中古住宅もオーナーが施し

写真4-3 自宅の外壁のペンキ塗りをしている住民
（ポートランド市周辺住宅地）

(2002年8月著者撮影)

た再塗装によってリニューアルされ，外観なども格段と改善される。このように，オーナー自ら施すリニューアルによっても，持家の付加価値は向上するし，そのことは将来，予定している買い替えの際の売却条件に反映させることもできる。案外，アメリカの中古住宅市場の優れた流通性は，一戸の住宅当りの塗装仕上げ面積比率が——たとえば日本家屋に比べた場合であっても——圧倒的に多いことも，あながち無関係ではないのかもしれない。

　新たな技術開発によって，その関連市場に波及させる好影響は言わずもがな，産学ともに活力をもたらすものである。そうした好例として，最近，取沙汰されている光触媒技術について紹介しておきたい。[41]

　光を当てることによって汚れを分解する光触媒技術の新たな応用を目指した研究が活発化している。この応用技術の波及する効果は大きい。土壌の有害物質の浄化や冷却効果を持つ新建材の開発などが期待されている。現在の光触媒関連市場は自浄作用を持つ建材など300億円規模であり，新たな用途の実用化の成功によっては1兆円規模の市場拡大に繋がると試算されている。土壌の汚染問題は将来的にも大きな社会問題であり，その処理・解決は困難を極めるものであるだけに，新技術の果たす役割は計り知れない。また冷却効果のある建材は夏場の冷房効率を改善することで，省エネルギー効果による社会的貢献も大きい。

注

(1) 『日本経済新聞』2002年3月27日。
(2) 『日経MJ』2002年5月23日。
(3) 『日本経済新聞』2002年3月2日。
(4) 『X PRESS CLUB』vol. 33, 株式会社INAX広告宣伝部, 2001年参照。
(5) 『日本経済新聞』2003年3月7日。
(6) 矢嶋康次『ニッセイ基礎研究所REPORT』1999年2月号, 参照。
(7) 『日本経済新聞』2002年7月2日。
(8) 第2章(注)16参照。
(9) 『日本経済新聞』2002年10月8日。
(10) 土堤内昭雄「変貌する高齢社会の住宅双六」ニッセイ基礎研究所REPORT, 1996年参照。
(11) 『日本経済新聞』2002年5月12日。
(12) 『日本経済新聞』2001年12月1日。
(13) 拙稿「成熟社会への接近」『法政大学大学院紀要第46号』2000年参照。
(14) 『日本経済新聞』2002年5月19日。
(15) 西山和夫：ハワイ大学名誉教授, 経営学博士。専門分野は異文化コミュニケーションと日米比較。著書多数。
(16) 『住宅経済データ集』110頁参照。
(17) 『日本経済新聞』2003年1月29日。
(18) 『日本経済新聞』2003年1月24日。
(19) 清成忠男『スモールサイジングの時代』日本経済評論社, 1993年, 45頁参照。
(20) 『日本経済新聞』2003年2月1日。
(21) 『日本経済新聞』2002年5月27日。
(22) 『日本経済新聞』2003年4月14日。
(23) 『朝日新聞』1999年11月24日。
(24) 『日本経済新聞』2003年1月29日。「短期賃借権の保護」：民法第395条。
(25) 『日本経済新聞』2003年2月20日。
(26) 『日経MJ』2003年1月7日。
(27) 『日本経済新聞』2002年8月24日。
(28) 前掲書『スモールサイジングの時代』143頁参照。
(29) シューマッハー, E. F.『スモール・イズ・ビューティフル再論』(酒井懋訳) 講談社, 2000年参照。
(30) 大内秀明『知識社会の経済学』日本評論社, 1999年, 195頁参照。
(31) 近藤鉄雄「注文住宅生産技術の規格化・標準化・共通化」『BUILDERS' MAGAZINE』Vol. 2-10。

⑶² 「ハウスメーカーに騙されるな」『室内』No. 563, 2001年, 57頁参照。
⑶³ ミサワホーム株式会社。木質系パネル工法, 重量鉄骨工法。
⑶⁴ 百年住宅：ミサワホームが開発した50～100年の耐用年数の住宅システム。
⑶⁵ 日本不動産研究所『住宅価格の日米比較〈Ⅱ〉』東洋経済新報社, 2000年, 43頁参照。
⑶⁶ 関西情報センター『通世代的視点からみた住宅資産形成の展望』総合研究機構, 1983年, 39頁参照。
⑶⁷ ホーム・エクイティ・コンバージョン・プログラム。広義では,「リバースモーゲージ制度」。
⑶⁸ 『日本経済新聞』2003年2月22日。
⑶⁹ 『日本経済新聞』2003年3月7日。
⑷⁰ ビアジェ：フランスのリバースモーゲージ制度の一種。ビアジェはナポレオン時代から続く不動産売買手法であり, 現在もフランスでは利用されている。その対象物件は下町の小さなマンションから超高級アパルトマンまでと多種多様である。住宅販売価格は, 評価額と売り手の年齢の組み合わせから算出され, 通常は一般事例に比べて2～3割程度は安くなる。売り手は, 住宅評価額の50～70％相当の一時金を受け取り, 残金は毎月一定額を年金のように受け取り, 高齢期の安定収入になる。そして何よりも, 譲渡益の最大70％が所得税の課税対象から控除される優遇措置が魅力である (『日本経済新聞』2003年4月20日)。
⑷¹ 『日本経済新聞』2003年2月21日。

第5章
アメリカの住宅市場

1 アクティブな住宅市場

（1）住宅市場の概観

　2003年2月1日の『日本経済新聞』には，日本の住宅市場について，次のような記事が掲載されている。「住宅需要の低迷を映して2002年の新設住宅着工は約115万戸と，1983年以来19年ぶりの低水準となった。雇用悪化や所得の伸び悩みで，住宅購入を手控える動きが広がっている。政府は減税などによる需要喚起に躍起だが，住宅着工が上向く材料は少ない」。続いて翌日の同紙には，「米住宅市場が2002年に新築，中古とも過去最高記録を更新，空前の住宅ブームが米景気を支えてきたことが浮き彫りになった」と報じられている。

　日米両国の住宅市場の景況は，あまりにも対照的である。日本の住宅市場が低迷している理由の一つに，雇用悪化による個人所得の減少がある。住宅ローン金利も史上最低であるにも拘らず住宅市場は上向かない。政府は，その対策として，住宅関連の減税措置を講じて，その効果に期待している。アメリカの場合も，国内経済全般が不調な中で，唯一，住宅市場だけが好況である。その要因としては，2002年10月以降の住宅ローン金利の低下（30年，固定6％）であり，南部の場合は移民などによる人口増加も，住宅市場の需要を加速させている要因と見られている。日米両国のローン金利が共に最低レベルまで引き下げられているならば，それぞれの住宅市場の景況に明暗が生じている原因はどこにあるのだろうか。この点を明確にすることで，低迷化が久しい日本の住宅市場の病巣を捕捉することができる。

　アメリカにおける既存住宅は，築後年数が経過するに連れて転売グラデーション[1]が繰り返されて，次第に下位の所得層の住宅として所有の下方移転（グラデーション；gradation）が行われるケースが多い。住宅取得（買い替え

も）はアメリカンドリームの達成に違いないが，それ以上に住宅取得（買い替え）による資産形成が活発である理由は，アメリカの住宅市場における住宅ストックの循環性需要が安定しているからに他ならない。その安定的循環性の要因の一つがグラデーションであり，そのグラデーションには，いくつかの要件がある。まず中間所得層による郊外移動が生み出す豊富な住宅ストック，そして人種的階層による購買力の段階的格差，社会的背景としての居住地の差別的分離（棲み分け），いま一つは移民などによる低所得者層の人口増加などの要件が，このグラデーションを安定的に継続させている。中古住宅ストックの供給源としては，自然ストックの他に，買い替えのリピーター（repeater）による供給もある。アメリカの中古住宅市場の循環性は，住宅の買い替え関連の税制優遇措置を積極的に利用して譲渡益課税を免れながら，計画的，且つ段階的に持家の資産性を高めていくリピーターの存在も奏功している。リピーターのように，実需に基づかない，資産形成を目的にした「買い替え」を繰り返していくパターンも，アメリカの住宅取引件数の統計数値には包含されている。このように多面的で堅調な需要を背景にしたアメリカの住宅市場においては，資金の直接的調達コストである住宅ローン金利の低下は，住宅売買取引になお一層，拍車を掛けることになる。またアメリカ社会の特質でもある，移民による人口増加は，国内のあらゆる産業にとって必要な労働力の増強として経済を支える一方で，多方面に亘る需要拡大に貢献する効果は計り知れない。とりわけ移民による住宅需要は，どちらかといえば中古住宅ストックにより強く働く傾向があり，その動向は住宅市場にビビッドに反映されている。

　しかしグラデーションが起こるためには，白人が売りに出す中古住宅ストックが必要であり，しかもその住宅地はマイノリティが居住できる環境でなければならない。こうした事情からしても，白人の居住地の郊外化が促進され，進行しているのは明白である。アメリカ社会に顕著な居住地の二極化は，主に人種的反目に起因しているものであり，行政にしても——その政策の含意はともかく——結果としては金融機関や保険業界，また不動産業界や土地開発業者などとともに，居住地の「色分け」に積極的に加担している。白人は都市部から郊外を目指し，その離脱した跡にマイノリティ層が入ってくるといった構図が固定的であり，現在も変わることなく続いている。しかし都市部のマイノリティの稠密度が一定レベルを超えると，企業のオフィスや商業施設は撤退し，その地域の荒廃化（blight）が始まる。次の段階として，ブライト化した地域に新たな資本投入が検討され，すなわち後述する

ジェントリフィケーション（gentrification）が始まる。良くも悪しくも，アメリカ社会はダイナミックなメカニズムが働き，人種的隔絶ともいえる「棲み分け」現象でさえもが社会的エネルギーと化して，住宅市場に何らかの実績をもたらしている。

住宅の郊外化　大塚秀之氏（2001）の著書『現代アメリカ社会論』の中で紹介されている「都市問題にかんする全国委員会報告（National Commission on Urban Problems）」には，白人中産階層の郊外への転出について，次のように記述されている。「……連邦住宅局はまた，中心都市からの脱出を資金面で支え促進し，郊外地域を建設する際に決定的ともいうべき役割を果たした。郊外こそ，連邦住宅局に保証された住宅の大部分が建設されたところだったのである。郊外は，連邦住宅局が存在しなければ第二次大戦後に見られたようには拡大しなかったであろう。政府支出で建設された高速道路も都市の外側の地域を開放し，非常に多くの白人中産階級の中心都市からの脱出を援助したのであった」。

郊外地への人口移動は驚くほどの勢いで行われた様子が窺える。20世紀初頭のアメリカへの移民は年間120万人ほどであり，最近の秋田県の人口数にほぼ匹敵する人数であったが，1950年代には，ほぼ同じ人数が郊外の住宅地へと移り住んでいる。しかし反面，居住の郊外化は，都市部のブライト化や通勤時の交通渋滞などの問題を惹起するものでもあった。またアメリカ社会でも犯罪の低年齢化は深刻な社会問題であるが，住宅の郊外化がその要因をなしているとする指摘もある。このように決して問題が少なくない住宅地の郊外化ではあるが，住宅ストックのグラデーションの起爆剤をなしていることも，また事実である。そして所有住宅価格分布図（図表5-1）からも明らかであるが，黒人世帯の住宅価格と全世帯平均住宅価格とのギャップも，中古住宅ストックのグラデーションを喚起している要因の一つといえる。

このように一戸の住宅が時系列に複数回の売買取引の対象になることは，市場の住宅需要が多重的であり，その継続性は長期に亘っていることを示唆している。アメリカはその社会的・経済的階層が多層であり，尚且つ多民族国家であるがゆえにその階層はさらに錯綜していることから，あらゆる階層からの住宅需要が期待できる社会といえる。

アメリカの住宅市場の動向　アメリカの住宅市場動向に関する資料によると，2002年10月の金利低下から以降，値頃感の新築住宅（affordably priced new home）が急速に販売実績を伸ばしている地域は中部と南部地域であり，西部や北部地域ではさ

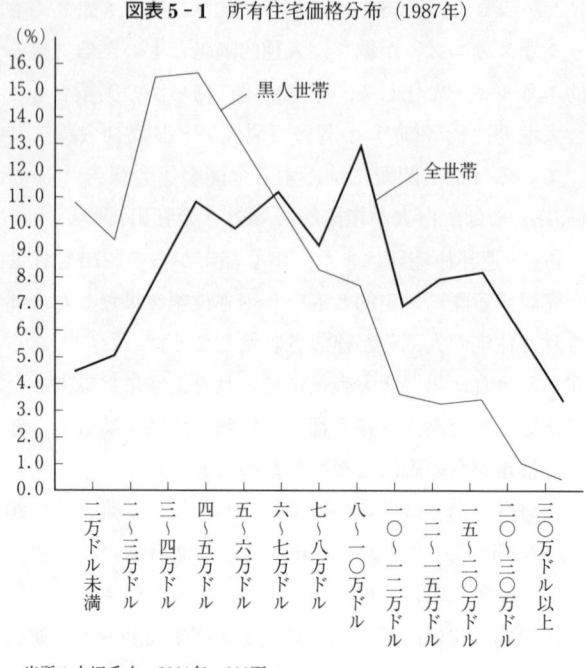

図表 5-1 所有住宅価格分布（1987年）

（グラフ：黒人世帯と全世帯の所有住宅価格分布）

横軸：二万ドル未満、二～三万ドル、三～四万ドル、四～五万ドル、五～六万ドル、六～七万ドル、七～八万ドル、八～一〇万ドル、一〇～一二万ドル、一二～一五万ドル、一五～二〇万ドル、二〇～三〇万ドル、三〇万ドル以上

出所：大塚秀之，2001年，230頁。

ほどではないと報告されている。[3]

アメリカでは，2003年度の新築住宅の販売価格の中央値は18万5200ドルで前年比5.7％上昇し，2年連続で過去最高水準を記録している。また中古住宅の販売戸数も同じく，2年連続で過去最高水準となっている。全米不動産業協会（NAR；National Association of Realtors）の集計によると，2002年の販売は前年比5.0％増の556万3000戸であり，その中央値は15万8300ドルと7.1％の上昇で，中古住宅の上昇率としては80年（11.7％）以来の高水準となった。しかし，こうした活況振りは必ずしも実需によるものだけではない。ニューヨークなどの大都市では投機的な需要も少なくなく，都市部では住宅バブルを懸念する声もあると報告されている。[4]

2003年1月，アメリカの連邦住宅局（FHA；The Federal Housing Administration）は，家族用住宅融資を大幅に拡大させている旨を発表している。[5] FHA は，家族用住宅に対する融資総額の上限を7％上乗せしている。1999年までは，11万5200ドルから20万8800ドルの融資枠であり，多くのコミュニティの平均的住宅価格以下のも

のであったから，住宅購入行動にまで至らないケースがあった。こうした事態を改善しようとして，2003年1月1日から，FHAは低価格地域で15万4896ドル，高価格地域では28万749ドルまで融資保証枠を増額させている。FHA保証付住宅ローン(6)は，住宅購入層に対しては頭金を3％まで引き下げている点でも，一次取得者や低所得購入者に人気が高い。しかし一方で，融資枠の拡大は住宅価格を上昇させている。現行制度のもとでは，融資枠はフレディーマック（Freddie Mac）(7)やファニーメイ（Fannie Mae）(8)の融資枠と連携している。

また住宅都市開発省（HUD; Housing and Urban Development）のマルチィネツ，メル（Martinez, Mel）は，「国内の低価格住宅を増やす目的で，融資上限枠を広げている」と明言している。ボール，マイケル（Ball, Michael），ハーロー，マイケル（Harloe, Michael），マーテンス，マーティ（Martens, Maartje）らは，その著書（1994）『住宅経済の構造変動——欧米6カ国の比較分析』の中で，「アメリカの住宅市場は，アメリカの自由市場というイメージに反し，そこでは持家保有は，おそらくわれわれの研究に含まれる他の国々のどこよりも大きな政府の支持を享受してきた」と指摘している。この指摘は正鵠を得たものである。アメリカ政府の多くの支援策が住宅市場をアクセラレイトしていることは事実であり，FHAやHUDが，住宅ローンの債権・債務の両者に対して与えている政府保証が，何よりもその深い関与を実証している。そして，リバースモーゲージ制度の全州に及ぶ，急速で順調な普及には，その長期的ゆえに困難な老齢福祉資金の融資に対する政府関与が奏功している点も，また周知の事実である。

60年代のアメリカの個人住宅 1964（昭和39）年，鈴木昇太郎氏は，日本生産性本部トップマネージメント「産業都市開発」視察団に建築関係担当として参加している。鈴木氏は，アメリカの主要都市14カ所を視察した際の見聞をまとめて，紀行文『アメリカ建築紀行』を著している。(9)その中から，「アメリカの個人住宅」についての記述を抜粋して紹介する。

　「アメリカは住宅政策を重要国策の一つとし，とくに第2次大戦後に住宅法を成立させてその育成に努力を続けている。個人住宅については，国は一般の長期低利の融資に対してその貸付回収の保険を補助し，復員軍人にはそれを保証している。住宅の建築も金融も一切民間の業者によって賄われている。土地付建売住宅が大部分であり，敷地の価格と建築費の比率は，1対9が普通で，2対8になると特に高い場所である。敷地1ロットが間口が40尺（約12m），奥行が100尺（約

30 m）の約110坪（360 m²）から140坪（462 m²）の広さで建売住宅が販売されている。その大部分が中小建設業者によって手工業的に供給されていて、新築住宅の75％以上は木造である。現場施工上の合理化は、さして目新しい点はない。住宅が量産に乗らない理由は、注文者の好みと住宅の価格に問題があるようであり、中小業者の安い生産費が多くの注文者に支持されているのだろう」。

いまから40年ほど前のアメリカの住宅事情が簡明に描写された、優れた紀行文である。この紀行文の中の短い記述から、本書で取り上げている検討課題の幾つかを読み取ることができる。まず、①個人住宅の大半が建売住宅であり、しかもその多くが中小業者の手による手工業的供給に依拠している点、②住宅価格における土地代価と建物建築費との配分比率が日本の場合と著しく乖離している点、③敷地の平均的区画が日本の場合に比較して約2倍以上と各段に広い点、④量産型住宅価格が中小業者の供給する安い住宅価格を超えて高額である点などである。

しかし鈴木氏の訪米当時の印象と、40余年を経過した2002年に住宅市場調査を目的に訪米している著者の印象とが、さほど大きく乖離していないのはなぜだろう。その理由の一つは、アメリカの中古住宅市場はその高い流通性から、当時の住宅は数度の所有者の交代が予想され、その間に何回か施された補修・改修などの効果から、その資産性（機能・性能などに基づいた）を損なうことなく、引き続き、現在も使用されている可能性が高いからかもしれない。図表5-2から、アメリカの住宅が日本に比べても長期的に使用されている様子が理解できる。気掛りなのは、アメリカの場合、建築工事費の内訳として、労務費比率が5～6割相当であり、労務費は逐次上昇傾向にあるといった点である。職人の手間賃（時給）が、当時すでに大工が1460円、電工が1800円、左官が1550円、機械屋・パイプ屋が1660円と鈴木氏は書いている。建設コストの急激な上昇が、都市中心部の老朽建物のコンバージョンを促進させている一因かもしれないし、中古住宅市場を活発化させている要因かもしれない。

アメリカの1970年代から続いた建築ブームは、1980年代に入って、建築過剰にもかかわらず新築件数が増え続けて、80年代半ば頃まで続いた。やがて不動産取引を化体するモーゲージが「投資の対象」としての機能を確立していき、不動産も金融資産として投資対象の性格を強く帯びていくことになる。1970年から80年代の高インフレ期にインフレ・ヘッジ機能を果たし、長期不動産投資収益は他の債権投資の収益を上回った。商業用不動産だけではなくて、住宅までもがインフレ・ヘッジ機能を果たしていた。さらに80年代の不動産投資活動が活発化した原因の一つに、税

図表 5-2　建築時期別住宅数

	1944年以前	1945年-1970年	1971年以降
アメリカ ('93)	26.0%	33.3%	40.7%
イギリス ('93)	44.2%	32.9%	22.8%
フランス ('92)	35.1%	32.5%	32.4%
ドイツ ('93)	28.2%	40.6%	31.2%
日本 ('93)	5.4%	24.3%	70.3%

出所：建設省住宅局住宅政策課監修, 2000年, 156頁。

制改正（1981年経済再建租税法—加速度償却回収システム）が挙げられる。ここから後も，政府は税制を以って不動産市場の調整をしていくようになる。税制上の優遇措置は，投資家にとって，不動産市場の需要の有無よりも，その節税効果が，十分に魅力的であったからである。こうした不動産投資の増大化を支えたのが多彩な金融機関の存在であり，商業用不動産投資だけでなく住宅金融にも次第に拡大するようになっていく。

ジェントリフィケーション[10]　今日のアメリカ社会には幾つかの構造的変化が起きているが，人種による地理的棲み分けの進行もその一つといえる。1990年では，郊外人口が総人口の約半数に達している（1950年代では4分の1，1960年代では3分の1）。郊外住宅地の住民はほとんどが白人であり，都市中心部ではマイノリティ・グループ（黒人とヒスパニック）が多数を占めている[11]。明らかに住環境の二極化が進行している。郊外住宅地は庭付きの戸建住宅がほとんどであり，都市中心部では整備も不十分なアパートが大半を占めている。こうした中心部の様相は，ジェントリフィケーション（gentrification）が起こりやすい環境条件が整っているといえる。

ボール，マイケル（Ball, Michael）は，著書『住宅経済の構造変動——欧米6カ国の比較分析』の中で，アメリカの都市部の荒廃地区に見られるジェントリフィケーションについて，次のように論じている[12]。

「都心部地域は1960年代に白人中産階級が大規模に退去して行き，主として大量の黒人貧困層がそこに住みついた。1970年代に連邦政府資金が都心部地域の改善

写真5-1 高層商業施設の建設予定地
（サンフランシスコ市内）

SFの通りの壁面には、大規模な高層商業施設の建設を予告して天空を指す矢印と、その下にはホームレスが映っている。ジェントリフィケーションの象徴的な構図といえる。

（2002年8月著者撮影）

に割り当てられたが、不動産デベロッパーによる連邦資金や貸付保証の利用は、金融的利害と（しばしば腐敗した）役人たちに支えられて、都心部貧困層の住宅事情を改善することよりもむしろ、急速なジェントリフィケーションの進展を引き起こしたのである。複数世帯用建物における持家住宅単位であるコンドミニアムが、1970年代に新しい都市住宅部門として出現した。この部門は、新規の建築物と、以前は賃貸であった既存建築物の転換との双方を含み、都心部に再移住するための白人中産階級の需要に応ずるものであった。1980年代における高水準の住宅価格騰貴は、既存住宅所有者がより高価な住宅に住替えることを容易にし、大都市において移住者と買い替え者によって配された持家住宅市場の出現を引き起こした。それは今も見られるジェントリフィケーションの進展の所産である」。

平山洋介氏（2003）は、著書『不完全都市』の中で、世界都市では産業の脱工業化とサービス経済の成長によって労働市場が再編され、社会階層の分極化が生じているとして、ハイ・エンド（high-end；高所得の管理・専門家など）とロー・エンド（low-end；低所得の単純労働者など）の二極化を指摘している。[13] 平山氏は、社会階層の分極化は高級住宅と低家賃住宅の双方の需要を高めている点を主張し、それに対する市場の反応は選別的であり、高級住宅への需要の高まりと低家賃住宅に対する無関心を指摘しながら、こうした傾向が、

ジェントリフィケーションのエンジンであると結んでいる。

　地域の産業が後退し，廃業になった店舗や廃屋が目立ち，仕事もない地域は，投資資金の回収を検討すべき時期を迎えたエリアであり，回収された資金は他の地域に流出するようになる。荒廃した地域に向けて，改めて莫大な資金の投入が予定される。このようにジェントリフィケーションは投資資金の移動を活発化させる。その流入しようとする対象は高収益性建造物であるがゆえに，関わる階層は選別的であり，若者をターゲットにしたトレンディな商業施設が検討される。地域の地主は，専門店やホワイトカラーをテナントや入居者に迎えようとして，賃料の値上げをする。住宅も高級コンドが建設され，既存の住宅はファッショナブルに改装されるようになる。当然の成り行きとして，不動産価格の高い区域から，ブルーカラー層は排除されることになる。こうしたジェントリフィケーションのパターンは，主にブルーカラー層のコミュニティに対しては排除的であり，与える影響も生存権的であるだけに問題視されている。

（2）同時多発テロ事件以降の住宅市場

　日本やヨーロッパの経済成長率が下降しているなかで，アメリカの住宅市場は2001年の同時多発テロ事件の影響も何とかクリアして，好調が続いている。こうした背景には，アメリカの製造業の成長率の好転もあるが，それ以上に重要な要因は「消費」の活況にある。2001年の法人部門は1930年代以来の不況であったが，高い失業率や低迷する株価にも拘らず，消費の安定によるところが大きい。個人消費（国内総生産ベース）は景気後退が始まった2001年3月以降もマイナスに転じることなく，「驚異的な強さ」を誇示している。

　2001年のアメリカの住宅市場が過去最高の水準を記録している様子を，次のように報じている。[14]「米国の2001年の住宅販売は過去最高だった。同時テロで個人の購買意欲が冷え込むとの見方もあったが，歴史的な低金利と購買層の広がりで好調を維持した。商務省によると，2001年の新築一戸建て住宅販売件数は前年比2.6％増の90万戸で，1963年の統計開始以来，過去最高となった。全米不動産業協会（NAR）の調べでは，2001年の中古住宅販売も前年比2.7％増の525万1千戸（新築の約5.8倍強）と68年の統計開始以来の最高を記録した」。

　この好調の理由として，住宅ローンの金利の低下であり，90年代の好景気で個人の金融資産が膨らみ，潜在的な購買層の裾野の拡大が挙げられる。しかし全米不動

産業協会 (NAR) では，次に迎える振れ戻しを予測して，「住宅ローン金利は今年後半に7％台に上昇し，住宅販売も減少に転じる」とコメントしている。2003年10月2日の『日本経済新聞』には，「アメリカの住宅価格の伸び率が鈍化してきている。2001年前半には8％を超えていた伸び率が2003年4—6月期には5.6％に下がり，1999年以来の低水準である。住宅需要がピークを過ぎつつあるためであり，住宅資産の値上がりに依存してきた家計に打撃になりそうだ」と報じられている。住宅ローンの金利が2003年夏以降は上昇に転じている点も影響している。

　アメリカの2001年は，株価の下落による資産の目減りから，消費者は財布の紐を閉めることになるだろうと，エコノミストの多くが警告していた。確かに，株価の下落は家計に不況感を与えることになったが，住宅価格の上昇がそれ以上に消費意欲を煽るエンジンになった。この点からも，他の「資産」以上に「住宅価格」の上昇は消費意欲を活発にすることが実証されている。エコノミスト紙も指摘している点であるが，アメリカに限らず，どこの国にあっても，住宅所有者にとって，「住宅価格」の上昇は大きな喜びである。しかし住宅の市場価格の上昇に基因して活発化している「消費活動」そのものは，将来の売却利益の先取り（前借）ともいうべき性格のものである。「住宅」は，生活する「場」であると同時に重要な「資産」でもあるだけに，風雨を凌ぐ「シュエルター機能」の他にも，深刻な経済環境から「家計」を護る役割も担っている。

2002年の住宅ブーム　2002年のアメリカ住宅市場は，ニューヨークなどの大都市の近郊を中心にした「住宅ブーム」が過熱気味であったと評することができる。マンハッタンまで鉄道で1時間以内のコネティカット州グリニッチにある典型的な高級住宅地の中で，2002年4月に1軒の中古住宅（寝室4部屋，バスルーム2箇所）が，売却希望金額50万ドルで売りに出された。しかし，蓋を開けて見ると，購入希望者が多過ぎて，結局，「入札」となり，その落札金額は当初の売値を上回った金額となった。この辺り一帯は，99年以降，住宅価格は約10％以上の上昇率である。こうした住宅価格の安定的な値上がり傾向は，実需以外の投資目的である購入者までも参入させることになり，ますます，「売り手市場化」を加速させている。

　サンディエゴのエコノミストのブッヒホルツ，トッド（Bucholz, Todd）は，住宅市場がアメリカの経済の牽引役を担っている様子を，次のように論じている。

　「アメリカの景気を昨年（2001）の深刻なリセッションから持ち上げてきた住宅

市場の活況は，今年（2002）は景気回復に貢献するだろうし，これからの10年間も引き続き，発展を続けていくだろう。また少数民族グループやシニアたちは住宅市場に活気を吹き込んでいる。たとえば，シニア層はこれまでは住宅の売主側であったのが逆転して，住宅の購入者になってきている。住宅価格が上昇するにつれて，彼等のあらかたが住宅ローンを毎月返済しているが，彼等の収入も増加していることから，年々，その負担感は軽いものになっていくはずである。またインフレが続いていくことからも，実際のローン返済も軽減していくことになる」。

このところの3年間，カリフォルニアの住宅価値は年間5％の上昇である。エネルギッシュなカリフォルニアの経済が，その好調な住宅ブームに大いに貢献しているからである。アメリカでは，株主の中の1％が，その株式市場の3分の1の資金を所有している。そしてアメリカの1％の富豪が所有している住宅資産は，僅か市場の7％であり，それに対して，平均的中流家族がその27％を所有している。また1994年から2000年までの住宅購入率の状況でみると，白人は9ポイント，ヒスパニック系は39ポイント，アフリカ系アメリカ人は24ポイントの上昇であり，住宅が次の2年間も経済を下支えしていくことは確かである。

アメリカ全体の住宅着工は，今回の景気後退期で最も少ない2001年10月であっても151万戸であり，「景気後退期の住宅ブーム」で沸いている。その様子を，日本経済新聞紙上では次のように報じている。[18]

「住宅の購入は関連消費を刺激している。ベット・バス・アンド・ビヨンド（Bed Bath & Beyond）など家具や装飾雑貨を扱う大型専門店は直近の四半期決算で2桁の増収増益を確保した。家電販売も衰えていない。住宅関連消費の起点は南部であり，小売売上高の伸びが突出している」。

アメリカ社会の体質的な特徴でもあるが，平均的家計にあって，自宅（持家）の担保価値の上昇を先取りする形でホーム・エクイティ・ローン（Home Equity Loan）[19]などを利用して「借り増し」し，消費に充当しているケースが問題視されている。住宅価格の頭打ちによって，最近の「住宅ミニバブル」が崩壊すれば，今度は「逆資産効果」を免れないと懸念するからである。しかし，その後，こうした懸念が現実化してしまい，アメリカ司法当局は，2001年度のアメリカ国内の個人自己破産件数が過去，最高の水準になったと発表している。[20]その大きな理由として，2001年の不況にも拘らず，低金利に刺激されて住宅ローンや自動車ローンなどを組む消費者

が増え，積極的な住宅投資や自動車などの消費活動を展開してきたのだが，勤務先のリストラなどで失業，あるいは無計画な出費からローン返済が困難になったケースが多発したからである。現在のアメリカでは，住宅ブームが好調な消費活動を牽引しているが，その一方では，別の不安も懸念されている。それは，ローン金利の上昇が住宅価格の頭打ちを惹起する可能性が高く，事実，2001年10～12月期の住宅価格指数は前期比0.2％と96年以来の低い上昇率であったからである。

改装ブーム　　現在のアメリカでは，住宅ブームが好調な消費活動を牽引しているが，その一方では，別の不安も懸念されている。それは，ローン金利の上昇が住宅価格の頭打ちを惹起する可能性が高く，事実，2001年10～12月期の住宅価格指数は前期比0.2％と96年以来の低い上昇率であったからである。住宅ブームは，その副産物として，住宅の改装ブームも誘発させている（図表5-3）。

ハーバード大学住宅問題研究センターのバイカー，ケアミット（Baker, Kermit）は，次のように語っている。[21]

「この6年間位は，アメリカは新築，中古住宅のいずれもが住宅ブームである。とくに，住宅の改装関連ビジネスは当分，順調に推移するだろう。改装を必要としている住宅はまだ，相当量あるからだ。中古住宅市場（home resale market）が好調であることも改装ブームの牽引力となっている。しかも，最近の住宅購入者は，これまでの持家の人たちに比べたら，2倍以上は改装に資金を投じている。最初の住宅の購入者（first-time buyers）は，年間約2900ドル，買い替えの購入者（move-up buyers）は，約3900ドルを注ぎ込んでいる」。

全米不動産業協会（NAR）によると，中古住宅市場の活力を牽き出させている要素として，資金的余裕（Ready cash），融資条件の緩和（Favorable borrowing terms），繭ごもり（Cocooning），天候（Weather）などを挙げられている。

①資金的余裕：NAR曰く，「住宅価格の値上がりが住宅販売部門の高収益や，持家の個人がその住宅の値上がりによって得られた資産評価の増加分を先取りするリファイナンスなどの経済効果の総額について，2001年でみると，3080億ドルにも上っている」。

②融資条件の緩和：フレディーマック（Freddie Mac）は，「30年ローンの金利は7％を割ってきているために，住宅担保融資を利用して改装資金を調達し易くなっている」と説明している。

③繭ごもり：経済現象ではなくて，国民感情が貢献している。最近のアメリカ人

第**5**章　アメリカの住宅市場　151

図表 5-3　活発なリフォーム市場

Building the future: Home Depot CEO Bob Nardelli, center, assists customers at a Cobb County store in Georgia. A new store is added every 43 hours on average.

Home improvement raises roof on growth

By Thomas A. Fogarty
and Lorrie Grant
USA TODAY

The USA's bulked-up housing market has fathered an offspring: a home improvement boom.

The latest indication: Earning reports this week from retail giants Home Depot and Lowe's.

Atlanta-based Home Depot, the dominant player in the home improvement field, with 1,386 stores, reported a 35% gain in net income in the February-April fiscal first quarter over the year-ago period. The company earned 36 cents a share this year vs. 27 cents a year ago.

Home Depot beat analysts' consensus estimate by 3 cents a share. Sales were up 17% from a year ago.

In a comparably glitzy first-quarter earnings report, the 785-store Lowe's chain reported a 53% increase over last year in net income. Earnings per share were 44 cents vs. 29 cents a year ago, and sales surged 23%.

Home Depot operates 1,386 stores in the USA, Canada and Mexico, while Lowe's has 785 stores in 42 U.S. states.

The giant retailers built their gains on a housing market that is at peak performance, even by the high standards of recent years. In 2001, 5.3 million homes changed ownership, the most ever, says the National Association of Realtors. The pace has been even hotter this year, on track for another annual record, NAR says.

The active resale market is key for the home-improvement industry, says Kermit Baker, an economist at the Joint Center for Housing Studies at Harvard University.

A Harvard study showed that recent home buyers spend about twice as much on improving a house as do homeowners in place for a while. First-time buyers spend about $2,900 annually; move-up buyers, about $3,900.

Overall, Americans spend about $200 billion a year on improvements and

Please see COVER STORY next page ▶

How giants of home improvement compare

■ Home Depot　■ Lowe's

Net income (in billions)
'97 '98 '99 '00 '01
Home Depot 2002 1Q: $856 million
Lowe's 2002 1Q: $346 million

Revenue (in billions)
'97 '98 '99 '00 '01
Home Depot 2002 1Q: $14.3 billion
Lowe's 2002 1Q: $6.5 billion

Cumulative store growth

	Home Depot[1]	Lowe's[2]
1997	624	446
1998	761	484
1999	928	576
2000	1,129	650
2001	1,328	744
2002 1Q	1,386	785

1 – In USA, Canada, Latin America; includes Expo Design Centers; projected new stores in 2002: 200
2 – Projected new stores in 2002: 123
Sources: SEC filings, Home Depot, Lowe's

By Julie Snider, USA TODAY

出所：*USA TODAY*, MAY 24, 2002.

写真 5-2 ロサンゼルス市内の大規模な住宅改装工事現場

軸組だけを残して改装を待つ建物（木造）　　　（2002年8月著者撮影）

は，家で家族や友人と過ごす時間が逓増化し，家に籠もる傾向が定着してきている。9月11日の同時テロ事件以降，この傾向は顕著である。

④天候：例年にない温暖化の天候は，四半期（1～3月）の住宅販売のペースアップに貢献している。また住宅の所有者たちが改装に着手する時期も早まってきている。

　こうしたアメリカの「住宅ブーム」は，10年間に及んだ好況で家計に「資金的余裕」ができたことと，「金利の低下」などがその主な理由として挙げられている。ベビーブーマーの所得がピークを迎える時期と重なると効果も大きい。しかしグリーンスパン米連邦準備理事会議長は，住宅ブームの大きな要因として「移民の増加」を挙げている。ヒスパニック系の持家率は90年代後半に3.4ポイント上昇して，45.2％であり，白人よりも上昇率は高く，実需に基づく住宅取得意欲が強いことから，しばらくの間はブームが継続するであろうといった見方が強い。しかし一概に，「住宅需要は，金利の低下によって強まる」とは，言い切れない。その反例として，日本のバブル崩壊後の不動産市場が長期的低迷化に足を取られているからである。日本の場合は，史上最低の金利水準にも拘らず，不動産市場は壊滅的ともいえる惨状である。すなわち「低い金利」だけでは不動産市場は蘇生しない。その他に「住宅価格の安定化」，理想を言うならば，たとえ僅かながらでも（少なくとも，下降しないという意味で），住宅価格（日本の場合は土地価格）が上昇カーブを描くこ

とが必要である。そして「価格上昇」には,「供給」を超える「需要」が必要とされる。その他のエンジンとしては,「人口の増加」であろう。在来の地域産業の活性化や新規産業の開発などと,その地域の経済的環境の好転（勿論,ほかの理由でも構わないのだが）から誘発される,他の地域からの着実な「住民移入」である。極言するならば,「住民の転入」は確実に「住宅の実需」に結びつくからである。アメリカ社会では移民による「人口増加」があるが,わが国における自然的人口増加は,当分,期待できないだけに,他の代替的要素を意図的に準備しなければ,住宅市場の回復は難しいことに変わりはない。

（3）W-2 給与証明書と住宅ローン

　レッドライニング（red lining）とは,一般的に,金融機関や保険会社などが,地図上に特定（スラム・ブライト化した）の地域やその近郊（gray area）地域を赤線で線引きして「レッドライン区域」と特定し,区域内の低所得者やマイノリティに対して,差別的に融資や保険などのサービスの提供を拒むことを意味している。
　1968年,公正住宅取引法（Fair Housing Act）によって,この差別的措置は禁じられることになった。次いで1975年,住宅融資開示法（HMDA；Home Mortgage Disclosure Act）を制定し,住宅融資状況をチェックした。1977年,アメリカ議会は公正な貸付の実行を目的とするコミュニティ・リインベストメント条例（CRA；Community Reinvestment Act）を制定した。政府は金融機関に対して,連邦保険の交換条件として,銀行や貯蓄機関に預金を受けた地域の全てで貸付を実行するよう要請した。この条例は他の反差別法案とともにレッドラインの撤廃を取り決めたものであったが,実際には相変わらず,貸付差別は続けられていた。
　1998年2月,アメリカの持家率の格差について全国市長会議が開催された。その会議では,アメリカの平均持家率は都市部が49％,郊外が71.5％であり,その持家比率には22.5％の格差があると報告されている。その持家率の内訳としては,アメリカ人が71.3％,アフリカ系アメリカ人が43.6％,ヒスパニック系が41.7％である。こうした格差の要因は人種的制限融資であるレッドライニングにあると指摘され,住宅を求めている家族に対する制限的融資が,結局は都市部の活力を衰耗させていると結論している。[22]
　しかし実態は,低所得コミュニティの60％が銀行口座を開設していないし,クレジットカードさえ使わない。彼等の多くは現金収入が主であって,しかも不定期で

あり流動的でさえあっただけに,ローンの審査の場合でも,その返済保証方法が問題になった。ラテン系コミュニティは慣習的にクレジットカードを使わないし,アフリカ系アメリカ人コミュニティはカードクレジットを使用するのだが,傾向として支払いは遅延気味であった。

アメリカン・セービング・バンクは,こうした問題点に着目し,ローン返済保証方法の変更を検討した。これまで,銀行はローン申請者に対しては,主な収入源が現金収入の場合には安定した所得とは評価してはいなかった。しかしアメリカン・セービング・バンクは,低所得者層地域においては,現金収入こそが逆に信頼度の高い,重要な収入であることに気付いた。そこで,夫婦のいずれかが政府の発行するW-2給与証明書(図表5-4)を勤務先から受領していることを条件にして,現金収入を「所得」として認定する方法を採用し,彼等の場合に限って,パートタイマーとしての収入も所得として認定するようにしたのである。こうしたアメリカン・セービング・バンクの貸付条件の変更(改善)は,コミュニティに劇的な僥倖をもたらし,結果として低所得者層の持家取得を支援することにもなった。同行のローン契約実績から,マイノリティのローン契約数の上昇と同時に,ローン申請却下率の改善を読み取ることができる。図表5-5と図表5-6は,ブルーカラー系職業の賃金分布であるが,サービスや商業分野の労働の種類は多く,水平的移動(転職)が比較的容易である点も勘案して,家族全員の賃金収入を合算すると,住宅ローン返済が可能になる。

1994年,アメリカン・セービング・バンクは,ウォール・ストリート・ジャーナル(Wall Street Journal)によって,「アメリカ国内大手担保付融資業者100社を対象にした調査の結果,アメリカ国内で"最も公正な貸付業者"」として高い評価が下された。この快挙は,多くの教訓をもたらすものでもあった。先ず,こうした低所得者地域は,マクロ経済情勢が下降傾向にあるときでも,他の地域に比較した場合は所得の「安定度」が高いことである。また一般的な常識に反して,低所得者地域内の不動産は,景気が低迷しているときにあっても,上流地域の不動産価格よりも値下がり率が低く,安定していることも判明した。皮肉なことに,かつて不安定な就労形態として低い評価が下されていた「頻繁な転職」が,実は不況業種から——図らずもではあるが——離脱して,「臨機応変な転職」を繰り返すことに,周囲も,本人も,比較的,抵抗が少ない点が功を奏していたのである。とくに都市中心部の住民たちは,たとえ不況なときでも自分の持家に深い愛着心を抱いていて,必要な

図表5-4　W-2 給与証明書

a Control number | 22222 | Void ☐ | For Official Use Only ▶ OMB No. 1545-0008

b Employer identification number

1 Wages, tips, other compensation $ | 2 Federal income tax withheld $

c Employer's name, address, and ZIP code

3 Social security wages $ | 4 Social security tax withheld $

5 Medicare wages and tips $ | 6 Medicare tax withheld $

7 Social security tips $ | 8 Allocated tips $

d Employee's social security number

9 Advance EIC payment $ | 10 Dependent care benefits $

e Employee's first name and initial | Last name

11 Nonqualified plans $ | 12a See instructions for box 12 Code $

13 Statutory employee ☐ Retirement plan ☐ Third-party sick pay ☐ | 12b Code $

14 Other | 12c Code $

12d Code $

f Employee's address and ZIP code

15 State	Employer's state ID number	16 State wages, tips, etc.	17 State income tax	18 Local wages, tips, etc.	19 Local income tax	20 Locality name
		$	$	$	$	
		$	$	$	$	

Form **W-2** Wage and Tax Statement　**2002** (Rev. February 2002)　Department of the Treasury—Internal Revenue Service

Copy A For Social Security Administration—Send this entire page with Form W-3 to the Social Security Administration; photocopies are **not** acceptable.

Cat. No. 10134D

For Privacy Act and Paperwork Reduction Act Notice, see separate instructions.

Do Not Cut, Fold, or Staple Forms on This Page — Do Not Cut, Fold, or Staple Forms on This Page

a Control number | 22222 | Void ☐ | For Official Use Only ▶ OMB No. 1545-0008

b Employer identification number

1 Wages, tips, other compensation $ | 2 Federal income tax withheld $

c Employer's name, address, and ZIP code

3 Social security wages $ | 4 Social security tax withheld $

5 Medicare wages and tips $ | 6 Medicare tax withheld $

7 Social security tips $ | 8 Allocated tips $

d Employee's social security number

9 Advance EIC payment $ | 10 Dependent care benefits $

e Employee's first name and initial | Last name

11 Nonqualified plans $ | 12a See instructions for box 12 Code $

13 Statutory employee ☐ Retirement plan ☐ Third-party sick pay ☐ | 12b Code $

14 Other | 12c Code $

12d Code $

f Employee's address and ZIP code

15 State	Employer's state ID number	16 State wages, tips, etc.	17 State income tax	18 Local wages, tips, etc.	19 Local income tax	20 Locality name
		$	$	$	$	
		$	$	$	$	

Form **W-2** Wage and Tax Statement　**2002** (Rev. February 2002)　Department of the Treasury—Internal Revenue Service

Copy A For Social Security Administration—Send this entire page with Form W-3 to the Social Security Administration; photocopies are **not** acceptable.

Cat. No. 10134D

For Privacy Act and Paperwork Reduction Act Notice, see separate instructions.

図表 5-5　男子被雇用者・ブルーカラー系職業の賃金分布

賃金	販売労働者	サービス労働者	運輸労働者	職能系労働者	建設職	工場労働者	一般労働者	農林業
700～799ドル				職能系労働者 機械工・修理工監督者 工具工・金型工 航空機エンジン修理 電力装置・修理 プラント・システム運転 879 104.3	建設職 監督 477 112.5			
600～699	商業労働者 監督者 バイヤー・不動産 販売員(自動車) 2,334 111.5		運輸労働者 監督者 61 107.0	職能系監督者 重機械修理 産業機械修理 電子装置修理 電気工・職能系機械工 検査工・試験工 3,583 109.8				
500～599	販売員 (家具・内装品) 商品輸送兼販売 192 98.5	サービス労働者 監督者 (飲食・宿泊サービス) 538 130.6	運転手 (トラック・クレーン・掘削機械等) 2,760 108.4	大型車両エンジン修理 自動車車体修理 冷暖房装置修理 その他職能系機械工 光学・電子機械組立 家具製作 1,720 106.8	煉瓦工・石工 配管工 鉄骨工 559 121.3	工場労働者 印刷機械運転 炉運転 溶接・切断 製造過程検査 1,228 99.6		
450～499	販売員 (ビル用品) 169 124.3	監督者 (清掃・ビルサービス) 95 101.1	運転手 (バス・産業トラクター等) 623 107.4	自動車修理工 816 102.9　手工系労働者 肉加工工 164 80.8	大工 壁板設置工 壁仕上工 紙包設置工 1,183 138.4	金属・プラスチック加工 材料混合機械運転 その他の機械運転 1,817 108.7		農林業労働者 農場管理者 農園芸監督 118 116.8
400～449	販売員 (オーディオ機器・部品) 274 122.8	監督者 (食品調理・提供)サービス 103 118.4			建設・塗装工 屋根工 492 147.3	塗装機械運転工 切断機械運転工 組立工 970 116.2		
350～399	販売員 (その他商品) 268 120.6	バーテンダー 警備員(民間) ドア番・ビル清掃 害虫駆除サービス 対個人サービス 2,058 111.2	タクシー運転手 150 147.1	手工系布製品加工 パン製造工 200 107.5		木工機械運転工 包装機械運転工 選別工 326 126.4	一般労働者 建設一般労働者 一般労働者 貨物・倉庫・荷扱 2,515 113.5	
300～349	販売員 (現金出納) 335 141.9	給仕 調理人 メイド・家事手伝 車両装備清掃員 1,276 126.3			包装工 織物機械運転 307 96.2	建設手伝 106 112.8		庭師・土地整備 569 108.1
250～299		給仕補助 その他調理 車庫・ガススタンド 441 112.5						農場労働者 526 108.0

第5章 アメリカの住宅市場　157

図表5-6　女子被雇用者・ブルーカラー系職業の賃金分布

500〜599ドル				職能系労働者 職能系機械工・修理工 電子機械修理工 222 149.0	
500〜499				職能・手工系監督 193 102.7	
400〜449	商業労働者 販売監督者 1,345 152.5	サービス労働者 飲食・宿泊サービス監督 424 137.2		職能系機械工 建設職 121 122.2	
350〜399		レクリエーション従事者 74 160.9	運輸労働者 トラック運転手 バス運転手 クレーン運転手 掘削機械等運転 288 145.5	電子製品組立 285 111.3	工場労働者 金属プラスチック加工 印刷機械運転工 製品検査工・試験工 415 83.8
300〜349		食品調理・サービス監督 清掃・ビルサービス監督 美容師 民間警備員 584 112.5		肉加工・パン製造 95 93.1	その他機械運転工 組立工・包装工 1,560 112.1
250〜299	販売員・アパレル その他商品 販売・現金出納 1,809 122.1	バーテンダー 給仕・給仕補助 調理人・調理手伝 メイド・家事手伝 ドア番・清掃 幼児教育補助 2,286 112.2	農林業労働者 218 128.2	一般労働者 一般労働者（除建設） 貨物・倉庫・荷扱 438 195.5	織布工・アパレル機械 ・仕上機械運転工 選別工 654 77.7
200〜249		子守・家庭清掃 家事手伝 飲食カウンター 421 122.4			

注：1. 賃金額はフルタイム労働者の週当たり収入の中央値・時点は1998年。
　　2. 数値は上段・労働者数（単位・千人），下段1992〜98年の増加率。
　　3. 職業小分類が5万人未満の数値は把握されていないため，除外されている。
出所：『アメリカの陰と光』57, 59頁参照。U. S. Department of Labor, *Employment & Earnings*, 1999 により作成。

写真5-3 ロサンゼルス市内の高級住宅地

（2002年8月著者撮影）

らば，自宅をレンタルしてでもローンの返済努力を続けることも判明した。また住宅の外観や価値をレベルアップさせることに熱心であり，労力を惜しまない態度が堅実な資産形成に繋がっていると評価されるようにもなった。

　1990年代初頭，カリフォルニアが景気後退に見舞われた頃，ビバリーヒルズやウェスト・ロサンゼルスの高級住宅地（写真5-3）の不動産価格は40〜50％下落したが，低所得者層の住むサウスセントラル・ロサンゼルスやオークランドでは，逆に不動産相場が上昇した地区もあった。さらに低所得地域では担保権喪失で家が売りに出されると，一般に高級住宅地よりも早く売れることにも，アメリカン・セービング・バンクは気付いた。その理由としては，低所得者層の購買者は，「値頃感のある物件」が市場に出てくるのを，辛抱強く窺っているからであると，同行のローン担当者は説明している。住宅取得に対する需要レベルが，低所得者層は経済的余裕がないだけに，より高いものであろうし，なおかつ住宅事情が切迫している事情などからも，景気の浮沈に左右され難いものと考えられる。そして，社会的低位ではあるが必要なサービス労働などに就労して得る収入だけに，雇用環境もその分，安定的であり，景気に左右される度合が低いことも影響している。

　アメリカの場合，移民の増加や低所得者層（マイノリティ）に対するローン利用枠拡大から，住宅市場における需要はこれからも暫くは続く様相を呈している。こうしたマイノリティによる需要拡大は，低価格の中古住宅市場に集中する。また最初の住宅購入層も，その多くが中古住宅を購入するケースが一般的である。これま

での低所得者（白人を含む）層に対する住宅ローン契約のガード（対象者制限）をさらに下げることは，中古住宅の需要を持ち上げ，結果として，中古住宅市場の流通性を高める効果は大きい。またこのように中古住宅ストックの流通性が高まることは，結果としてリバースモーゲージ制度の進展に対しても順風となるものである。

住宅市場と金利　アメリカでは，各地区に大抵はある住宅建設業協会（NHBA；National Home Builder Association）によって，あたかも株式市場の株価や動向を読むように，毎日，リアルタイムで貸付金利（Mortgage Rate），新築・中古住宅の価格や販売状況，そして市場概観などが報じられている。こうした団体は，住宅市場の浮沈や需要・供給状況が金利や税制によってコントロールされていることを確信しているからこそ，時の政府に対する政治的圧力を目的にして組織化されている。また政府側も，これまで住宅問題を常に政策の中心に据えて取組んできている。政府主導型の持家促進政策が，アメリカの社会経済全体を発展と健全化に向けての牽引力の役目を担ってきていることは確かである。

アメリカでは，住宅ローン30年物固定金利で平均年6％を下回るのは，1960年代以来である。15年物のローンでは平均5.4％といった低金利となっている。自動車販促のゼロ金利ローンも2002年7月から再開している。この歴史的な低金利は，住宅市場に止まることなく，借り換えブーム（the greatest torrent of refinancing）を引き起こしていることから，新車販売台数も高水準を維持している。住宅市場は新築住宅の販売の伸びが記録的であり，中古住宅（existed homes）市場も僅かにポイントは落ちているが，さらに販売実績を上げられる可能性は十分にある。フレディーマックのエコノミストのオーダー，ロバート・バン（Order, Robert Van）も，「こうした低金利は住宅市場にとって悪いわけがない」と述べている。エコノミストたちも，消費者の消費意欲が薄れ，労働市場は混迷し，財政赤字は増えているにも拘らず，住宅市場は好況であり続けていることに戸惑っている。[24]

（4）住宅と自動車の市場性向

アメリカ人の生活について語ろうとするとき，「住宅」の存在は，彼らにとって「アメリカンドリーム」そのものであり，「自動車」にしても，ステイタスのシンボリックな対象である。そのいずれもが日常生活の不可欠的資産であり，耐久消費財である。その双方の市場間には，明らかに追随性や相関性が認められ，市場性向にも相似性がある。本書では，アメリカの住宅市場を取り上げて，日米の住宅市場

写真 5-4 サンフランシスコ市

——それも中古住宅市場に重きを置いた——比較検討を試みている関係から，中古住宅と中古車の市場性向の相似性についても概観し，日米両国の中古市場の特質を顕在化させようとしている。

下川浩一・藤本隆宏両氏（2002）の研究ノート「新局面に入った北米自動車市場と自動車メーカー動向の実態調査（2001年8月実施）」の冒頭には，次のような記述がある。

「2001年9月11日の同時多発テロ事件は，アメリカ経済にも大きな影響を与えたが，最大の経済セクターである自動車産業も例外ではなかった。しかしテロショックによる売上減を何とか喰い止めようとするGMを始めとする起死回生といってもよいゼロ金利ローン販売による販売テコ入れで，市場は何とか年間1700万台ベースを大きく割り込むことなく推移している」。

同時多発テロ事件が住宅市場に及ぼした影響も，まったく自動車産業と同様であったことは先述している通りである。住宅市場にしても，テロ事件以降の歴史的とも言うべき金融市場の超低金利が販売実績を下支えた点で自動車産業とも共通しているし，それぞれの市場性向にも相似性が濃厚である。

2003年9月27日の『日本経済新聞』には，日産自動車が，部品メーカーを工場内に同居させる方法でモジュール生産方式を導入し，組立作業の効率化を目指した生産現場改革に着手している記事が掲載されている。販売店で得た顧客の注文情報を部品メーカーにも共有させることによって，生産コストと作業時間の短縮を狙った

第5章 アメリカの住宅市場　161

郊外の中低所得者層の住宅地

(2002年8月著者撮影)

方法であり，情報の「シェア」と「モジュール化」の生産要素が取り込まれた改革である。アメリカの住宅生産方式にも，実は同様の傾向が報告されている。不動産開発報告書（Real Estate Development—2001）の15章（Affordable Housing）の中で，「モジュール生産方式」による住宅のコストについて，「工場生産住宅（manufactured housing）の建設コストは，現場生産の在来工法による住宅（site-build homes）のコストの半分であるが，モジュール住宅（modular housing homes）は更にそれ以上のコストダウンが可能であり，工期（作業日数）の短縮にも奏功する。これまでのモジュール住宅に対する蔑視的・差別的な開発計画やゾーニングは過去のものになり，多くの州で，低価格住宅（affordable home）として推奨する方向にある」（p. 323）と報告されている。自動車業界と住宅業界に，ほぼ同じ時期に，「モジュール化」によるコスト・時間短縮が改めて検討・実施されている点と，「シェアリング」がここでも重要な生産要素として取り込まれている点も共通している。

こうした視座から日米の中古市場に論及して，再販価格や後次購入層，そして中古住宅と中古車の関係について比考してみたい。まず中古車の再販価格については，アメリカ市場の場合，新車登録後2〜3年経過位では大きな値下がりがなくて，日本車のように車検登録年度からの経過年数が下取り価格を決定してしまうようなことはない。雑駁に言うと，中古車の販売価格についても日本市場に比べた場合，ずいぶんと高額である。その主な理由としては，単純に，中古車に対する「需要」が圧倒的に多いからに他ならない。彼らは，他人の使った車に対する嫌悪感？が日本

人ほどではなくて，むしろ中古車購入の動機はその価格の低さにある。日本の場合は，車両の程度（外観の損傷や内装の汚れなど）や走行距離の多寡も無関係ではないにしても，下取り価格の大半の部分は，製造年月日からの経過年数が価格査定の重要なポイントであり，中古車販売市場の動向を睨みながら車種ごとに基準値が設定されている。ちなみにトヨタ自動車の小型乗用車（カローラ）で調べると，新車をユーザー登録（ナンバーを取る）しただけで，まだ走行していない車を査定した場合，新車購入価格の30％の値下げで取引されている。新車登録から1～2年間位の経過であっても，新車価格の半値に近いほどまでに，その査定金額は低下すると聞いている話は，あながち虚言ではなさそうである。日本の中古車価格の急激な値下がりが中古住宅の売買取引事情と似ているのは，日本の既存住宅の「築後年数」が，その中古市場における評価額の重要な決定要因だからである。そして，住宅も自動車も共に，「減価償却資産の耐用年数等に関する省令（租税特別措置法）」にその所得税法・法人税法上の耐用年数が規定されている点は，中古市場での価格査定に無関係ではない。

　日本人の，「他人の使い古し」，すなわち「お古（used）」を厭い，「新品（new）」を好む国民的嗜好性も，中古住宅や中古車の取引件数の多寡に反映されているのではないだろうか。こうした傾向は社会万象に普遍的であり，「就職」の場合であっても，「新卒」が優先的に扱われる日本とは対照的に，アメリカ社会においては，人生の各ステージでの「転職」も決して不名誉な選択にはならない。「就職」といった社会的行為一つを取り上げてみても，日本社会では，画一的に新卒者が優位であり，再就職者は肩身の狭い思いを味わう。その理由としては，これまでの伝統的な終身雇用制度の存在があったであろうし，職場に忠実な帰属意識を求める傾向から，未経験な新卒者が有利であったといえる。一方，アメリカの場合は，その雇用環境においても彼我の相違があり，即戦力を求める傾向から新卒者よりも経験者を重視する傾向が一般的である。アメリカでMBA（経営学修士）の資格を取得する場合には就業経験を要求されているなどの点で実戦的社会であり，解放的，且つ柔軟な社会構造であるともいえるだろう。[26]

　住宅の取得，自動車の購入，就職・転職など，一見，まったく異質とも思える行動にも，実はその国の歴史や文化・慣習などが，色濃く反映されている。住宅市場について調査する場合でも，統計的捕捉による過去分析，現在の市場性向，将来予測などの他に，国民性や社会構造の変化，ライフスタイルの変容など，広範な調

査・分析が必要であり，学際的研究方法が求められる所以である。

　アメリカでは，自動車運転免許も16歳以上（州によって多少違う）から取得できて，最初の自動車は中古車が一般的であり，本人が自動車ローンを利用して購入するケースが多い。自動車と住宅との購入動機や購入パターンについては，幾つかの共通点がある。アメリカ社会は――日本と比べた場合であるが――個人の自立が早い時期から強要されている傾向があり，したがって結婚も早く，住宅取得も早い。アメリカ人の平均結婚年齢は，男性でも20代半ば位である。1960年代の平均初婚年齢は，男性が22.8歳，女性が20.3歳，1998年では，男性が26.7歳，女性が25歳と報告されている。若いうちから（18歳頃）親元を放れ，独立して生活するスタイルが一般的であり，こうした風潮は，カナダにおいても，統計上に明確に表れてきている。カナダの平均初婚年齢は，1971年には新婦は22.6歳，新郎は24.9歳であったが，1986年には，新婦は24.8歳，新郎が27歳に変わってきている。結婚して，最初の住宅購入（first buying）の対象としては，取得金額の低い「中古住宅」が適当であり，将来，家族サイズの変化や仕事の都合に応じた買い替え（住み替え）などの場合であっても，初期投資額が低い方が容易である。アメリカでは，住宅の買い替えは重要な資産形成の手段であり，その場合であっても，低価格の中古住宅を購入していた方が，自力で付加価値を高める方法によって，転売利益も取得しやすいなどの利点もある。1993年に映画化されたアメリカ映画「ザ・ファーム／法律事務所」の中で，成績優秀な弁護士の卵（トム・クルーズ）をリクルートするために，雇用者（法律事務所）側が提示した条件として，「新居」と「高級車」を支給するストーリーが描かれている。アメリカンライフにとっては，住宅と車はセット・アセットであることが理解できる。日本と違ってアメリカは――多くの場合――車抜きの生活は成り立たない社会であり，自動車は重要な生活必需財である。なぜならば，現在でもアメリカの郊外住宅地はオートモービル・サバーブズ（Automobile suburbs）が主流だからである。榊原胖夫氏（2001）は，著書『アメリカ研究』の中でアメリカの郊外住宅立地の変化を次のように書いている。「道路が建設され，自動車が普及してくると扇形にひろがっていた電気鉄道間の低利用地が，住宅地として活用されはじめた。いわば，電車の線から道路の面への土地利用の展開であった。しかし，特徴的なことは自動車による郊外化は一軒あたりの大きさを増やし，密度の低い住宅の展開につながった」。その好例が，ハワイ州オアフ島の郊外に急速に展開している高級住宅地である（写真5-5）。この砂糖キビ畑の広大な跡地に建設されてい

写真5-5　Ewa Beach（ハワイ州オアフ島）の郊外住宅地

(2003年8月著者撮影)

る新興住宅地には，鉄道もバス便もアクセスしていない。自家用車のみが唯一の交通手段である。

「自動車メーカー系列の新車販売会社が中古車市場に本格参入してきた。中古車は新車の1.4倍（台数ベース）の巨大市場だが，中小販売店などが乱立していた。資金力豊かなディーラーの参入は超大型展示場の登場など市場の姿を大きく変えようとしている」。2002年11月14日，『日経流通新聞』の1面に掲載された記事である。中古車市場と中古住宅市場との間には，多少のタイムラグは認めても，明らかにそこに同時性を確認することができる。中古車市場の活性化は，次のような理由から当然の成り行きといえる。最初の自動車購入の平均年齢の低下，初期投下資金の低額化，車両購入ローンの成熟化，車両情報のシステム化の発展，女性の社会進出率の上昇，そしてドライバー人口の増加などからの集束的結果として，最近の活発な中古車需要が喚起されている。また中古車の事故履歴などまでもインプットされた詳細な車両情報プログラムの確立や，インターネット・オークション会場の全国展開（50カ所以上）などから，年間出品車両台数は10年まえの2倍にまで拡大して，中古車市場の活性化に貢献している。そして分かり難い点ではあるが，ユーザー側の自動車に対する意識の変化が，実は，市場の景況に密接に関与している。最近の中古車市場の活況は，中古車を他人の「使い古し」として厭う意識以上に，別の価

値観がより強く行動化されてきている。消費者は車両のデザインや機能を重視しているが、だからといって家計における車両関連費をこれまで以上に増やしたくない。しかし、将来、本当に欲しい車に出会ったら、そのときの出費は惜しまない。要するに、基本的な生活需要は充足しているなかで、各人の個性、あるいは自己主張に必要であるサービスや商品に対する投資は惜しまない。こうした消費性向を持つ、あるいはライフスタイルの層は着実に増えている。

この傾向は、住宅市場についても当て嵌まる。(30)「居心地のいい部屋で過ごすこと（空間）」、「好きな場所に行くこと（移動・場所）」が、経済的ゆとりを前提条件としながらも、好感度の高いライフスタイルとして定着しつつある。このライフスタイル、あるいは選択性向は、「空間」と「場所」を、再度の住宅購入（second buying）を検討する場合における意思決定要素として優先視している。また、この要素を中古住宅市場に敷衍することも間違いではない。新築住宅市場に比べて、中古住宅市場の方がより多様性があり、選択幅も圧倒的に広い。なぜなら、中古住宅が建つ既存居住環境の確認は容易なことであり、その立地も多様的である。それに対して、建売住宅や売建住宅の場合は新たな開発区域に建てられている（建てる）ケースが一般的だけに、おのずと選択幅は限定的である。そして、「移動」を厭わない世代の増加、あるいはライフスタイルの普及は、近い将来の住居の「住み替え（買い替え）」性向の台頭を示唆するものである。

中古商品とオーク ション・マーケット 　中古車市場の再生は、インターネット・オークションなどによるトレイド・チャンスの拡大と情報面での革新化が、ある一定レベルまで達成できたことに基因している。そうした視点から住宅市場を検討した場合、全国各地に点在する中古住宅ストック、あるいは予定ストック（所有者が購入希望者と交渉する意思を持っている）物件を網羅していて、誰もが、何処からでも、何時であろうとも、容易に、しかも無料（あるいはタダ同然）でアクセスできる情報システムの構築が懸案化されよう。アメリカの不動産市場においては、すでにこれらの諸条件を備えている情報システムが存在し、最近の中古住宅市場の好調や安定した流動性とは無関係ではない。またアメリカの自動車市場では、新しい販売方法として、「バーチャル・テスト・ドライブ（virtual test drive）(31)」が始まっている。実際に車に触れなくても、オフィス空間の中で椅子に腰掛けながら、すべてに亘って体感（匂いも、ドライブの感触も）できる装置を使って販売活動を行っている。こうした手法なども住宅販売にも応用することで、オフィスの中で説明を

聞きながら,オープンハウスの視察体験が可能になる。

　最近,日本でも——まだその数は少ないが——新築住宅の売れ残り物件に的を絞った「サイト・ビジネス」や,新築住宅の売れ残りの他に中古住宅も扱う「オークション」をインターネット上で扱う業者も誕生している。いずれにしても情報技術の急速な発達は,旧弊な住宅市場に新たな可能性を約束するものである。アメリカ社会では,低所得者層の社会構成比率が高いことから,住宅資産や耐久消費財(自動車など)のグラデーションがスムーズに展開されて——途中の修繕・修理などによって性能・機能・外観を保ちながら——その使用年数(寿命)は確実に延伸化される。中古車のオークション・マーケットに詳しい千村岳彦氏(東京都千代田区,システム・ロケーション株式会社,社長)は,「日本の中古車市場では,リースアップ車の60％相当が海外からの直接入札参加によって買い付けられ,輸出されている」と説明している。すでに日本の中古車市場ではインターナショナル・グラデーションが先行していることになる。将来,日本の中古住宅市場においても,海外からの流入人口が増加し,彼らの住宅需要が確立された暁には,アメリカ市場に近い様態を呈するようになる。情報技術などの面では,すでに住宅市場に先行している自動車市場に萌芽している現象が住宅市場にも投射されるのは,もはや時間の問題である。

2　経済的要素と住宅市場

(1) 雇用と住宅市場

　その地域(場所)に住みたいとする主な理由は,「地域環境」であり,職場(事業所)や学校など,本人(家族)の所属する場所との「位置関係(交通事情)」である。ある特定の地域に急激な人口移転が起こった場合,まず住宅需要は過熱する。当然,新築,中古住宅を問わず,地域内の住宅価格は上昇する。地域内か,その周辺に業績の高い企業施設がある,あるいは新設の予定がある場合などは,まさにこうしたシチュエーションになる。

　アメリカの住宅地事情として考えてみよう。その地域が,行政によるゾーニング(zoning)で,住宅の新築が規制されている地域だとすれば,当然に既存(中古)住宅に対する需要は加圧され,既存中古住宅の価格急騰を誘発する。新築規制のない場合であったとしても,地域住民が結束して,新たに地域内の戸数(住宅数)が増

加することを抑制する必要性を議会に提言した場合，あるいは行政側も地域内の新たな開発を歓迎しない場合には，抑止効果を狙ったリゾーニング（rezoning）[34]が行われることになる。

　新たな開発によって生じる新住民の増加は，既住の住民にも課せられる住民負担の増加を示唆する。若い世帯の転入は，直ちに託児所や保育園，あるいは学校施設の再検討を迫るものであり，また行政サービス・エリアの広域化によって加算される住民負担も懸念される。と同時に，住民の階層や人種などの混在化による犯罪の増加など，住民の種類や数の変化が地域の住宅価格を値下げする懸念もある。また新たな開発は周辺環境に急激な人工的変化を与えることにもなり，多くの場合は開発以前に比べて快適性は損なわれる。地域を管轄する行政側にしても，住民数の増加に伴って新たな課題に対応しなければならなくなる。学校以外にも，上下水道施設，消防施設，道路・交通施設などと，既設施設の整備・拡充化と人口規模によっては新しい施設の設置の検討さえ必要になる。転入してくる新住民から徴収される正の部分（税収入など）とインフラ関連の整備・拡大に投入する予算の負の部分，その後も継続する諸施設の維持管理コストなどの均衡策も，議会の重要な審議事項になる。

　アメリカ市場における住宅価格の変動は，その多くの場合が地域産業の雇用状況と密接に関係している。シアトル郊外にある大手航空機産業（ボーイング社）が，同時多発テロ事件以降，航空業界全般に及ぶ後退化の波を被って，従業員の大規模な解雇やレイオフに踏み切った事例などが新しい。こうした地域産業の雇用悪化は，直接的に，その周辺地域から相当数の住民を他の地域へと移動させる圧力となり，地域の中古住宅市場のストックが急増し，供給過剰の方向に傾き始める。通常は，こうしたパターンは中古住宅にとっては価格値下げ圧力になる。しかし，その地域特性によっては，こうした雇用悪化などによる近隣の住宅価格の値下がり（チャンス）を窺っていた低所得者層が，次の購入層として，新たな需要を表顕化させるグラデーションが起こり，ロサンゼルスなどでは極端な住宅価格の値崩れが回避できている。

ロサンゼルスの場合　ロサンゼルスは，かつて「荒廃にあえぐ米国の大都市」として，深刻な人種差別や暴動が世間の注目を浴びた。また増え続けるヒスパニック系やアジア系の移民などによる人種構成の急激な変化は，様々な局面において人種間の軋轢を惹き起こし，アメリカ社会の陰の部分を表顕化して

写真 5-6　既存住宅の解体現場

2001年8月，アメリカのカリフォルニア州サンフランシスコ郊外（バーリンゲイム市）にある高級住宅地の住宅の解体現場。

　布基礎と土台の一部，そして間仕切壁の下地である間柱が屹立しているだけで，他の部分は跡形もなく撤去されていた。新築を規制された地域内で，大規模改造を行う場合は，既存の主要構造部を残さなければならない。こうした行為を現地の人はガッティング（Gutting）と呼んでいる（カナダでも同様である）。

(2001年8月著者撮影)

写真 5-7　解体後の増改築現場

翌（2002）年8月に再び，現地を訪ねたら，ほとんどが新しい高級住宅がほぼ完成していた。内部に入り，古い家屋の柱が壁の中に包まれている様子を確認することができた。　　　　　　　　　(2002年8月著者撮影)

いる。しかし，こうしたロサンゼルスの都市的特徴は，そのまま住宅市場においてはグラデーションをもたらすエネルギーの蓄積を示唆している。アメリカに限らず，住宅市場における住宅資産価値（価格）の変動の主なるファクターは需要供給の不均衡であるが，その他にもアメリカ社会の場合は，居住地区の人種・階層的事情が優先的条件であり，次いで重要な要素は，地域の雇用環境や周辺の地形（面積や平坦度など），行政事情（開発許容度や財政事情など），交通機能，あるいは開発事業性などが総合的に織り成す地域性である。したがって上物である建物そのものの個体的価値は二義的なものであり，立地的条件がより優先的である。平面的な拡大がある程度，制限される地形をもつ地域では，既存住宅に対する潜在的な価格競争原理が作用して，価格は上昇傾向を維持している。逆に，たとえ，流入人口が多い場合であっても，郊外開発（水平的拡散）が比較的容易な地域においては，価格競争はむしろ住宅価格を抑える負の方向に作用するようになり，住宅価格を下降させる場合もある。世界的な観光地でもあるロサンゼルスの場合は，ホノルルの住宅市場と共通するところが多く，市場の住宅需要そのものは安定的であり，平均的には高位である。地形的条件（平坦地が少ない）が安易な開発を許さない点も考慮に入れる必要はあるが，低所得者層の住宅需要が高い地域でもある。その理由は，観光事業などの下働き（ホテルのメイドやレストランの厨房など）や，人種・所得階層の落差から家政婦，ベビーシッターなど，一般家庭向けのサービスなどを担う労働者（マイノリティが多いが）への雇用需要が高い。ブルーカラー系の職業は，比較的，景気に左右されない事情からも，年間を通してほぼ安定的な所得が見込める。したがって，彼らの低価格住宅に対する購入意欲も高く，住宅ストックのグラデーションが起りやすい環境ともいえる。この他にも，サンベルトの温暖な気候的条件に魅せられて転入してきたリタイア層は，やはりこの地域に小規模住宅を求めていて，住宅市場の活発な需要層であり，ブルーカラー系の労働サービスの需要層でもある。

　サンベルト地帯について，ボール，マイケルたちは，次のように論じている。[35]
「アメリカの南部および西部（いわゆるサンベルト地帯）は，1970年代，とくに防衛産業およびエネルギー産業における雇用の創出と人口の純流入の巨大な成長を経験した。郊外部の拡大はこれらの地域における都市の空間的変容の主要な特徴であって，そこでは新規住宅建設が住宅市場取引を支配し続けた。だが，サンベルト地帯に向かっての地域間人口移動が，新規の住宅が一時購入者だけでなく不況地域からの移住者に対しても販売されることを意味した。こうした人口移動はアメリカ

の異なる諸地域の住宅市場を結びつける傾向を持つ。これに対して，サンベルト地帯内部では市場の細分化が持続した。1970年代の追加的な住宅建設は，既存住宅ストックにおける住宅価格騰貴を通じて生まれる需要によって促進されたからである。サンベルト地帯内部では既存住宅所有者による販売は新規の住宅建設と競合しなかった。また，アメリカの東海岸ならびに西海岸沿いの古い大都市の最近の変容は，地域の持家住宅市場の特徴を規定する上で既存住宅ストックが持つ重要性を高めた」。

シアトルの場合 シアトル市内の不動産業者のペルトネン，ミッジ（Peltonen, Midge）は，最近のシアトルの不動産市場について，次のように説明している。「アメリカの住宅ローンはこの30年間の最低の金利であり，もちろん低所得者も住宅ローンを組むことができるし，低所得者層を対象にした住宅も建設している。安定収入の確実な人は複数のローンを検討することも可能である。ただ，面倒な書類仕事と格闘する粘り強さは必要とされるのだが，私も，最近，頭金を用意していない客にコンドミニアムを斡旋したのだが，本来ならば買い手が負担するべき諸費用を，売主が負担する羽目になった」と話して，シアトルが現在はやや買い手市場であることを仄めかした。

またペルトネンは，「シアトルの場合は，市街地周辺の限られた販売用不動産に対する需要が非常に強いことが住宅市場の商品価格を騰貴させている」と説明しながら，必ずしも住宅市場の統計数値のとおりにアメリカ全土が好調なわけではないことを強調している。また人気の高い地域では，そこの住民たちが閉鎖的あるいは排他的であり，彼等のコミュニティをガードして新たな参入者を歓迎しない点なども作用して，住宅の供給面は圧迫され，逆に需要は煽られている点も指摘している。

シアトル周辺の深刻な交通事情（bad traffic situation）を回避する目的で，中心部のエッジ辺りに住みたいと希望している人は多いが，高額な住宅価格は——その既存住宅のほとんどが古いのだが——ほとんど差別的とさえいえる。市内に空地を探し出すことは難しいし，新築を制限している規制（Limited new construction）も住宅価格を押し上げている。市内のコンドにしても，なかなか売買契約の成約にまで漕ぎ着けないにもかかわらず，相変らず，売り手側は強気である。しかしコンドや戸建住宅のいずれもが，売却するまでの時間が以前以上に要求されている。そうした状況にもかかわらず，人々はその売却希望価格を下げる様子を見せていない。

雇用と住宅の買い替え需要 アメリカでも最近は確実にキャリアウーマン志向の女性が増えてきている。家庭の事情を理由に退職することも少なくなってきており，

女性の勤続年数は逆に伸びる傾向にある。夫婦共働き世帯が一般的なこともあって，職住近接を希望する彼等は，市街地あるいはそのエッジの辺りにある中古住宅物件の購入を検討する傾向にある。この点に関しては，住宅を選択する場合の条件として，「通勤・通学の便」を「生活の利便性」以上に優先させているとする調査結果がある。[37]

これまでの日本の雇用形態の多くが長期雇用型であったのとは対照的に，アメリカでは期間契約型雇用が一般的であり，担当する業務の報酬が固定化されている職能給制度が普遍的である。収入の確保や収入を増やす方法としては，職場を替えること（転職）で給与を上げるか，自己能力を上げて上級職（勤務単価が高額）に就く方法がより効果的とされている。ある海外事情報告によると，アメリカの男性労働者の勤続年数が1983年から1998年の15年間に急激に落ちていて，労働市場にかなりの数の転職があった。こうした事情に国土の広大さも加担して，「転職」することは，そのまま住居の移動（転居）に繋がるケースが多い。若い世代の場合はとくにこうした事情による移動は頻繁になるし，またそうしないなら収入面の改善は一向に期待できないことになる。彼らは，移転先で新たな住居をまず確保しなければならない。遠距離の場合は，インターネット情報などを検討するのだが，中古住宅購入がほとんどである。彼等は，自分たちの手で必要な修繕や改装を施してしまう。次の持家のランクアップを予定している彼らは，転売する場合を想定して，住居の付加価値を高めようと，あらゆる工夫をこらすことになる。こうしたパターンは，アメリカ社会ではごく一般的であり，ほぼサイクル化されていて，次の買い替えの場合にも売却と購入がスムーズに運ぶ場合が多い。こうしたパターンが安定的に繰り返されている点や，日本との就業事情や雇用形態の相違などの点から，両国の中古住宅市場における流動性（循環性）に格差が生じている。

アメリカ経済の中でも深刻な経営悪化に苦しむ大手自動車産業は，その構造的な改革を余儀なくされている。経営の立て直しを図りたい企業は，人員削減を断行するなどして株価の維持に努める。一方，解雇された社員たちも，子供の学校の都合などから転地できない家族は，それまでの住宅から家賃の低いアパートに転居する。あるいは，まったく別の場所で次の職を求めようとするならば，それまでの自宅を売却して移動しなければならない。日本とは事情を異にして，アメリカでは景気の好況，不況のいずれの場合であっても，住宅市場には売買（買い替え）取引が発生する。不況の場合ならば「移動」に起因した売買取引であり，好況ならばアップグ

レイドを目的とした「買い替え」が発生するからである。

ここで，興味深い報告を紹介しておきたい。「寝室数は3～4，敷地は約200平方メートル。ビック3の本社まで車で約20分」。デトロイト市の中心部に位置するこの家の値段はたった1ドル。デトロイト市では毎年，持ち主に見捨てられて放置されるこんな家が1500～3000軒も出る。新しい企業が誘致され，あるいは既存の生産施設が増設されるなどの理由から生起した雇用拡大に群がってきたワーカーたちによって誕生した住宅地ならば，企業倒産あるいは人員削減策などによってその必要性を喪失した時は，一夜にして廃家の集落と化すことになる。要するに，国土が広大なアメリカでは，需要（買い手）のない住宅の場合，所有しているだけでも何がしかの資産的価値が期待できる日本と違って，何の価値も見出せない廃屋と化してしまうケースである。

住宅価格と雇用・金利　住友信託銀行の調査報告書には，「米国の住宅価格は，95年以降一貫してこの間の平均物価上昇率2.5％を超えるピッチで上昇してきており，なかでも戸建て再販住宅（中古住宅）価格（Repeated Sales Price）の中位価格は95年の12万ドルから02年第1四半期の20万ドルと1.7倍に増えている」と報告されている。最近の株価下落の中にあっても消費活動が好調なのは，65％以上の家計が，その持家の市場価格の堅実な値上がりを享受している結果であると解説している。住宅価格の上昇がアメリカの活発な消費活動の牽引力となっている様子は，最近の報道などに詳しい。その持家の市場価格の上昇相当分をホーム・エクイティ・ローン（home equity loan）やキャッシュ・アウト・ローン（cash out loan）などを利用して，住宅を保有したままで市場の資産価値の増加分のみを現金化する，あるいは現金化しないまでも，容易に現金化できる余裕が家計に生じたことが，住宅価格の上昇による資産的効果を高めることになっている。

住宅価格とマクロ指標との関連性については，次のように分析できる。雇用不振にも拘らず住宅価格が堅調な理由として，ローンの固定金利がこれまでにない低率(6.3％)である点を挙げている。株価と商業不動産とのある程度の相関性を認めながらも，住宅価格はマクロ経済環境のみならず，エリア固有の雇用環境や不動産サイクルに影響される。この点は，各エリアによっては相当の乖離（02年第1四半期の住宅価格上昇率が東部ロードアイランド州は＋11％，南西部のオクラホマ州は－1.4％）が確認されるところからも，むしろ住宅価格の変動は，ローン金利の影響の他にも，地域の雇用環境と，既存の住宅状況なども反映された開発許容度といっ

図表 5-7 アメリカの住宅価格と雇用・金利

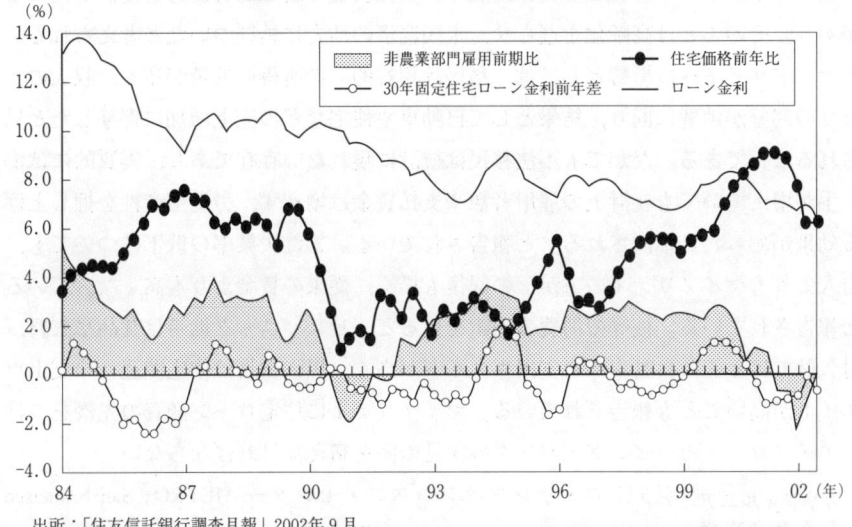

(グラフ：非農業部門雇用前期比、住宅価格前年比、30年固定住宅ローン金利前年差、ローン金利、1984年～2002年)

出所：「住友信託銀行調査月報」2002年9月。

た面からの地域特性に，より強く依拠しているものと結論できる。図表5-7から，住宅価格と雇用・金利との関係を理解することができる。

買い替えによる戦略　アメリカの経済学者であるフリードマン，デイビッド (Friedman, David；1999) は，住宅問題について興味深い見解を示している。[41] 住宅の価格が上昇したときの代替的選択肢の一つは，住み続ける方法の他に，所有している住宅をより小規模の住宅に買い替える方法で，その差額（現金）を獲得する選択である。また持家の価格が値下りした場合には，住み続ける方法の他に，所有している家を売却し，その代金で，値下りしているより大規模の住宅を購入して値下り分を調整する方法である。この手法の特徴は，住宅の市場価格が上昇，あるいは下降と，いずれの場合であっても，住宅の買い替えが戦略的選択肢とされている点である。すなわち持家が値上りしているならば，即座に売却益（現金）を手中にする。値下り傾向にあるのならば，アッパーランクの家に買い替えする方法である。個人の資産を，住宅（持家）と他の財との集合体として捕捉する。そして資産全体の「最適 (maximize) 構成」を設定して，持家もタイムリーに組換えていく方法を，実践的な資産形成手段として勧めている。

アメリカ経済と移民の関係について，住友信託銀行調査部のレポートには，「海外からの移民は，サプライサイドとデマンドサイドの両面から米国経済を支えた。

サプライサイドへの影響としては，若年かつ低賃金の新しい労働力を提供したことがあり，そのことは高齢化を遅らせ，米国経済の活力に結びついたと考えられる。デマンドサイドへの影響としては，移民は相対的に低所得の世帯が多く，収入のかなりの部分が消費に回り，結果として自動車や住宅などの売上増加に寄与したと見られることである。なかでも不法移民は統計に現れない存在であり，実質的には働き手が増えていても統計上の雇用者数や支払賃金は増えず，労働生産性を押し上げる効果があったと推測される」と報告されている。また失業率の低下についても，白人よりもマイノリティの方がその回復も早く，従来の賃金よりも高くなっていると報告されている。彼等の消費の内訳を見ると，ヒスパニック世帯は食品や衣料，耐久財ではとくに自動車への支出ウエイトが高く，黒人世帯は住宅関連への支出ウエイトが高いことも報告されている。マイノリティに住宅ローン融資の先鞭をつけたアメリカン・セービング・バンクの先見の明を讃えなければならない。

カリフォルニアの不動産市場　ジェトロ・サンフランシスコ・センター (JETRO; San Francisco Center) は，カリフォルニア州の不動産市場について，次のように概観している。

「カリフォルニア州の不動産市場は，景気回復とともに好調さを取り戻し，1998年には過熱気味な状況にまでなった。地域的には，サンフランシスコ・ベイエリア，オレンジ・カウンティ，サンディエゴが活況を呈した。しかし，ハイテク企業の業績の悪化や株式市場の不安定さから1998年後半から落ち着く傾向がみられた。また不動産市場動向としては，1997年，1998年のカリフォルニアの住宅市場は，1990年代で一番ホットな年であった。この原因として，米国の好景気，雇用の増加による人口の流入，住宅ローン金利の低下，さらにはシリコンバレーの活況によるストック・オプションによる資産の増加などがあげられる。この結果，カリフォルニア州の住宅許可件数は，1997年，1998年ともに11万戸を超える件数となった」。

アメリカの住宅価格と雇用環境（失業率）との相関性は，図表5-8からも読み取ることができる。

不動産向けの融資比率　米連邦準備理事会（FRB; Federal Reserve Board）によると，2002年10月の不動産向け融資は1兆9700億ドル（約240兆円）で，前年比12.4％増である。融資や証券投資を合計した「総与信枠」の中で，不動産向け融資が占める比率は34.2％と過去最高を記録している。商工業向けの融

図表5-8 戸建中古住宅中位価格と失業率

住宅価格（一戸建て既存住宅メディアンプライス）の推移 (US$)

	93年	94年	95年	96年	97年	98年
サンフランシスコ・ベイエリア	256,200	255,580	254,450	266,660	292,610	321,740
サンタクララ	246,510	254,390	255,260	273,830	316,250	364,740
ロサンゼルス	195,430	189,170	179,900	172,886	176,517	192,580
オレンジ・カウンティ	217,210	214,540	209,400	213,370	229,840	261,700
サンディエゴ	176,930	176,010	171,600	174,450	185,210	207,100
カリフォルニア州	188,240	185,010	178,160	177,270	186,490	201,410

［出典］ California Association of Realtors.

失業者 (%)

	93年	94年	95年	96年	97年	98年
サンフランシスコ	7.0	6.4	6.1	4.7	4.0	3.6
サンタクララ	6.8	6.2	4.9	3.6	3.0	3.2
ロサンゼルス	9.8	9.4	7.9	8.2	6.8	6.4
オレンジ・カウンティ	6.8	5.7	5.1	4.1	3.3	2.9
サンディエゴ	7.7	7.0	6.4	5.3	4.2	3.6
カリフォルニア州	9.4	8.6	7.8	7.2	6.3	5.9
全 米	6.9	6.1	5.6	5.4	4.9	4.5

［出典］ California State Employment Development Department, U. S. Bureau of Labor Statistics.
出所：『カリフォルニア概観』62頁参照。

資比率は16.6％であるのに対して，不動産向けの融資比率は約2倍を示している（図表5-9）。このことは，企業向けには「貸し渋り」が起こり，その反面，資金流入の方向が住宅ローンを中心とした不動産市場に向いていることを示唆している。その不動産融資の内容についても，商業用不動産への融資が減少し，住宅ローン件数が伸びている。しかし米連邦裁判所事務局のまとめによると，2002会計年度（2001年10月～翌年9月）の企業・個人を合わせた破産件数は前年比7.7％増であり，この負の部分でも過去最高水準を更新している。この点についても，深い関心を払わなければなるまい。なぜならば，日本の金融情勢もまったく同様の様相を呈してきているからである。

（2）建築技術と規制と住宅市場

ポズデナ，ランドール・ジョンストン（Pozdena, Randall Johnston; 1988）は，ア

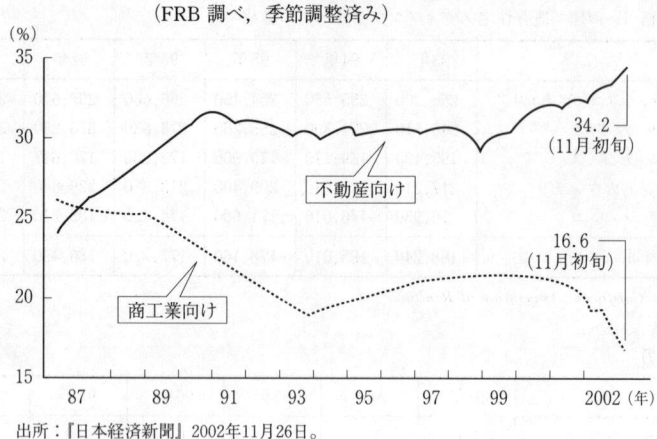

図表 5-9 アメリカにおける不動産向けと商工業向けの融資比率
（FRB 調べ，季節調整済み）

[図：1987年から2002年までの不動産向けと商工業向け融資比率の推移グラフ。不動産向けは34.2（11月初旬），商工業向けは16.6（11月初旬）。]

出所：『日本経済新聞』2002年11月26日。

メリカの住宅資産の特徴について，輸出入が不可能であるために国内需要に限定した供給であり価格設定である点，また他の資産に比較した場合，流動性が低いために売買取引に時間と費用がかかる点などから，海外市場の影響を直接的に反映しない特徴があると指摘している。また住宅供給の将来についても，住宅需要が増加したからといって，必ずしも住宅価格が恒久的に上昇していくとは限らないと説明している。そして住宅供給の価格弾力性を低減させる要因として，「住宅建築技術」と「規制」の2つを挙げている。まず「住宅建築技術」については，住宅建築産業の生産性の伸びが他の産業に比較して低調であり，今後の急速な改善は見込めないと説明し，また建物と土地に関する地域規制や土地利用規制が依然として増え続けている点も無関係ではないと論じている。確かに，こうした「規制」は住宅建築を容易にする方向ではなくて，むしろ様々な形で負担を強いる方向性を持つことから，住宅価格に対しては上昇圧力になる。ポズデナは，所与の土地を利用する住宅の供給は価格弾力性を低下させるとして，そのメカニズムを次のように解明している。

「地域に住宅が増えていくにつれて住宅環境が過密化することから，魅力的な住宅地ではなくなっていくことに不満を唱える既存住民の声があがる。そうした時点から土地利用の転換を抑制する方向性を持った規制が創出されるようになる。供給がセーブされてくることから，市場動向は需要過剰に傾き，住宅価格の上昇圧力になる」。

ポズデナによる，「住宅建築技術」での遅れについての指摘は——本書でも後述

しているところであるが——日本の住宅産業についても，そのまま当て嵌まる。他の産業と違って，国際的競争原理の働かない，国内の旧弊な受注型産業ゆえの硬直性が体質化してしまっている中で，技術面での革新的な発達を促すインセンティブは乏しい。また土地利用に対する「規制」などについては，日本の場合には，逆にアメリカの高級住宅地に見られるような厳格な住宅規制の採用を検討する必要がある。経年とともに魅力増す「住宅地」を創造しようとするならば，適切な建物密度，緩やかな統一性，宅地や道路，そして施設や樹木などが程よく織り成す調和や緩徐性などが要求される。そのためには，ランド・プランニングの基軸を構成する「規約（建築協定など）」に——アメリカの事例を範とするならば——厳格で精妙なルールを採りこまなければ，実現できない。

また「住宅価格」についても，ポズデナは「住宅支出と世帯形成のパターンの相関関係による鬩ぎ合いの中で均衡する」と論じている点は興味深い。すなわち世帯形成が進行して住宅需要が過剰に振れると住宅価格の急騰が起こる。しかし，その価格帯が一般住宅支出の限界点を超えた途端，住宅市場の取引成約件数は低減する。そして需要ラインが下降してくると取引価格も値下げ調整に入り，次第に価格も下げられていくことになる。

アメリカの地方行政の手法としては，まず住宅市場（housing market）の情報として，人口（population），住宅戸数（housing units），地域面積（area measurements），稠密度（density）などの要素を計測し，その地域への転入・転出動向（movement），地域内の雇用動向（employment）などの要素を組込みながら，地域の土地利用の全体構想の中で用途規制（zoning）を検討し，必要ならば，組み替え（rezoning）てもいる。そのことは取りも直さず，住宅市場の安定（stability）を目的にした市場調整機能も掌ることになる。

（3）循環性と住宅市場

1988年，キーレ，ロバート（Kyle, Robert C.）は，アメリカの市場金利と住宅需要の関係について，次のように指摘している。[46]

「住宅市場にとって，市場金利の動向は，需要が顕在化する方向に振れるのか，あるいは潜在化に傾くかの鍵を握っている。そして金利の上昇は，需要の芽を摘んでいると解釈するよりも，むしろ消費者が経済情勢の先行きを懸念しての躊躇から購買行為を見合わせているものと理解するべきである。開発業者や建設業者，

あるいは融資関係者からすれば，住宅の購買行動は，その地域の雇用率や金利の変動などを誘因として，供給ベクトルに作用し，あるいは逆に需要を喚起する場合もあって，相互性を持った要素であると捉えるべきである」。

すなわち地域の経済環境が悪化すれば，離職者たちは住宅を売って別の場所に移動する結果，住宅（中古）ストックが増えてくる。反対に，雇用環境が改善され，あるいは新規産業が振興した地域などでは，他からの転入者が増加することから，住宅の需要は高まる。地域産業の好・不況や地域の住宅市場の需給状況は，住宅ローンの市場金利の動向にも影響を与えるものであり，その三つ巴の因果関係については最近の資料からも実証できる。

しかし，住宅を所有した者にとって金利の上昇が需要を圧迫している状勢は，悪くない情報である。なぜならば，そうした現象は市場の供給過剰ではなくて，むしろ一過性の需要低下にすぎないものであり，外部経済が改善された暁には，潜在化していた実需は顕在化するからであり，住宅価格の上昇エネルギーが損なわれていないからである。キーレは，こうした循環性を持つ不動産市場において――長期的投資家や住宅所有者にとって興味深い点ではあるが――長期的なスパンで捉えた場合には，その対象の固有の振幅や波長による相違はあったとしても，「市場価格は上昇傾向にある」と論じている。

キーレは，不動産のサイクル（the Real Estate Cycle）について，次のように分析している（図表5-10）。

① 「開発行為（development activity）」が少なくなったときは，サイクルの「底（bottom）」に落ちることになる。そして，それ以前まで低調であった不動産「需要」が持ち直して「供給」を上回り始めてくると，不動産「価格」も上昇が始まる。

② こうした傾向に対応した「開発行為」が増えてきて，不動産「価格」も上昇し始める。

③ 「需要」がすでにピークを迎えているにも拘らず，まだ「開発行為」は継続している。当然の結果として，今度は，「供給」過多の状態に陥る。

④ 不動産価格は「安定」から「下降」に向かう。積極的な購買層を超えたボリュームの「ストック」が市場にあるからである。

⑤ やがて，不動産の「需要」が冷え込んできて，「開発行為」も終焉する。

日本の地価の推移は，1987（昭和62）年時点の地価水準と2000（平成12）年の水準

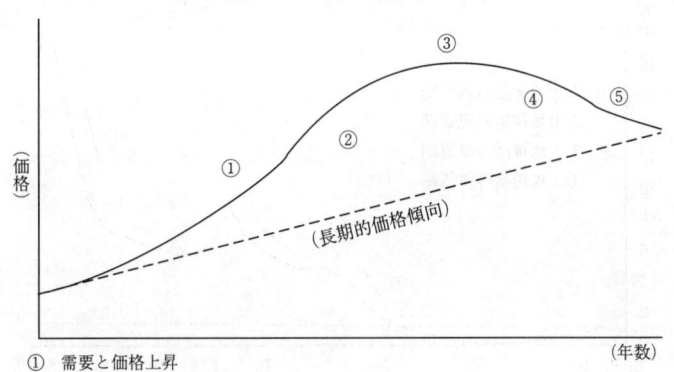

第5章 アメリカの住宅市場 179

図表 5-10 不動産市場のサイクル

(価格) / (長期的価格傾向) / (年数)

① 需要と価格上昇
② 需要に反応した開発行為の増加
③ 需要と供給が均衡してピークを迎える
④ 供給過剰により価格下降
⑤ 需要減少と開発行為減少

出所：*HOW TO PROFIT FROM REAL ESTATE*, p. 150.

の2点間の時系列比較をすると、3％前後位の地価上昇である。1988年から7年間くらいの期間はバブル期であり、以降は地価が僅かながらも下降している1999年頃までを除外して推移を見る限りは、地価はやや上昇傾向であり、好ましい状態である。また後述しているところでもあるが、スティグリッツ、ジョセフ（Stiglitz, Joseph E.）の主張する「必要な適正規模のインフレ環境」ともいえるものである。

米山秀隆氏（1993）も、著書『土地問題の構造』の中で、地価変動の中の「法則性」を指摘している。「戦後の地価変動を観察すると、面白いことに、大きな変動がおよそ10年周期で繰り返されてきたことに気が付く」と論じている。そして地価サイクルの周期性をもたらしているのが「景気循環」であり、しかも、その景気循環も「短期（3〜4年）循環」ではなくて、「中期循環（およそ10年周期）」であり、また、その中期循環は設備投資の変動から生起する景気循環性によるものと説明している（図表5-11）。

キーレの「不動産サイクル説」と米山氏の「循環説」とは、不動産市場が独自の循環性を包含しているという点では共通していて、齟齬はない。需要と供給との間に繰り返される振幅作用に時間を組み込むことによって、循環性が発生する原理である。その循環性が描くサイクル・ラインに不規則な軌跡を辿らせる要因としては、市場環境要素であるところの、人口構造の変化、社会経済の変化（景気、金利など）、政権の交代による政策変更などが挙げられる。そして意図的にサイクルを変

図表 5 - 11　地価水準の推移

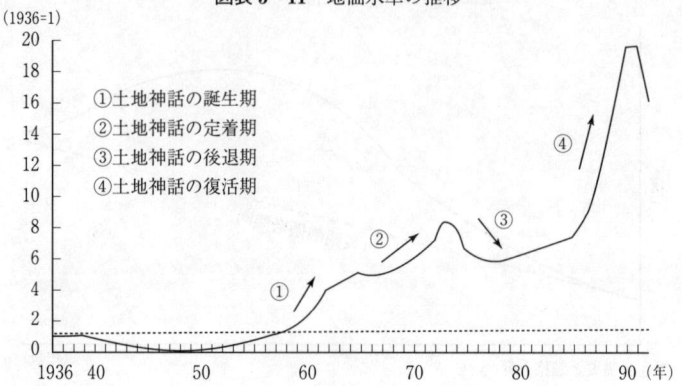

(1936=1)

① 土地神話の誕生期
② 土地神話の定着期
③ 土地神話の後退期
④ 土地神話の復活期

注：実質地価指数＝市街地価格指数（六大都市・全用途平均）／
　　　　　　　　　消費者物価指数（東京都区部）×100
出所：『土地問題の構造』17頁。

化させようとする働きかけが，税制や規制（zoning）などに代表される政策的調整作用（行政措置）といえる。その住宅市場に与える政策的コントロールを，よりタイムリーに，より効果的に作用させるためには，サイクル固有の周期とのタイミングが肝心である。政策が加える抑止効果，あるいは加速効果とサイクルのポジション（上昇期と下降期）とのタイミングが，市場調整の成否の鍵を握ることになる。最終的には，フリーケンシー（frequency）を限りなく少なくさせて，すなわち振幅の少ない緩やかなカーブを描くことが，土地の投機性を削ぎ落とすことからも望ましい市場の形（shape）といえる。過去の事例から推測するに，日本政府が不動産市場に施す措置のタイミングは，悉く，遅きに失している感があり，また，一旦，着手すると今度は余りにも短兵急な展開が多い。橋本寿朗氏（2002）は，1989～1990年に実施された金融引き締め政策の展開について，「数回に分けてではあるが，1年ほどの間に，公定歩合は一気に2.5％から9％に引き上げられた。これも，いわば緩やかに減速すべき時に急ブレーキをかけたという点で政策の失敗であった」と断じている。

モディス，セオドア（Modis, Theodore；2000）は，その著書『「Ｓカーブ」が不確実性を克服する』の中で「この世の森羅万象は，夫々，固有のＳカーブ（Ｓ字曲線サイクル）を持つものであり，Ｓカーブを読み取ることから，ターニングポイントを予知し，時宜に適ったアクションを起こすことが可能になる」と論じて，様々な

図表 5 - 12　自然成長の推移（Sカーブ）

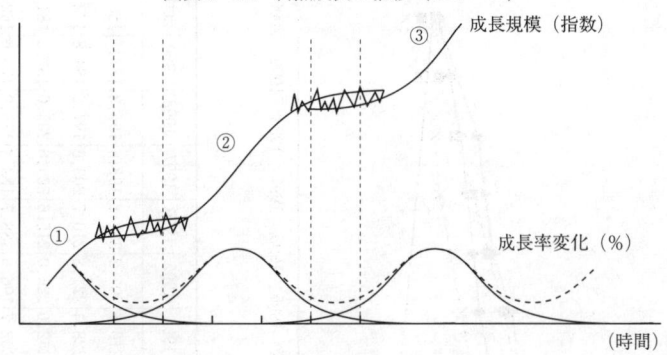

注：グラフ上部のSカーブは，①商品開発期，②販売活動期，③停滞・次期商品開発の成長過程を示す。下部のSカーブは成長率を示す。
資料：『「Sカーブ」が不確実性を克服する』45頁。

　経済現象に内在する循環性（Sカーブ）の捕捉の重要性を唱えている（図表5 - 12）。前述の「不動産市場のサイクル（図表5 - 10）」や「地価水準の推移（図表5 - 11）」の形状の中にも，Sカーブを見付けることができる。

　スティグリッツは，日本の長期化しているデフレ経済の有効な克服政策として，「最適なインフレ」が必要であり，日本の場合の最適なインフレ率として，3％程度を目標とするように勧めている。その具体的な方法として，時限的な減税措置を挙げ，まず第一の方策として「消費」の減税を，次に「投資」に対する税額控除措置の必要性を説いている。日本の不動産市場で考えれば，消費税は，まず建物に課税される。中古住宅の売買取引の場合，建物取引額の多寡が直接的に消費税課税額に反映することから，意図的に売買取引総額の内訳価格を土地代金に偏重させるなどの回避行為が行われたりする。しかし，こうした土地代金に建物代金の一部を転じる行為は，根拠のない地価上昇を捏造し，売買取引事例の正確度を低下させる結果になり，注意しなければならない。不動産取引の中でも，中古住宅取引の場合には，そのすべてに，消費税を免除するなどの優遇措置の用意は，中古住宅市場にはカンフル剤的効果が期待できる。次の，「投資」に対する減税であるが，不動産市場に限って言えば，住宅の「買い替え」などのインセンティブとして，アメリカと同様の「2年毎」に適用可能な，住宅「買い替え」に対する優遇措置の検討など，現行の税制を緩和する方向の施策が望ましい。

　スティグリッツの最適インフレ率はカナダのリバースモーゲージ制度の想定イン

182　第Ⅱ部　住宅市場の変貌

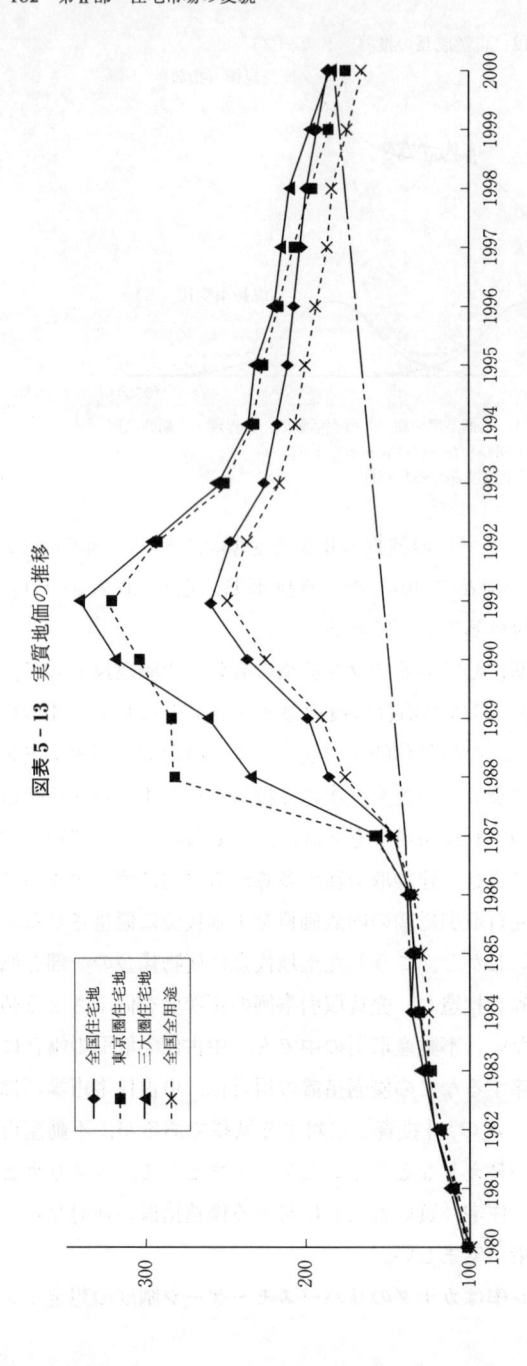

図表 5-13　実質地価の推移

	1980	1981	1982	1983	1984	1985	1986	1987	1988	1989	1990	1991	1992	1993	1994	1995	1996	1997	1998	1999	2000
全国住宅地	100.0	111.4	120.6	126.8	130.6	133.5	136.4	146.8	183.5	198.0	231.6	256.4	242.0	221.0	210.6	207.2	201.8	198.6	195.8	188.4	180.7
東京圏住宅地	100.0	114.1	122.5	127.6	130.4	132.6	136.6	165.9	279.8	280.9	299.4	319.2	290.1	247.8	228.4	221.8	210.7	203.6	197.5	184.8	172.3
三大圏住宅地	100.0	113.4	122.5	128.0	131.3	133.9	137.6	156.4	229.3	254.5	310.5	335.3	293.4	250.9	232.6	226.0	215.6	209.6	205.0	193.3	181.9
全国全用途	100.0	109.6	117.7	123.2	126.9	130.0	133.4	143.6	174.8	189.3	220.7	245.7	234.4	214.7	202.7	196.6	188.7	183.3	178.9	170.6	162.3

出所：建設省住宅局住宅政策課監修，2000年，62頁参照。

フレ率（3％）と一致している。また，図表5－13に見る実質地価の推移においても，3％前後の上昇率である。バブル期を含む前後13年間（1987～2000年）を除外して考えるならば，ほぼ理想的な展開と評価できる。

（4）移動性と住宅市場

教育水準と移動　カトーナ，ジョージ（Katona, George；1977）は，その著書『欲望の心理経済学』の中で，次のように論じている。[53]「転職率は，人々の属する社会層の相違によってかなり大きな差が見られる。アメリカでは，住居と職業の移動に関する広範囲な資料は利用できるが，この二つの移動性については年齢と教育とがきわめて高い関連性をもつ。若い人たちや教育水準の高い人々は，年配者や教育水準の低い人たちに比べて自発的な職業移動や地理的移動を行うものが多いのに対して，非自発的な転職はむしろ年配者や非熟練労働者の間に比較的多くみられる。この点については，教育水準の低いアメリカ人の多くは堅実な仕事をみつけることがなかなか困難であるという現実と関係があるように思われる。また住居移動については若年層の世帯に比較的集中する傾向が見られる。教育程度は，あらゆる種類の移動を刺激するものである。そして，アメリカでは，自発的な（being pulled）移動が，強制的な（being pushed）移動よりも多い」。この論述の中で，アメリカ人の移動行動には，年齢や職業の他に，教育水準が強く関係している様子が確認できる。

　またアメリカの雇用市場における階層構造的変化も，「移動」との関わりが大きい。1992年以降，2001年までのアメリカ経済は長期的に順調な拡大傾向が継続してきたのだが，その好調は「ニューエコノミー」と称される，情報技術革命から始まる新たな分野の経済活動に起因するものであった。こうした新しい潮流は，雇用市場にも変化をもたらすものであり，鉱業や製造業，建設業などの分野に見られる縮小傾向とは裏腹に，サービス関連雇用の圧倒的な拡大を生起させた。サービス関連雇用は，個人の需要に基盤を置いた生活・保険・社会サービスと，企業組織による経済活動の支援サービスの，二つの分野が大きな比重を占めている。この内でも，後者の経済活動の支援サービスの雇用市場は地域経済の景況の波を被りやすいことからヒトの移動性が高く，しかもこの種のサービス関連の被雇用者は教育水準が高い。26年前のカトーナの指摘は現在にも当て嵌まり，実証されるところである。また前者の，個人を対象とする多彩な生活関連サービスの恒常的ニーズの方は，少子

高齢化する社会構造の変化が追い風となって将来的にも拡大方向にあり，したがって，この分野の被雇用者を対象とする低価格住宅（affordable home）の需要も安定的なものになるに違いない。

アメリカにおいても，全体的には，地価は緩やかではあるが確実に上昇してきている。しかし住宅地の場合は――日本と事情が違うケースとして――そこに住む住民の人種や職業，収入などから構築される二次的階層，また周辺地域の犯罪発生率などが，その地域の住宅地の市場価格（相場）を変動させる重要な要因となっている。したがって住民たちの近隣住民に対する関心度は，われわれの想像を遥かに超えるほどである。アメリカの人気テレビ番組である"X-Files"（1993年，アメリカ・フォックス放映）の"スィートホーム"の中で，厳しい住宅地管理規約に拘束された郊外型高級住宅地の悲喜劇が描かれているが，フィクションの世界ではない。歓迎できない住民の新たな転入は，住宅価格の値下がりを懸念する人に，住宅取得に投じた資金の回収を決意させ，「住み替え」を余儀なくさせるのである。逆に，地域にジェントリフィケーションが起こり，マイノリティがやむなく転出させられるケースも少なくない。住民の階層の変化は，住宅地の「好感度」や「治安の程度」までも決定することから，「移動」の重要な引き金になっている。

また中流層に共通する特徴として，つねに家族が協力し合って，アッパークラスへの昇格（デビュー）という強力なインセンティブによって上昇志向をかき立てながら生活するライフスタイルが普遍的である。彼らは現代版「アメリカンドリーム」を描いているのかもしれない。例えば，大学の助教授が勤務先の大学から，来春の教授昇格の通知を聞いたとしよう。彼は，そのニュースを聞いた途端に，現在の住宅を売却して次のステイタス（教授）に相応しい住宅地を見付けて，そこに引っ越そうと計画する。こうしたケースは決して誇張ではなくて，よく聞く話である。そうと決まったら，彼らは道路から見える前庭を，その家を売却する来春には見事に開花するように植栽を整える。次の購入者の評価や印象を良くして，少しでも高い値段で売却できるように家族も協力するのである。翻ってわれわれの場合はどうであろうか。自分が職場で昇格したからといって，あるいは勤務先が変わったとしても，「住み替え」を具体化するだろうか。子供の学校の都合が優先するだろうし，たとえ「住み替え」を計画したとしても，現在の家の購入者が見付かるのだろうか，売買契約が成立する価格は，その家の住宅ローンの残債分を返済したら幾ら手元に残るのだろうか，非常に不安である。バブル崩壊後から続いている住宅地

の地価下落はまだ底を打っていない今,「住み替え」の具体化は容易なことではない。

クラスターと居住地　ワイス,マイケル（Weiss, Michael J.; 1994）は,その著書『アメリカライフスタイル全書』の中で,「クラスター（集団；cluster）」という生活集団単位を使ってアメリカの地域性を解明し,ライフスタイルについて,次のように論じている。

「1948年にロングアイランドで最初の分譲住宅地に建築が始まった。この当時は"クッキーの型抜き"のように同一な区画が量産される分譲住宅建設方式がアメリカの全土を制覇するとは誰もが予想しなかった。半世紀経った現在では熟年分譲住宅地区となったが,当時は戦後のベビーブームに合わせて建設された多数の分譲住宅コミュニティを代表するものであった。この地区では,子供は育ち,巣立った後,熟年カップルがいまでも当時の量産住宅に住んでいるが,ガレージや2階を増築し,裏庭にはプールが造られていたりして,家に個性が付けられている。コミュニティはゆっくりと発展する。10年くらいの期間では新しいクラスターはめったに誕生しない。どの居住地も表面的な変化には乏しいが,住民の生活は確実に変化している。戦後,都市の郊外化によって形成されたコミュニティも,スプロール化が進み都市化の波に飲み込まれた結果,広々とした余裕のある住宅は,若年世帯にはあまりにも割高なものに変化してきている」。

ワイスは,郊外型熟年分譲住宅地区や郊外型熟年邸宅地区に,新たなクラスター問題を観察している。子供の巣立ち（親元からの離脱）が進行した後の住宅地は,優雅に年代を重ねてきた結果,高級住宅地区に昇格してしまった。おかげで,若年世帯の購買力をはるかに超える高級な住居地域（写真5-8）になり,それゆえに若年層との交代が難しく,地域の学校が就学児童数の減少から閉校になるケースが増えてきている。この閉校問題は,地域住民にとっては重要な意味を持つ。学校はコミュニティの活力源であると同時に,資産価値下落の歯止めでもある。地域内に学校があることは,就学児童を持つ家族の転入が期待できることであり,既存住宅の購入者を確保できる要件でもあるからである。

ワイスはまた,アメリカ人の「ライフスタイル」を調査して,次のような内容の報告をしている。「アメリカ人のほとんど5分の1は,年に1回は家を替えている。人生の大きな出来事,結婚,出産,育児,就職,離婚などになると,まず引越しを考える。引越しはアメリカの基本的自由のひとつであり,幸福の追求になぞらえて

写真5-8 サンフランシスコ市郊外の高級住宅地

(2002年8月著者撮影)

いる」(p. 39)。なぜ，人は新しい居住地を選ぶのだろうか，この質問に答えることは容易ではない。マサチューセッツ工科大学とハーバード大学とで行われた住居学合同センターの調査（1984年）から，いくつかの基本的行動パターンを見出すことができる。意識的には，当面の必要性に駆られて，次なる居住地へと転居するのである。その理由としては，20歳代の家族では「子育て」の環境としての適否，30歳代では区域の「学校の質」，40〜55歳代では，自分がその「住居地」に馴染めるのかどうか，それ以上のシニアにとっては，「犯罪」の少なくて快適な環境（サンベルト地帯などが人気）かどうかなどである。彼らは，自分の社会的地位や収入，学歴，職種，あるいは価値観などを共有できる隣人を求めている。今の場所が自分には合わないと考えれば，合いそうな場所に引っ越すのである。したがって住んでいる居住地によって，その家族の事情をある程度は推測することができる。しかし全ての中流クラス世帯がアメリカンドリームを求めて都市部を離れていくかといえば，答えは「ノー」である。北東部では，ブルーカラーやホワイトカラーが混在し，多様な人種が住んでいる。若者は大人になっても他所に行かないし，女性も結婚するまで親と同居したりして，家族との絆は強い。

社会の多様性と移動　アメリカと一口で言っても，カナダと国境を接する北部とメキシコに隣接した南部とでは，その社会経済や居住環境は著しく異なっている。カナダとの国境付近では，「スノーバード（Snow Bird）」と呼ばれているカナダの退職者たちが，春と秋に，渡り鳥のようにサンベルトやメキシ

コとの間を往復したりしている。彼らの冬の間の滞在先はサンベルトゾーンとも呼ばれる亜熱帯性気候の地帯であり，リタイア後の居住地（シニアタウン）として人気が高い地域である。彼らは，アメリカにいる間はコンドミニアムやトレーラーハウス（モービルハウス）などを購入して生活し，夏のカナダに戻っている期間は，地元の不動産業者に依頼して「レンド (lend)」する。このように，同じアメリカの国内でも北部と南部とでは，別の国ほどにそれぞれの社会経済や居住環境が相違していることから，その住宅市場も一様ではない。日本においても，やはり北海道の最北端と沖縄の南部とでは，生活や住宅事情も違う。したがってアメリカの制度的な部分の画一的模倣だけを以って，短兵急な効果を期待することは誤りである。また住宅市場の実態を捕捉しようとする場合も，焦点を当てる階層を明確にしておかないと，誤った結論を誘導してしまう懸念がある。インナーシティの劣悪な居住環境に辛うじて生活している貧困層と，片や，最先端レベルのセキュリティ設備で24時間，ガードされている特権的な要塞住宅地（ゲイティッド・コミュニティ）に生活している富裕層がいる。また，その中間的存在である中流層の住宅事情を把握しようとする場合でさえも，アンダー層から這い上がってきた人たちと，アッパー層に届きそうな人たちとの間には相当に隔たりがある。したがって「住み替え」についても，その動機や内容も違うし，持家に投じる資金負担にも相当な格差がある。

　アメリカは，その国土の広さや人種の多様さなどからも，われわれの想像の域を超えている。平面的に俯瞰すればアメリカ国土はまさにモザイク・パターンであり，各州の内部に分け入れば郡や市，さらに町が各地各様の環境条件（自然，法的，政治経済）を持っている。それをバーティカルに掘り下げていくと，アッパーからミドル，アンダーまでの階層模様が見えてくる。アメリカではホワイトカラーとブルーカラー，白人とアフリカ系アメリカ人やヒスパニック系などの人種の違い，収入や学歴の格差，宗教の違いなどの変化が転居の大きな理由になる社会である。

教育と転居　アメリカの場合は，州毎に教育政策を打ち出していて，教育に国の介入を嫌う傾向がある。学校教育予算は連邦支出の1割弱である。したがって連邦政府の教育政策に対する影響力はわずかであり，大筋での方針を公表するくらいである。主に国税を以って学校運営をし，その末端にまで政策を浸透・干渉している日本の教育システムとは対照的である。アメリカの学校教育費の主な財源は，地域住民から徴収している固定資産税収入である。この財源の性格からして，公立学校の運営方針は地域住民の所得階層や人種問題などから影響を受け

やすい特徴がある。高所得者層が多い郊外の高級住宅地の学校は，潤沢な教育予算を使って，優秀な人材（教師）を雇用することから多彩なカリキュラムを組むことも可能である。経験豊富な教師が子供の個人個人の資質を専門的に観察し，必要な個別指導も受けられる。高い教育水準を誇る学校がある住宅地には，外部から子女の教育に熱心な高所得者層が競って転入してくる。その結果，その地域の不動産価格は安定し，上昇することになる。逆のケースとして，住民にマイノリティや低所得者層が多い都市部では教育費の負担能力が相対的に低く，教育費については恒常的に財政難な状態にある。したがって教師の待遇などにも直接的に影響する結果，彼らの教育意欲を削ぎ，子供たちにしても，家庭や学校などにおいても，暴力や犯罪からの直接，間接な影響は避けられないものがある。これらは相乗的効果を助長し，都市部の学校教育レベルを著しく低下させる方向に向かわせる。この悪循環は加速的に進行していくことはあっても，改善されることはない。就学児童を抱える高所得者層は都市部の荒廃化した学校に失望した結果，郊外の高級住宅地への転居を選択する。高所得者層の転出は地域の学校資金の負担能力を逓減化させ，ますます教育レベルを低下させていく。日本でも，「孟母三遷」の諺があるように，子供の教育事情を優先させて志望校の近くに転居するケースは珍しい話ではない。

転居とリバースモーゲージ制度　アメリカに比較した場合，日本の中古住宅市場の流通性が低い理由の一つとして，「移動」機会の少ない点が考えられる。総務省がまとめた住民基本台帳人口移動報告年報によると，1995年までの3年間，連続して増えていた移動者数の総数が96年から減少に転じて，2001年までの6年連続して前年を下回っていると，報告されている。2001年の移動者数は過去40年間で最も少ない前年比0.5％減の611万人となっており，6年前に比べて約8％減少している。転居件数の減少が続いている原因の一つには，企業が経費節減から転勤を伴う人事異動に消極的になり，また転勤する場合でも単身赴任が増えている点がある。

アメリカ人と日本人の「転居＝移動」行動だけを抽出して比較した場合，アメリカ人の持つ「移動性」と，日本人の持つ「回帰性」あるいは「帰巣性」との相違は明確である。そうした人種や文化の違いに基因する各々の社会経済の個別性や対比性は，反面的ゆえに示唆的といえる。アメリカ人の「移動性」の高さの理由は，日本人に比べて多元的であり，その影響にしても多面的である。一例を挙げるならば，アメリカ国内のリバースモーゲージ制度の普及である。この制度が，アメリカでは比較的短期間に全州に及んでいるのとは対照的に，日本の場合は相当以前から調

査・検討されてきたにも拘らず，現在も普及するまでに至っていない。その理由の一つは，家族の「移動」の有無や多寡にある。アメリカでは，親が子に遺す財産は不動産資産よりも金融資産の方が多い。この点については，ホリオカ，チャールズ・ユウジ氏と浜田浩児氏が，著書『日米家計の貯蓄行動』の中で，日米の相続資産の種類の相違について，「日本では居住土地・建物，アメリカでは金融資産が中心である」と報告している点からも確認できる。[56] こうした相続傾向の相違が，リバースモーゲージ制度の普及の速度や規模に関係している。アメリカでも，"ハウス・リッチ，キャッシュ・プア（House Rich, Cash Poor）"の高齢者世帯がリバースモーゲージ・ローンを利用する。アメリカの平均的家庭では18歳になった子供は，親から独立して生活するのが一般的傾向であり，一度，親元を巣立ったら再びその家に戻ることは少なく，したがって住宅資産の相続機会が少ない実態も無関係ではない。たとえ親が家を遺したとしても，最終的には子供が売却処分するパターンが多いことから，親が住み慣れた家で老後を過ごしながら，住宅資産を現金収入に変換できるリバースモーゲージ制度の利用には，子供も積極的に賛成する。子供のこうした選択は，親の金融資産を減少させたくないからという理由も考えられなくはないが，何よりも，親と子供の居住地間には相当な地理的距離がある場合が多いからである。親の異変にも直ぐに駆けつけられないほどの遠距離に住んでいる子供であれば，高齢期の親の経済的自立に役立つリバースモーゲージ制度の利用に反対する理由はない。

　1992年に発表された1990年度のアメリカの国勢調査によると，家族像では「結婚した夫婦と子供」といった伝統的家族は，全世帯の僅か27％であると報告されている。アメリカンドリームは次第に変容して，最近の傾向として片親家族が急激に増えてきている。こうした家族構成の変化は，将来は高齢者の単身世帯の増加を示唆するものでもあり，高齢期の経済的自立の一つの方法として，リバースモーゲージ制度の利用者はこれまで以上に増加していくに違いない。

3　ハワイ州オアフの住宅市場

　ハワイ州は，オアフ島を含む8島（ハワイ・マウイ・オアフ・カウアイ・モロカイ・ラナイ・ニイハウ・カホオラウェ）から構成された，アメリカの50番目の州であり，際立った多民族多文化混合社会（白人系住民数が24.3％，アジア系41.6％，

ハワイ先住民系9.4％，2民族以上の混血21.4％，その他3.4％）である。ハワイ州全体の人口は，1900年6月で15万4001人，1980年4月で96万4691人，2001年7月では122万4398人であり，現在も着実に増加している。またその平均寿命は，1991年では男性が75.37歳，女性が81.26歳であり，その後も長寿化が進行している様子は日本と変わらない。ハワイ州も他のアメリカ各州と同様に三層の政治機構から構成され，第一に連邦政府，第二に州政府，第三は市・郡レベルの行政機構である。第二の州政府レベルではハワイ憲法の下に行政・司法・立法の三権が分立し，立法府としての州議会（上院5名，下院51名）をもち，州知事，副知事，上下院議員は選挙によって選出される。第三の市・郡レベルでは，ホノルル市・郡政府（オアフ島），ハワイ郡政府（ハワイ島），マウイ郡政府（マウイ・モロカイ・ラナイ・カホオラウェの4島），カウアイ郡政府（カウアイ・ニイハウ島）と分かれている。

　18世紀後半から，ハワイは，それまでの土着文化の社会から次第に西欧文化の影響を受けながら産業革命後の社会へと，わずか100年の間に急激な変革を経験している。19世紀末には，欧米列強国の植民地拡大政策と覇権主義の波に翻弄され，王朝転覆といった結末を見ることになる。1993年11月23日，クリントン大統領は130～150法案（通称で謝罪法案）に署名して，ハワイの王朝転覆にアメリカが深く関与した事実を内外に明らかにしている。そうした外圧に対して抵抗した先住民たちは，1980年代半ば頃から「ハワイアン・ルネッサンス運動」を表面化させている。ハワイの書店や観光土産店の店内で，「英語」ではない「ハワイ語」で著された書籍やハワイの伝統文化に関する書物の棚が設けられていることからも，「観光立州ハワイ」としての表向きとは裏腹に，「観光用」に歪められてきたハワイ先住民文化の変節を嘆き，その復興を強く希求している先住民たちの気配を感じ取ることができる。

　経済面を俯瞰すると，幾つかの特徴に気付く。ハワイは，19世紀に入って，欧米人勢による土地利用など活発な経済活動が牽引力となり，否応なく近代化を迫られることになる。しかし，その短兵急な近代化は人件費を高騰させ，また同じ時期に起こった世界的な砂糖の供給過剰が相俟って，ハワイから製糖産業ばかりかパイナップル産業までも，人件費の低廉な海外へと移転させる結果を招来させた。またハワイの労働人口の不足は深刻であり，これまでも外国人労働移民を積極的に受け入れてきている。日本もハワイとは密接な関係にあり，多くの日本人移民が砂糖キビ農場で働いてきた経緯もある。ハワイの主なる財政収入源は，観光収入，軍事基

地関連収入,製造業,農業などである。その観光収入にしても,本土のアメリカ人以上に日本人観光客の消費によるところが多く,日本経済の景況は直接的にハワイの経済にも反映する構図にある。不動産市場の場合は,80年代後半から90年代初頭にかけて頻発した,日本人や日本企業による不動産の「買い漁り」が,悪果としてハワイの不動産市場に深刻な価格上昇を惹起させたとして,いまもなお現地の不評を買っている。

(1) オアフの住宅市場

　ハワイ州の土地や住宅を語ろうとするとき,幾つかの特徴を指摘しておく必要がある。ハワイ州の土地利用規制権限は,土地利用委員会(Land Use Commission)が有しており,土地利用は都市,保全,農業,農村の4つの地域に分類されている。[58]都市部エリアは全体の4%(16.5エーカー)相当であり,オアフ島の居住用面積については,1969年から1986年までの17年間に,22.6エーカーから28.8エーカーまでと27%程の増加があり,反対に農業利用は13%程,減少している。ハワイ州の土地の所有権状況は,連邦政府が8.4%,州・郡政府所有が29.7%,私有地が61.9%の割合である。ハワイ州は,ビショップ財団(Bernice P. Bishop Estate)など極少数の大地主が,その私有地の大半(38.5%)を所有している点で,他の州とはその事情を異にしている。しかし最近の住宅取引における土地の権利内容は,完全所有権(Freehold)[59]の移転が大半であり,むしろ借地権(Leasehold)[60]の売買は減少傾向にあると,西山和夫氏[61]は語っている。この土地の「所有」と「借地」の関係において,「所有」比率が増加傾向にあるのは,1967年の土地改革法の影響によるところが大きい。

ホノルルの住宅市場　ホノルルの中心部から東に車で10分程走ると,築後年数30〜40年位の木造戸建住宅(150〜200 m^2 前後の敷地)が建ち並んでいる住宅地に入る。私の歩いた住宅地(写真5-9)の中では,アメリカ本土では頻繁に目にする売り物件の広告(貼り紙や看板)類を,ついぞ見ることはなかった。環境保護団体の監視が厳しく,屋外広告は規制されている事情もあるが,西山氏も指摘されている通り,ホノルル市周辺のエリアには住宅の売り物件が極めて少ない。しかし,その利便性に魅せられた住宅購入希望者は常に多いし,リピーターも少なくない。賃貸住宅のストックもやはり不足した状態が恒常的である。こうした過剰な住宅需要は,強固な売り手市場を形成し,既存住宅価格の上昇圧力にも

写真 5-9　市街地周辺の住宅地

市街地周辺の古い住宅地の中の道路のアスファルト舗装，排水溝，信号機などのインフラは，明らかにアメリカ本土よりも低位であり，道路の端に木製電柱が敷設されている風景は，むしろ日本の古い住宅地にも似ている印象である。
（2003年6月著者撮影）

写真 5-10　住宅新築工事現場

（2003年6月著者撮影）

なっている。ホノルル中心市街地から少し離れた外周部の住宅地を歩いてみたが，建物の建っていない区画（空地）はほとんど見当たらなかった。したがって新築工事現場を見かけることは少なくて，既存住宅の改装・増築工事の現場を時折，見かける程度であった。

　平均的戸建住宅は，柱やその他の部材についても——日本家屋に比べて——全般的に断面が小さくて，簡素な造りが多い。屋根勾配も緩く，軽い構造が多いのは，降雨量（シャワー程度）も少なく，降雪もないことがその理由であろう。いま一つの理由として，建築資材の全てが，メインランド（main land）から船便で搬入されている点も挙げられる。住宅の外壁も下見板張の塗装仕上げが一般的である。垣根や門扉は簡単な構造のものが多いし，植栽などにしても，アメリカ本土の住宅地に比べて貧弱なものあった。住宅地の中に，珍しく住宅の新築工事現場（写真5-10）を見つけたので，職人（設備工）に質問しながら，写真を撮らせてもらった。断面の大きい梁材を受ける縦材に間柱（25×100）程度の部材を使っている箇所が数カ所，見受けられた。施工中の現場検査はないのだろうか，明らかに不良工事である。居合わせた職人も，承知している様子で，「この部分は問題だ」と，片目をつぶって見せた。住宅の1階部分の床面は，床下の通気を考慮して，地面から1m前後高く造る場合と，土間コンクリートを打設して，直接，仕上げて使用する場合のいずれかであった。土地柄，住宅内部の通風を重視するはずであるが，土間コンクリートがそのまま床面である理由は，2階建住宅の場合に建物の高さ制限の都合かもしれないし，工事費の節減がその理由かもしれない。中心市街地に近接している古い住宅地には，比較的簡便な家屋が多く，老朽化も進んでいる。ホノルル市内の不動産業者であるサイトウ，アキ氏(62)（Saito, Aki）は，「この廃屋（写真5-11）の老朽化の程度では，次の購入者はまだ解体することは考えない。大規模な改装・修繕を施してから，使用するケースがほとんどである」と，説明してくれた。

　一方，郊外型住宅地の中で販売されている住宅は，その規模（2階建）も大きく，家具付の高級住宅がほとんどである。また郊外型住宅地の多くが，近くに公的な交通手段はなくて，自家用車に依存している。こうした事情は，朝晩の通勤時には深刻な交通渋滞を惹起させ，その解消のための対応措置が講じられている。自家用車で通勤する場合，2人以上（場所によって違う）が同乗している車両に対して，専用走行車線を通勤時間帯に限って設置するルールである。カー・シェア（Car Share）のインセンティブ効果を狙い，フリーウェイの通勤ラッシュを緩和させよ

写真 5-11　老朽化した住宅

（2003年6月著者撮影）

うとする措置である。鉄道を敷設しないで，朝晩の車線変更作業（専用の作業車両が行う）を繰り返す方法を選択する理由は何であろうか。鉄道用地買収が困難なのか，あるいは広大な砂糖キビ農地の跡地のあちこちに勃発する住宅地開発に合わせて，適当な交通手段を用意することは難しいことなのだろうか。しかしアメリカの新興住宅地のなかには，バス乗り入れを拒否する住民運動が存在することも，また事実である。車を持てない階層を排除したい住民たちの意図からである。

住宅地とインフラ　ホノルルでは，その交通渋滞が深刻な問題として再々取り上げられているが，十分な解決には至っていない。水平方向の交通の場合には，垂直方向に比べて，より長い距離の移動が必要とされるから，低密度の都市であれば，集積した経済主体間の空間統合のための労働投下は非効率なものにならざるをえない。しかしホノルルのような高密度の都市の場合は，外側に向かう水平方向へのスプロールが起こり，住宅地とワイキキ周辺の観光施設の集積との空間的統合には，交通・通信の混雑やインフラの隘路を惹起させている。こうした空間的統合，あるいは社会的機能の接続がスムーズに行われていない現状は，観光施設が集積する都市中心部の機能に限界が設定され，その集積にも上限が設定されることを意味する。ハワイの重要な観光資源である景観や海岸の形状からすれば，

水平方向の拡大は必ずしもマイナス条件ではないが，やはり垂直方向へのある程度までの空間的集積は必要な展開となる。またワイキキ周辺部の低層住宅の密集する住宅地では，その水平方向への現状以上の展開は難しく，やはり将来的には垂直方向への集積が予想される。その場合でも，人口稠密度の上昇から，インフラの整備と交通・通信機能の拡充は避けがたく，住民の負担するコストも増大し，これまで以上に高負担経済の方向に舵を切ることになる。今後も，制限的な地域の中に流入する観光目的の訪問者や移民などが増加して，人口密度が高まるに連れて，あらゆる社会的機能の集積と垂直的空間の拡大，郊外の水平方向への増殖，それらを統合するための動線の確保やインフラ整備などと，財源圧迫のシナリオであり，各ファクター間に深刻なジレンマが固定化する。検討に値する対策の一つは，各独立したファクターを連結させて，投下エネルギーを節約する方法であり，あらゆるプログラムに，「共有」，「共用」のコンセプトに基づいたシェア・システムを導入することである。

　ハワイの住宅分布の現状では，中流所得層の大半の住宅は，ホノルル市街地から離れた郊外に多く散在している。しかしベビーブーマーが高齢期に入るころになると，都市部の生活利便性を優先して都市部に近接した住居を求める需要と，住宅地の郊外化の進行とが相俟って，若い世帯が郊外部に住み，高齢者世帯が都市部に回帰するといった二極化（住み分け）循環が起こり，現存する中心市街地外輪部の低層住宅地に転入・転出の住み替え現象の生起が予測できる。しかし，この場合であっても，住民間にみられる人種・社会的階層の相異は困難な障害となるだけに，空間的規模や所有形態など，必要な諸条件が整うならば，ジェントリフィケーションの可能性も射程内に入る。いずれにしても，将来的には，ハワイ特有の制限的な住宅地供給能力からすれば，居住空間の高層化を辿ることは間違いない。やがて住宅市場にも顕在化するであろう高齢者世帯の都市部への回帰性移動は，住宅市場に流動性をもたらすばかりか，生活関連の多種多様なサービスのニーズに対応した建設，商業，福祉，医療などの広汎な分野に亘って，様々な経済効果を生起させるに違いない。また，あらゆるサービス機能のシャトル移動（shuttle）が，消費空間と供給空間との間の近距離的水平空間に日常的に頻発することも示唆している。しかし，これらの両空間に繰り返されるシャトル移動は，通信・情報，輸送・交通などにおけるインフラの整備を要求するものであり，時間，労力，そしてエネルギーを消費することから，究極的には，やはり高層化による垂直空間利用に帰結すること

になる。その結果は——先走った懸念を言うならば——ハワイのリバースモーゲージ・プランもコンドミニアム・タイプ（区分所有）の居住用資産を融資ターゲットとして積極的に取り込む必要性に直面することになる。こうした事態は、日本のリバースモーゲージ制度にしても他山の石ではなくて、早晩、直面する課題であるだけに、ハワイの事例研究は有益なものになる。

コンドミニアム　オアフの住宅市場では、戸建住宅に比べてコンドミニアムの方が、
タウンハウス　開発も容易であり、値頃（求めやすい）商品（affordable housing）の提供が可能なために、コンドミニアムが多い。しかし、こうした状況下の市場は必ずしも安定的ではないことから、不動産業界の中でも積極的な商品開発の動きが表面化してきた。1985年から1990年の期間は、増え続ける人口と好調な経済で、幾分、混乱気味のホノルル周辺では、適正な価格の住宅の供給が不足した時期でもあった。この5年間で、コンドミニアムの中位価格は9万ドルから19万ドルまでと、2倍以上に高騰している。しかし消費者が低価格の低層住宅を求めているのに反して、地主や開発業者、また建築業者たちは——低層住宅に適当な小規模の土地も少ないこともあったのだが——コンドミニアムの開発に熱心に取組んでいた時期ともいえる。この後、リーワード（Leeward）に一定規模の住宅用地が供給されたことがきっかけとなって、低価格住宅に対する需要・供給は急速に膨張した。1993年には、低層住宅市場はそのピークを迎えることになる。

1981年では、コンドミニアムの新築物件の販売実績の伸びは僅か8％増であったのだが、1993年から1994年までの期間では56％増にまで伸びた。しかしコンドミニアム開発計画の半分が閉鎖されて、新築物件と転売物件とが市場に錯綜した時期でもあった。3200戸の既存コンドミニアムの平均価格が22万5000ドルにまで上昇したのだが、こうした兆候は、まだ計画段階のプロジェクトに対しても買い手が殺到するようになり、好ましくない状況を呈するようになった。こうした事態は、開発業者は歓迎しても、消費者にとっては不満な状態である。政府は、ブームの真只中で低価格住宅の建設促進のための施策を強化したのだが、強固な売り手市場を変えるまでには至らなかった。

しかし市場の急激な上昇と、急速な下降とは、実は表裏一体であり、同義語的関係にあるといえる。1995年に入ると、リーワードのタウンハウスの販売数は半減して、その翌年も更に半減した。リーワードのタウンハウス市場の凋落は、その後、3年間経っても持ち上がらなかった。こうした低迷は、住宅分譲業者にしてみれば

ダメージが倍増するものであった。在庫物件が動かないことは，抱えている経費負担と資金回収の遅延を意味するからである。結局のところ，業者らは住宅市場を正常化させる必要性からも，低価格住宅の販売に向かわざるを得なかった。こうした状況に直面した開発業者の反応は極めて単純なものであり，「住宅市場の発展」を唱え，損益分岐点を無視した販売を繰り返すようになった。1994年から1996年までの期間は，コンドミニアムの住戸サイズも15％程拡大し，大き目のタウンハウスもよく売れたのだが，それでも1997年には20％の販売成約率の低下であった。

戸建住宅とゲイテッド・コミュニティ 1996年の初めに，ジェントリー・ホームズ（Gentry Homes）社が，これまでのタウンハウスに替わって，価格が20万ドル前後の戸建住宅（detached single-family homes）を販売し始めた結果，次第に普及するようになった。その成功の理由としては，このタイプの住宅がタウンハウスと違って界壁（party wall）も共有しない点，各戸に専用の庭や駐車場も付帯させているから隣近所との騒音問題はなく，プライバシーも護られ，かつ安全度が向上している点などが挙げられる。しかし逆に土地（敷地）の負担は大きいことから，開発業者は各販売区画の面積を狭いものに変更した。また住民たちに，管理組合（コンドミニアム協定を参考にした）を組織化させるなどして，コミュニティ形成などの手法を使いながら，駐車場，共同設備，道路などの管理や，アメニティを1カ所にまとめて設置する方法で，管理面などにおいてもスケールメリットを図ろうと工夫している。このようして小規模のロット（区画）による低価格販売が奏功して，戸建住宅市場は着実に回復に向かうのだが，それにしても，市場全体としては復活のレベルまでには届いていない。

政府も，消費者の購買意欲の低下に対する対応策として，低価格住宅に対する制限の緩和，建築規制の平易化，建築許可までの事務手続きの短期・簡素化，適正価格住宅に対する需要に応えるために民間セクターへの委託などの実施にも踏み切った。いま一つの対応策として，リゾート地域における住宅建設の促進を打ち出している。一例として，カポレイ（Kapolei）のゲイテッド・コミュニティ（gated community）を250人の購入希望者対象に，平均価格24万ドル程度で販売する計画などがある。開発業者の何社かは，これまでと違ったコミュニティ・レイアウトや優れたデザイン，適正な価格で住宅を供給する方法で販売実績を伸ばすことに成功している。こうした成功事例の一つとして，ハセコー（Haseko）の開発によるオーシャン・ポイント（Ocean Pointe）が挙げられる。オーシャン・ポイントは，その販売

写真 5 - 12　ウッド・ブリッジ（Wood Bridge）

（2003年6月著者撮影）

成績において1998年に開催された住宅フェアで，アメリカ国内一として評価された。事実，エヴァ（Ewa）におけるハセコーの販売成績は，ミリアニ（Miliani）やワイケレ（Waikele）のコミュニティの全体プランにおいて，これまでの勢いをはるかに超えた市場占有率であった。ハセコーの場合は，伝統的なデザインに基づいたコ

ミュニティ・ランド・プランであり，歩道と幅員の広い道路，裏庭に造られた車庫，敷地のファサード部分の余裕あるデザインなどが特徴である。しかし，この他にも，住宅に対する人々の期待やあくなき欲求には際限がなく，セントラル・エアコンから始まり，裏庭のガーデニングやインテリア効果を期待した窓の多用などが人気を集めた。実は，こうした設備関連のコストが住宅価格を高めているのだが，販売競争に打ち勝つための重要な要素でもあった。こうした事情は，すべての開発業者に共通していて，彼らはインフラ関係費用や住宅建設コスト，その他関連するすべての面において，コスト削減の必要に迫られていた。ハセコーの販売戦略が成功した理由は，建設コストの削減であり，競合業者との相対的な優位性にあった。

　オアフ島の南部に位置するエヴァ（Ewa）に，ウッド・ブリッジ（Wood Bridge）と称する住宅地のオープンハウスを訪れてみた（写真5-12）。フォート・ウィーバー・ロード（Fort Weaver Road）から東に入った地域であり，近くにはゴルフ場が多く，起伏の乏しい平坦地が広がっている。

　「新しい開発の最初の計画で販売された最初の住宅を購入することで，損した者は誰もいない」といった話は，すでに人口に膾炙されている。新しくコミュニティをスタートさせる場合は，購入者に分かりやすい，インセンティブ効果を与えることが重要であり，それには優れた景観，好感の持てるコミュニティのレイアウト，優れた街景などが必要条件となる。こうした事情の好例として，エヴァ・バイ・ジェントリー（Ewa-By-Gentry）が挙げられる。その住宅地では，最初（1988）の家族用住宅（single-family homes）が14万ドルで販売されたのだが，その家の価格は1991年には26万ドルに跳ね上がり，1998年になっても18万ドル以上で取引されている。同様なことがワイキキでも見つけられる。ホノルル・ビレッジ（Honolulu Village）の低価格タウンハウス（Affordable town house）は，1997年には1991年当時の販売価格13万2000ドルに，さらに5％のプレミアムが付いて販売されている。

　図表5-14は，オアフ島の南西部に位置するリゾート地，コ・オリナ（Ko Olin）に，ブルークフィールド（Brookfield）社によって開発・販売（Fee Simple Ownership）されているココナッツ・プランテーション（Coconut Plantation）と称されるゲイテッド・コミュニティの全体区画図である。1区画が，38万ドルから61万6000ドルまでの価格帯で販売されている。そのコミュニティは，2階建住宅の集まったグローブコテッジ（Grove Cottages）と，3階以上の住宅の建つガーデンビラス

図表5-14 ゲイテッド・コミュニティ全体区画図

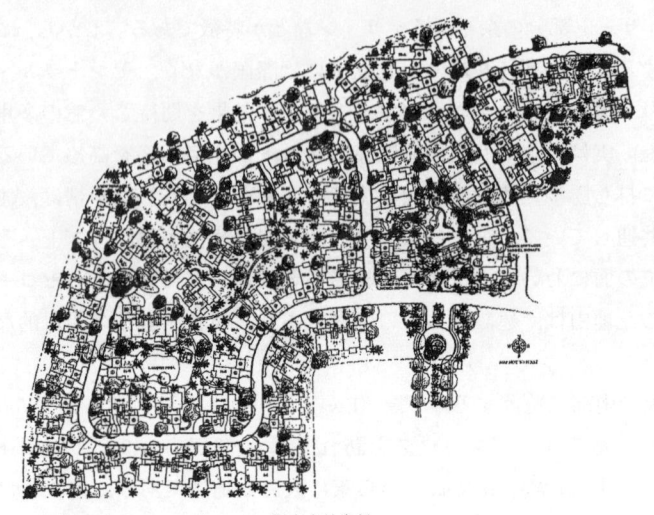

出所：The Coconut Plantation 販売会社資料。

(Garden Villas) の2つのタイプがあり，全体でおよそ270戸の住宅がアメニティ施設を内部に点在させながら配置されている。そのアメニティ施設の維持管理費の住民負担は，住宅評価額1000ドル当り4.49ドルを負担する規約が定められている。アメニティ施設の内容は，集会場の付いたレクリエーション・センターがあり，そこには簡易キッチン，広い談話室，バーベキュー設備，木陰のあるプール，屋外の個別浴場などが設備されている。その他にも，ゴルフコース，オーシャンビューのラグーン，ビーチフロントの散歩道，公園，最新設備の完備したマリーナなどが付帯している。リゾート・コミュニティではあるが，子供の学校へのアクセスなどが説明されていることから，必ずしもセカンドハウスだけの購買者を対象に絞ってはいない。

ハワイの住宅市場については，次のように要約することができる。

ハワイ州の住宅市場の需給関係はタイトであり，2000年の空家率がアメリカ全体では8.0％であるのに対して，ハワイ州全体で5.3％，ホノルルでは4.9％である。また持家率は，アメリカ全体では67.4％，ハワイ州全体で55.2％，ホノルルは56.8％である。したがってハワイの住宅市場では慢性的に住宅不足が継続し，また根強い住宅需要も窺えるところから，将来の住宅価格の高騰が懸念されている。ハワイ大学教授のクロイックス，サマー・ラ (Croix, Sumner J. La) は，1980年代後半

図表 5 - 15　アメリカ国内居住用資産の市場価格と固定資産税　($)

都　　市	市　場　価　格	年間不動産税
高額課税都市		
ロックフォード	151,500	5,184
バッファロー	148,700	4,904
ワウソー	181,000	5,764
ランカスター	158,900	4,838
シラクーザ	142,800	4,278
ミッドランド	103,000	2,903
プリンストン	259,100	7,093
プロヴィデンス	189,900	5,090
低額課税都市		
モンゴメリー	161,200	493
ホノルル	403,600	1,249
シーフォード	141,000	683
ボルダー	392,600	2,066
バトンルージュ	160,800	895
チャールストン	218,500	1,307
デンバー	318,400	1,911
ニューオリンズ	130,200	797

出所：*The State of Hawaii Data Book 2001* 参照。

から1990年代前半にかけて，ハワイで頻発した，日本人による住宅の買い漁りについて，著書『ハワイ・楽園の代償』の中で次のように論じている。[68]

「1987年から1990年にかけて，オアフ島における家族用住宅価格の中間値は，18万5,000ドルから32万2,000ドルまで上昇した。わずか3年間で90％の上昇である。高騰した住宅市場から閉め出された人びとは日本人投資家を非難した。住宅の既所有者も，彼らの住宅の評価額が価格の高騰で大幅に上昇したことに戸惑いを感じた。彼らは（おそらくは正しくも）評価額の大幅な上昇は固定資産税の上昇を意味すると考えたのである」。

図表5-15からすれば，ホノルルの住宅市場価格は，アメリカ国内の他の都市に比べても際立って高額であり，固定資産税は中位である。住宅市場価格と固定資産税評価額とがアンバランスなのは，急激な住宅価格の上昇に対して，行政による課税評価の方が追随していない状態を示唆している。

オアフ島は，2列の山脈が平坦地を狭隘にさせているといった地形的条件からし

図表 5-16　アメリカ国内アパート賃料比較　　　　($)

都　市	年間賃料	都　市	年間賃料
2002			
サンノゼ	18,384	サリナ	5,720
サンフランシスコ	17,603	パデュカ	5,533
ボストン	15,833	ミッドランド	5,299
ワシントン	15,271	ディカーキュア	5,222
ニューヨーク	14,405	ホップズ	5,057
ホノルル	13,851	キャスパー	4,892

出所：*The State of Hawaii Data Book 2001* 参照。

ても，その住宅地開発の許容度は低く，したがって一定規模を超えた住宅数の増加は見込めない。そうした背景も加担して，低所得者層の生存権的住宅需要と，内外からの高額所得者層の安定したリゾート的需要とが相俟って需要過多の市場を形成する可能性は高く，恒常的な売り手市場に陥る懸念は拭えない。今回の現地調査では，ゾーニングについては調査していないが，住宅市場の需要の方が先行してしまい，行政による市場調整が後手に回っている印象を受ける。こうした行政事情に対して，クロイックスは，「恣意的に住宅規制を緩めない，州土地利用委員会とホノルル市議会の施策が，結果として住宅価格を高騰させている」と指摘している。すなわちホノルル市議会は，意図的に，市街地区域を狭隘化させていて拡大しない，多くの住宅計画を承認しない。そして開発に対する複雑な規制は，開発業者に多大な費用負担と時間的ロスを課している。こうした行政の姿勢は，「持てる者」を優遇して，「持たざる者」の声に耳を貸さないと糾弾されて然るべき現状であると，明言している。

またハワイの建築費が本土に比べて高い点も，住宅価格を相対的にもかなり高目に設定させている要因である。住宅建築費が高額であれば，当然，その貸室の賃料も連動して高め設定になるはずである。貸家も不足傾向にあることから，収益（家賃収入）目的の住宅需要も根強いものがあり，複数戸の住宅を所有して，不動産収入を獲得しながら，値上がりを待って売却するといった，所得階層間の資産格差を助長するような不動産投資が可能な構図にあるといえる。家賃の比較表（図表5-16）からも明らかであるが，ホノルルは，高位のランキングである。

ハワイの実質個人所得伸び率（Real Hawaii Personal Income Growth Rate）は，1997年初頭から改善方向にあり，その状態が継続されている。また，失業率についても

図表5-17 住宅の市場価格の比較

州	市場価格	順位
アンカレッジ	200,600	21
アトランタ	207,900	17
ボストン	357,400	4
シカゴ	333,800	5
シンシィナティ	205,000	18
クリーヴランド	213,300	16
ダラス	173,700	25
デンバー	284,000	8
デトロイト	265,100	10
ホノルル	407,300	3
カンサスシティ	185,600	24
ロサンゼルス	454,900	2
マイアミ	200,600	22
ミルウォーカー	221,800	15
ミネアポリス	279,600	9
モントリオール	125,200	26
ナッシュヴィル	195,200	23
オマハ	203,000	19
フェニックス	232,500	14
ソルトレイクシティ	252,900	11
サンフランシスコ	746,500	1
シアトル	324,900	7
ルイス	233,600	13
トロントオンタリオ	243,000	12
バンクーバー	202,900	20
ワシントン	332,200	6

注：立地条件：典型的な中間所得層の住宅地にある600 m^{2}の敷地。
　　住宅の規模：8部屋，4寝室，2.5浴室。
出所：*The State of Hawaii Data Book 2001* 参照。

——本国に比較した場合でも——2002年頃から改善傾向にあり，こうした所得・雇用における兆候は住宅市場にも如実に反映されている。

　2003年6月，西山和夫氏は，最近のハワイの住宅事情について，次のようには語っている。「ハワイの住宅市場も，長い間，低迷していたのだが，住宅価格は5年前位から徐々に値上がりしてきた。とくにこの数年は，急激な値上がり傾向にあって，需要過多の売り手市場であり，若い世帯では購入が難しいこともあって，日系人では親が子供の住宅資金を援助するケースが多い。ハワイの人たち（白人）

は5～7年位のサイクルで住居の買い替えを繰り返しながら，徐々に住宅をアップグレイドさせていく資産形成には，とくに熱心である」。

ハワイの戸建住宅取引件数は，1994年頃まで比較的，安定してきていたが，1995年（1650件数程度）になると下降に転じた。しかしまた翌年から以降は，毎年，着実に回復して，2002年は3900件数強にまで上昇している（こうした傾向は，コンドミニアムでもほぼ同様である）。またオアフ島の戸建住宅中位価格（Oahu Median Single Family Home Prices）については，2000年後半から上昇傾向が続き，安定的である（こうした傾向は，コンドミニアムでもほぼ同様である）。住宅市場価格の推移からすれば，ホノルルの住宅価格は，サンフランシスコ，ロサンゼルスに次いで高位であり，ニューヨークやロサンゼルス以上に高額でもある。また建設費についても毎年，確実に上昇している。ホノルルの戸建住宅価格は，1996年に14万9807ドル，2001年では16万9121ドルであるが，必ずしも新築住宅価格とは限らない。中間所得層対象の住宅価格は図表5-17に示す通りである。

（2）ハワイ経済と建設産業

「建設事業とハワイ経済（Construction and Hawaii's Economy）」のレポートには，ハワイ経済と日本資本の投資による効果について，次のように記述されている。

「ハワイ経済において，1991年に比べて1999年の建設関連就業率の大幅な減退は，日本からの投資活動の破綻がきっかけになっている。そして，それは日本経済の深刻な問題でもあるが，弱腰の米国経済が相俟ってのことでもある。しかし1980年代末におきた建設ブームはハワイに商業分野の回復をもたらした。日本からの海外投資によるところが大きい建設ブームは，緩慢な経済の1990年代の間中，市場の需要以上に，オフィス，ホテル客室，居住用建物を供給することになった」。

建設事業はハワイ経済にとって重要な役割を担っている。建設事業なくしては，ハワイ経済が立ち行かなくなるといっても過言ではない。建設産業は，住宅の他に，レクリエーション施設，ハイウェイなどのインフラ，発電所や必要な設備を提供してきた。建設産業はまた他の産業に及ぼす影響も大きく，国外から調達する資金が州全体のあらゆるビジネスに広汎に注入される効果は，巨額な輸出がもたらす経済効果にも酷似している。反面，建設資金の流れが停滞あるいは停止した場合を考えると，そのマイナス効果も経済全体に波及する深刻なものとなる。このところの8年間位は，州全体の経済がスローダウンしたことから，様々な分野で大きなダメー

ジを受けてきている。しかしながら，経済の先行きに対する楽観主義への傾倒は，それまでの住宅や商業施設の減退と相俟って，新たな投資意欲と建設需要を再燃させることになった。個人住宅の開発計画や建築許可件数は——1993年以来初めてではあるが——1999年の後半には上向き始めている。こうした建設部門における上昇傾向は，産業界全般における雇用の安定化に結びついている。

　また，これまで観光産業とその関連事業はハワイのポスト州時代（post-statehood）経済の牽引力ではあったが，住宅や政府のインフラ整備事業関連の建設事業が次第に中心的位置を占めるようになった。その趨勢の程は，ホテルなどを含む商業施設でさえ比較的小規模なものとし，1980年代後期のホテル建設ブーム期にあってさえも，優位にあった。

　またハワイにおける連邦政府の軍事活動の集中化から，政府関連工事はポスト州時代の建設費総計の36％に相当するほどの規模であった。近年は軍関係の建設費はなおかつ増加傾向にあり，建設業者の繁忙が建設費高騰を招来し，その影響を受けた結果，個人住宅建設は後退している。

　ハワイ州の重要な財源でもある軍事基地に従属している関係者層の住宅需要は，ハワイの住宅価格を押し上げている上昇圧力であり，ハワイ特有の住宅事情といえるものである。オアフ島の高台に建つ軍関係者専用の総合病院の威容は，誰しもが記憶に留めるものであり，ハワイにおける軍部の優位なポジションを象徴している。ハワイ諸島の存在そのものが，すなわち環太平洋上の重要な軍事基地であることから，他州とは画して，ハワイの場合は，国際間の緊迫がアメリカの軍事基地予算に跳ね返り，そのまま基地軍関係者の処遇にも反映され，その結果は，基地周辺の住宅価格にも影響を与えることにもなる。パールハーバーの軍港周辺の砂糖キビ農地跡地に，大規模な住宅開発が進められている様子は，そうした背景を髣髴とさせるものである（写真5-13）。

　しかしハワイの建設産業も，転換期に差し掛かっている兆しがあり，最近は新築件数が急激に増えてきている。このままのペースが続けば産業界全体に好転のきっかけになり，とりわけ，この21世紀初頭の数年間は，ハワイの建設産業界の回生の時期になる可能性がある。次の15〜20年間，即ちベビーブーマーが高齢期を迎える頃，建設事業に最も重要な影響力を持つ人口統計上のシフト，すなわち55歳以上の人口数が2020年には全体の33％を占めるものと予想されている，「社会の高齢化」の進行である。こうした高齢化社会においては，特に住宅，そして商業施設，とり

206　第Ⅱ部　住宅市場の変貌

写真 5 - 13　砂糖キビ農場跡地の住宅開発

わけ高齢者に優しいデザインが施された施設などに対するニーズ，すなわち医療，ショッピング，その他，多種多様な生活関連サービスが整った複合的居住施設 (the residential complexes) から構成されたコミュニティに対する社会的ニーズなどが，確実視されるものである．また，交通，輸送，通信，その他のインフラについても，これからの数10年間は，高齢者世代のニーズに対応したプランが中心的位置を占めることは，ほぼ間違いない(71)。

第5章 アメリカの住宅市場 207

シロアリの繁殖が盛んな農場跡地では，シロアリによる被害が多く，軽量形鋼を使ったスチールハウスが多く建築されている。スチールハウスは，木造ツーバイフォーの木材をスチール材（厚さ1ミリの亜鉛メッキ軽量形鋼）に置き換えた住宅であり，アメリカを始め，オーストラリアやヨーロッパ諸国で実用化されており，注目されている工法である。耐震性や耐久性に優れ，加工性や施工性が良く，リサイクル性に富んでいることから，木材の使用量を抑える効果など，環境資源の保護の観点からも，将来性のある工法といえる。耐久性では，錆の懸念があるが，田中剛・山川修平両氏（1998）は，著書『スチールハウスで住まいが変わる』の中で，「ハワイで建築後30年を経過したスチールハウスの解体調査をアメリカ鉄鋼協会（AISA；American Iron and Steel Institute）が実施した結果，錆の発生は認められなかった」と記述されている。またスチールハウスの寿命についても，木造以上に長い寿命が期待できることは確かであり，中古住宅市場においても，取引件数が増加するはずである。アメリカでも，比較的，高額な住宅商品には，スチールハウスが多く見受けられる。写真5-13の分譲住宅なども，完成後は平均45万ドル前後の高級住宅として販売される予定である。[72]

(2003年6月著者撮影)

(3) ハワイのタイムシェア市場

　世界有数のリゾート地であるハワイでは，1年間を52週に区分し，1週間単位（1年間の52分の1）でバケーション・ヴィラ（別荘）を使用する権利を所有するシステムのタイムシェア（Time Share）が，観光客の間で普及し始めている。

　タイムシェアリング（timesharing）については，「コンドミニアム（condominium），不動産賃借権（lease），立入権（license）などの法的技術を用いて，時間を他者と配分し，特定の別荘やリゾート・マンションを一定期間，排他的に利用する権利を取得する方法である」と，定義することができる。タイムシェアのコンセプトが最初に確認されたのは，1960年代初期のヨーロッパ（仏）であった。アメリカにも現れ始めたのは1970年代中頃であり，1985年にはタイムシェアのオーナー（owner）たちはおよそ50万人になり，その後も着実に増え続けている。

　通常，タイムシェアリングでは，3種類の内の1つを選択するのが一般的である。1つのタイプは，ポイント数に応じて，特定の居住空間を，特定の期間に使用できる使用権を約束されているタイプ（tenancy in common）である。また，年間を通して，毎年の特定の時期の使用が認められているタイプ（interval ownership）もある。しかし，これらのタイプはいずれも，タイムシェア資産に対しては，所有者としてのすべての責任を負うものであり，また不動産税の納税や，あらゆる損害に対する法的義務をも負うものである。この他のタイプとしては，デベロッパーがタイムシェア資産の所有権者であり，バイヤー（buyer）に毎年の一定時期の使用を認めているバケーション・ライセンス（vacation license），あるいは使用権（right to use）のタイプがあり，日本の場合は大半がこのタイプである。

タイムシェアの法制化　タイムシェアについては，ハワイでも1981年から法制化されたばかりである。ワイキキ地域でも，タイムシェア市場は比較的緩やかではあるが，着実に成長しつつある。2002年で調べると，ハワイ州の海外訪問者用ユニット数（the state's visitor-unit inventory）の内，7％強がタイムシェア・ユニットである。しかし，そのボリュームは，ワイキキ地域では僅か3％相当であり，州全体のタイムシェア・ユニットの19％相当でしかない（図表5-18）。

　次第にタイムシェア市場が確立されつつあることから，アメリカ本土では，タイムシェア法（Timeshare Act）が各州で制定されていて，購入者（消費者）は法的にも保護されている。タイムシェアの場合も，不動産取引と同様に所有権が移転登記される永久所有不動産としての位置づけであり，相続，賃貸，売買も可能とされて

図表5-18 タイムシェアの施設とユニット数（ハワイ諸島）― 2001年度

種　　類	州総計	オアフ	ハワイ	カウアイ	マウイ	モロカイ
タイムシェア施設	72	10	13	18	30	1
登録済ユニット	4,830	973	883	1,611	1,356	7
販売中(済)ユニット	4,299	702	883	1,599	1,108	7

出所： *The State of Hawaii Data Book 2001* 参照。

いる点では不動産の区分所有に近い形態だが，いわゆる分譲マンションなどの区分所有とは，その利用方法や管理条件などの面において相違する点が多い。また，かつて70年代に表面化した悪質な販売手法などから，消費者保護の必要性もあって，タイムシェア法も，幾度かの改正が行われてきた経緯がある。

　1983年，アメリカ南東部のノースカロライナ（North Carolina）の州議会は，ノースカロライナ・タイムシェア法（the North Carolina Time Share Act）を制定し，翌1984年7月から施行している。州は同法によって営業許可を法定化し，営業に従事する者に施す教育・研修などについても，より強化する旨についても規約を設けている。またタイムシェア計画（Time Share Projects）については，予め，州不動産委員会に登録することを義務付けている。その際は，登録料（a registration fee）を課し，事業計画の詳細（the owner ship of the project and its facilities）についても届出を義務付けている。タイムシェア対象の不動産物件の権利についても登記することを明記し――また重要なことであるが――消費者を保護する目的から，すでに現存する建物についての事業計画でなければならない点も規定している。また消費者にしても，契約前に十分な説明を受ける必要があり，契約後も7日間の解約権（cancel without penalty）も保証されている。また当然のことだが，違背した業者（estate broker）に対しては懲罰を課す点も規約には盛り込まれている。

　1983年，ワシントン州（Washington）においても，ワシントン・タイムシェア法（Washington Timeshare Act）が制定されているが，その主たる目的は，消費者の保護にある。その中では，タイムシェア物件に関するすべての情報開示（disclosure）義務や違法行為に対する是正・回復などを義務付けている。またタイムシェア契約の場合，前以って書面による情報提供の義務付けを規定している。タイムシェアの価格，その他の金銭的負担，部屋番号，利用時期など，詳細に亘って取り決めた書面を購入者に提示することを規定し，なおかつ契約後7日間の解約規定も盛り込まれている。

**ハワイ・ヒルトンホテル
のタイムシェア商品**　ヒルトンホテル（Hilton Hotel）系列のタイムシェア・プラン（Hilton Grand Vacations Club）では，世界各国に所有している同系列ホテルに隣接したコンドミニアム（タイムシェア対象）が利用できるといったグローバル性と，ヒルトン・ハワイアン・ビレッジの敷地内のヒルトンホテルの高品質サービスの供与，ホテル並みの防犯上の安全性などをセールスポイントにして，競合物件との差別化を図っている。一方，ヒルトンホテル側にしても，同じ敷地内にあるコンドミニアムは，大規模不動産施設を所有しているだけで発生する様々な負担（経費）の分散化に奏功するものであり，経営上の固定費の軽減効果と，施設稼働率の改善効果も期待できるものである。しかも，世界中の施設に適用させることが可能な方法であり，利益率は低下するが，永久的に安定した集客力を確保することになり，各地のホテル施設にリゾート客が回遊・移動することによって，ともすれば景況の波を被り易いホテル観光事業の投下資本の回収率や回転率を向上させ，経営多角化の可能性についても格段に高まるはずである。タイムシェア・システムによって喚起される人々の「回遊・移動」は，航空業界や観光産業にもその経済効果を波及させるばかりか，システムそのものが事業性や発展性においても優れたプログラムと評価できるものである。

**日本のタイムシェア
市場の将来性**　2003年5月に実施したベビーブーマーを対象にした消費意識調査[77]によると，最も関心度（希望）の高い対象としては，「国内旅行」が1位，「住宅改装」が2位，3位が「海外旅行」であった。後順位ではあるが「セカンドハウスの取得」や「海外長期滞在」なども挙げられている。これらの回答に共通する要素は，「移動」と「暮らし」である。「脱日常」の環境の中で過す「時間」を選択する意識が，ベビーブーマーに顕著に見られたことは，新たなライフスタイル到来の予兆であり，「住む」問題にしても，従来の「所有（所有権）」ではない「利用（定期借地借家権）」の創出が検討される時代にシフトしつつある。

　1992（平成4）年の新借地借家法施行の翌1993年度には──住宅金融公庫が，定期借地権付住宅に対する融資制度を創設しているなどの制度的背景も奏功して──定期借地権付住宅の供給実績（首都圏）は，1993（平成5）年の76戸から，2002（平成13）年の2076戸にまで着実に伸びている。こうした最近の定期借地権住宅の台頭は，日本人の資産観の変化を傍証するものである。

　図表5-19は，日本経済新聞が30歳代・40歳代の1000人を対象に調査した結果で

ある。この図表からも明らかであるが，不動産が，「増やしたい（取得したい）資産」の対象ではないばかりか，資産運用の方法としても低い評価であるのに対して，逆に，金融資産（預貯金）の方が優位とする傾向から，最近の中間層の志向としては，リゾート不動産（別荘・コンドなど）の購入・利用よりも，低負担で，気軽に利用できるタイムシェア・プランの方を選択する性向を推測することができる。

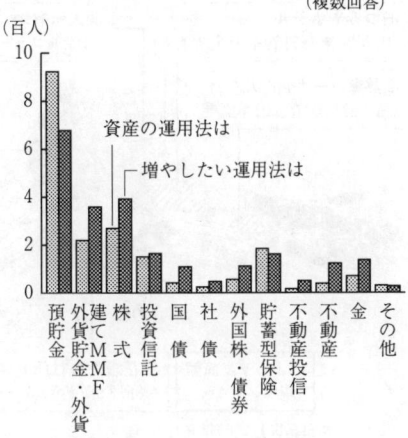

図表 5 - 19　資産の運用法と増やしたい資産
（複数回答）

資産の運用法は
増やしたい運用法は

預貯金／外貨建てMMF・外貨／株式／投資信託／国債／社債／外国株・債券／貯蓄型保険／不動産投信／不動産／金／その他

出所：『日本経済新聞』2003年1月4日。

　タイムシェアリングの基本的観念は，やはり共生，共有，協同であり，「貨幣的」資産性だけではなくて，本来的な目的に適った「効用的」資産性にある。いずれにしても，ベビーブーマーの高齢化は，日本社会の本格的な成熟社会への移行を予告するものであり，生活関連の広範な分野に新たな市場を構築することも，また確かなことである。日本におけるタイムシェア市場としては，1980年頃からタイムシェア・リゾートとしての萌芽は見られたが，現在では数社のデベロッパーが営業を継続している程度であり，その社会的認知度は低く，その利用度も低調である。そうした低迷の理由の一つは，これまでは，実際にタイムシェアとして利用する本来的目的というよりは，その権利（member-ship）の値上り益を期待する方に偏重した購入動機が優位であったからである。次の理由として，タイムシェアの対象として物件を評価するとき，リゾート地としての魅力に乏しく，また高品質なサービスの安定的供給が危ぶまれるような施設が多い点も挙げられる。また，その運営に当たる経営主体がこの種の経営的経験や実績に乏しく，経営体質そのものも脆弱である点なども不安材料である。しかし，それ以上にタイムシェア・システムが，これまで日本国内で普及・安定化し得なかった理由は，われわれ日本人のライフスタイルに馴染みの薄い観念（シェア）を基盤としたプランだからである。日本人の資産観は，完全なる所有権が中心的であり，私権の主張は排他的，独占的であって，他者との関係の中に「共有（share）」や「共用（common）」の観念（concept）は希薄である。これまでの日本におけるタイムシェア・プランは，会員権（member-ship

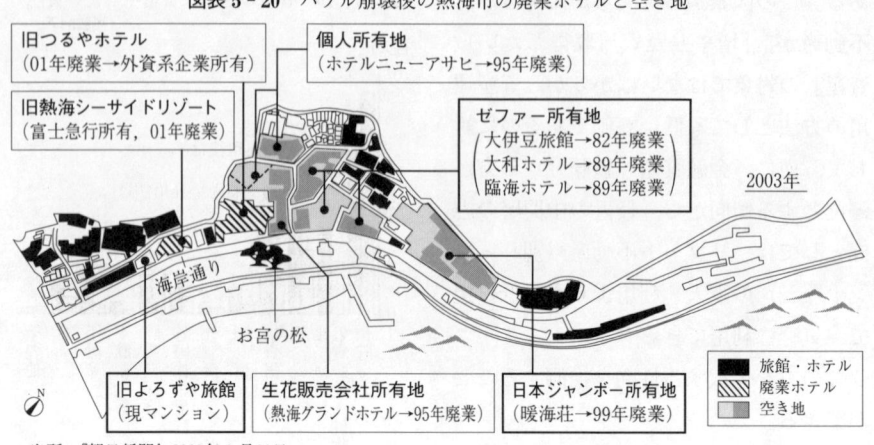

図表 5-20 バブル崩壊後の熱海市の廃業ホテルと空き地

旧つるやホテル
（01年廃業→外資系企業所有）

旧熱海シーサイドリゾート
（富士急行所有，01年廃業）

個人所有地
（ホテルニューアサヒ→95年廃業）

ゼファー所有地
大伊豆旅館→82年廃業
大和ホテル→89年廃業
臨海ホテル→89年廃業

2003年

海岸通り

お宮の松

旧よろずや旅館
（現マンション）

生花販売会社所有地
（熱海グランドホテル→95年廃業）

日本ジャンボー所有地
（暖海荘→99年廃業）

■ 旅館・ホテル
▨ 廃業ホテル
▦ 空き地

出所：『朝日新聞』2003年9月29日。

rights）システムが主流であり，ハワイのタイムシェア商品のような所有権の売買契約ではなかった。ミサワリゾート，東京急行電鉄，アゼル，紀州鉄道などが販売しているタイムシェア商品の権利は，リゾート会社が所有する宿泊施設の使用権であり，10～20年位の期間，1週間単位で購入する仕組みである。その利用権の購入価格も50～450万円位と，アメリカの所有権付商品とほぼ同額である点，経営するリゾート会社の営業的継続性について保証されていない点，海外などにも利用できる対象施設がない点などからも，魅力に欠ける商品であり，日本のタイムシェア市場が，国際的な競争下にないことも示唆している。

しかしベビーブーマーの意識調査の結果からも明らかなように，個々人の負担が軽い，バリエーションに富んだセカンドライフを享楽できるタイムシェアリングは，いずれは市民権を得ることになる。また日本の観光の将来的プログラムとしても，幾つかの点で優れている。最近，日本の中高年層が，不動産を，「所有する」から「利用する」の方向へと転向していく傾向にあり，またタイムシェア・プランの対象になりそうな施設も，日本全国の津々浦々に点在しているからである。80年代後半から90年代初頭にかけて，全国的に販売されたリゾート・メンバー・シップの観光・保養施設があり，現在はその多くが経営的にも斜陽であるから，タイムシェアリングに参入候補物件でもある。その他にも，大企業の所有する保養施設の中には，すでにその必要性を喪失している施設も少なくない。中・短期滞在型リゾートのタイムシェア・プランならば，その周辺地域に与える経済効果も期待できる。例えば，

凋落して久しい静岡県熱海市（図表5-20）などを中心にして，伊豆半島や伊豆七島はもちろんのこと，北海道から，四国，九州，沖縄までをリンクしたタイムシェア・プランを導入する方法などで，不振な観光地の蘇生も現実味を帯びてくる。また過疎の進んだ村落などの場合であっても，その豊かな自然環境を体験するプログラムなどをタイムシェア・プランに組み入れる方法などによって，コミュニティ・ビジネスの萌芽など地域の活性化に結びつく。まず，タイムシェアリング・システムの普及のためには，わが国でも消費者保護を目的とする「タイムシェア法」の制定が必要条件であり，セカンドハウス取得に対する税法上のインセンティブ措置と併せて積極的な融資環境の整備も，同様に不可欠条件となる。

タイムシェアリング・コンセプトの敷衍　少子高齢化といった人口構造上の変化は，社会経済のあらゆるファクターの構成や機能面においての成熟化を促しながら，同時進行的に，雇用，教育，生活などにおける慣習的既存モデルの大半を陳腐化させている。しかし，その進行変化は，従来の社会的規範にも多様性や可塑性を付加させるものであり，タイムシェアリング・コンセプトにしても，個人生活のあらゆるファクターに組み込むことが容認され，歓迎される社会に変容しつつある。また，タイムシェアリング・システムに組み込むことが可能な社会的財物（タイムシェア・プランでは，コンドミニアムなど）を，複数の人たちの間で，その「効用」を「共有」する制度的観念を，既成の社会機能（social functions）の広範に亘って拡大・類推し，援用することも，また有益なことである。高齢化社会に必要な生存権的効用（サービス）の供給システムに――個々人の単独所有ではない――複数の人たちでシェア（share）する機能をインプットさせる方法を使って，高品質で，選択性に優れたサービスが，誰でもが，いつでも，容易に，享受できる生活支援サービスのプログラミングは検討に値する。

2003年7月12日の『日本経済新聞』に，次のような記事が掲載されている。

協和発酵が，「自社で発見し臨床試験中の主要な新薬について，アメリカの製薬会社などにその開発や販売の権利を供与する。臨床試験は段階が進むにつれて費用が膨らむうえに，米欧市場に有力な販売網を持たないためにすべて自前で手掛けるのは難しいと判断した結果である。同社は主力の医薬事業が伸び悩んでおり，他者との提携により新薬を素早く世界市場に投入し収益に結び付ける」意向を公表したのである。

従来の業務提携形態ではない，素材の段階から，その開発の機会をシェアするプ

ログラムであり,販売面でもその機会のシェアであると理解できる。こうしたケースについては,差し詰め,「チャンス・シェア (chance share)」であると理解することが適切であろう。この「チャンス・シェア」は,投下資金や消費時間の圧倒的節減が実現するばかりか,研究開発における達成・完成への可能性,実用・商品化などにおけるスピード・アップ,そして新商品の国際市場への日米両国間で同時投入が可能になる効果は計り知れない。いま一つの効果としては,とかく喧伝されている日米経済摩擦などの解消にも奏功するものである。社会経済のあらゆる分野に及ぶ競争原理の必要性に些かの疑念も挟むものではないが,一つのプログラムに,「共有 (share)」・「共生 (symbiosis)」の観念を「競争 (competition)」の中に「融合 (integration)」させることは可能なことであり,その成長性や安定性に資するものである。われわれの身近な人間関係の中にも,シェアの観念を導入・融合させる方法で,社会的弱者にも優しい社会環境も具現化できそうな気がしてならない。

注
(1) グラデーション:段階的に暫次移行。上中流階層から段階的に下層へと住宅が転売されていく様子。
(2) 大塚秀之『現代アメリカ社会論』大月書店,2001年,221頁参照。
(3) Meyers, Jeff & Meyers, Key, *Economic Indicator*, Jan 11, 2003 (news@meyergroup.com).
(4) 『日本経済新聞』2003年2月2日。
(5) Newspaper, *California Association of Realtors*, Newsstand Jan 03, 2003.
(6) FHA保証付住宅ローン:連邦住宅局 (FHA) が債務保証する住宅ローン。
(7) フレディーマック:Federal Home Loan Mortgage Corporation (FHLMC).
(8) ファニーメイ:Federal National Mortgage Association.
(9) 鈴木昇太郎『アメリカ建築紀行』建築出版社,1964年,39頁参照。
(10) ジェントリフィケーション:市街地中心部の衰退地区への中高所得層の移住 (流入) に伴う地区再生 (再開発)。しばしば在来居住者の排除につながる。
(11) 『知識社会の衝撃』277頁参照。
(12) マイケル・ボール/マイケル・ハーロー/マーティ・マーテンス『住宅経済の構造変動——欧米6カ国の比較分析——』(大泉英次訳) 晃洋書房,1994年,156頁参照。
(13) 平山洋介『不完全都市』学芸出版社,2003年,120頁参照。
(14) *International house price*, The Economist com, 2003.
(15) *The houses that saved the world*, The Economist com. Apr 06, 2002.
(16) 『日本経済新聞』2002年2月13日。

第5章　アメリカの住宅市場　215

(17)　*From first class to economy*, Feb 13, 2002.
(18)　『日本経済新聞』2002年5月8日。
(19)　Home Equity Loan：保有する住宅資産価値が既存の住宅ローン残高を上回る部分を担保に行う借り入れ。アメリカの融資制度。資金用途の制限はない。
(20)　『日本経済新聞』2002年5月17日。
(21)　Newspaper *USA TODAY*, May 24, 2002.
(22)　Mayors Attack Urban Redlining, Mortgage Discrimination. (2/23/98) Report on "American's Homeownership Gap" Condemns 22.5% Percent Gap In Homeownership Between Cities and Suburbs.
(23)　ボリエー，ディビッド『ニッチ市場の覇者たち』（佐藤洋一訳）トッパン，1998年，66-69頁参照。
(24)　Newspaper *USA TODAY*, Sep 27, 2002.
(25)　『経営志林』第39巻第3号，参照。
(26)　小山内大『現代アメリカ人に見る価値観』三修社，2001年，20頁参照。
(27)　USA Current Population Reports.
(28)　Statistics Canada.
(29)　榊原胖夫『アメリカ研究』萌書房，2001年，第6章参照。
(30)　『ライフデザイン白書2000-01』196頁参照。
(31)　Forbes. June 09, 2003. p 62.
(32)　『日本経済新聞』2002年11月17日。
(33)　ゾーニング：地域地区規制。地方自治体の区域中を適正土地利用と適配分の観点から，幾つかの地域（zone）に分けて，地域ごとに異なる用途規制・建築規制を適用する総合的土地規制制度。
(34)　リゾーニング：ゾーニングの改更。
(35)　(12)参照。
(36)　ペルトネン，ミッジ（Peltonen, Midge）：シアトル市内の不動産業者。(e-mail：Nov 11, 02)
(37)　浜渕義寿「米国の勤続年数動向――EBRI」『Notes』99年2月号，19頁参照。
(38)　朝日新聞経済部『アメリカ車文明は再生するか』朝日新聞社，1993年，19頁参照。
(39)　「米国家計の資産水準と住宅価格をどう見るか」『調査月報』2002年9月号，住友信託銀行参照。
(40)　cash out loan：住宅ローンの借り換えをする際に残高を積み増しし，その分だけの現金を手元に残すもの。ホーム・エクイティ・ローンは既存住宅ローンの借り換えをしないが，キャッシュ・アウト・ローンの方は借り換えする。両方とも，支払利息は所得控除される。
(41)　フリードマン，デイビット『日常生活を経済学する』（上原一男訳）日本経済新聞社，

1999年，53頁参照。
(42)　(39)参照。
(43)　『カリフォルニア概観』ジェトロ・サンフランシスコ・センター北加日本商工会議所，1999年，61頁参照。
(44)　『日本経済新聞』2002年11月26日。
(45)　ポズデナ，ランドール・J.『住宅と土地の経済学』(花井敏訳) 晃洋書房，1988年参照。
(46)　Kyle, Robert C. & Perry, Jeffery S., *HOW TO PROFIT FROM REAL ESTATE*, Longman Group USA, 1988.
(47)　『日本経済新聞』2002年5月9日。
(48)　『土地問題の構造』参照。
(49)　Frequency（フリーケンシー）：フリーケンシーとは，サイクルの中の波の数であり，波長やサイクルともすべて関係する。ボノ，エドワード・デ『知的用語事典』(芦ヶ原伸之訳) 講談社，1979年，110頁参照。
(50)　橋本寿朗『デフレの進行をどう読むか』岩波書店，2002年，75頁参照。
(51)　『「Sカーブ」が不確実性を克服する』参照。
(52)　(50)参照。
(53)　カトーナ, G.／ストランペル, B.／ツァーン, E.『欲望の心理経済学』(石川弘義・原田勝弘訳) ダイヤモンド社，1976年参照。
(54)　日本労働研究機構編『アメリカの陰と光』日本労働研究機構，2001年，47頁参照。
(55)　マイケル J. ワイズ：1952年生まれ。ジャーナリスト。マーケット・コンサルタント。クラスター（cluster）：同種類のもの。人の群れ。集団（group）。
(56)　チャールズ・ユウジ・ホリオカ，浜田浩児『日米家計の貯蓄行動』日本評論社，1998年，23頁参照。
(57)　地球の歩き方編集室『地球の歩き方・ハワイ』ダイヤモンド社，2003年参照。
(58)　「米国ハワイ州における借地制度の実態調査」：1986年，国土庁土地局がに財団法人日本不動産研究所に調査を委託した際の報告書。主に借地制度について，国土利用の立場から検討されている。
(59)　完全所有権（Freehold）：自由土地所有権。
(60)　借地権（Leasehold）：不動産賃借権。
(61)　第4章注(15)参照。
(62)　Aki Saito: Principal Broker. Paradise Isle Realty.
(63)　本多勝一『アメリカ合州国』朝日新聞社，1970年，222頁参照。
(64)　水岡不二雄『経済地理学』青木書店，1992年参照。
(65)　Prudential Locations 社のマーケット・アナリストであるリッキー・キャスィデイ（Ricy Cassiday）の論説。
(66)　Wood Bridge：www.gentryhawaii.com. Gentry Homes によって開発・販売されてい

る戸建住宅。
(67) The Coconut Plantation (at ko Olina Oahu)：Brookfield Homes によって開発・販売されている戸建住宅（Attached, Fee Simple Ownership）。
(68) Sumner J. La Croix：ハワイ大学教授（経済学）「住宅の価格」『ハワイ・楽園の代償』。
(69) *The State of Hawaii Data Book 2001* 参照。
(70) *Hawaii's Economy*. A Quarterly Report from the Department of Business, Economic Development & Tourism. (www.state.hi.us/dbedt/hecon/he5-00/intro.htm)
(71) Construction and Hawaii's Economy. (www.state.hi.us/dbedt/hecon/ he-50/ intro. html)
(72) 『スチールハウスで住まいが変わる』参照。
(73) 『英米法辞典』852頁参照。
(74) The Economic Contribution of Waikiki. May 2003.
(75) Legislature Enacts Time Share Act.
www.ncrec.state.nc.us/bulletin/vol114-2bulletin/legislature_enacts_time_share_ac.htm
(76) TIMESHARE CONDMINIUMS *Real Estate Law*. 464p.
(77) 『日経流通新聞 MJ.』2003年7月3日。

第6章
住宅市場と税制

1 日本の住宅税制

(1) 消費税の抑止効果

　山崎福寿・浅田義久両氏 (2003)[1] は，住宅消費税が住宅市場に及ぼす影響について，次のような分析結果を報告している。

　「消費税導入や税率の引き上げは，長期的に住宅のユーザーコストを引き上げることによって，フローの着工戸数，ストックの住宅戸数，家賃や住宅価格に影響を及ぼすだけでなく，事前のアナウンスによって短期的に住宅市場に大きな影響を及ぼす。その影響はアナウンス効果だけで，着工に10～30％の変動を起こし，その影響は履歴効果となり，7～8年続く。このように，ストック市場やフロー市場に大きな影響を及ぼすような施策の変更は，景気安定化のために慎重でなければならない」。

　中古住宅の売買取引（個人間の取引を除く）の場合であっても，その建物価格に対しては消費税が課税される。建物の新築時に一度課税され，次の転売時にも——消費税そのものが多段階課税型租税ゆえであるが——消費税の課税は繰り返される。消費税そのものは，消費全般に亘った広範な負担を期待できる，水平的公平性に優れた性格である。しかし，家計ベースにおける「税負担割合」を検討した場合，低所得層家計の方が高所得層家計をより上回る点においては，その逆進性は明確である。生存権的消費項目として，食料品や医療費，そして住居費等は，他の一般消費項目とは画した配慮を必要とすることに論を俟たない。居住用家屋については，新築時にはすでに課税されている点も考量した場合，それ以降に発生する中古住宅としての各取引段階での課税は，明らかに重課税であり，逆進性を強めた税制である。その理由として，すべての国民が憲法上（25条）において等しく保障されている，

「健康で文化的な最低限度の生活を営む」権利の行使であるともいうべき,「専ら,主たる居住の用に供する家屋」を取得する行為に対する課税そのものが, すでに違憲とも評すべき措置だからである。

2000 (平成12) 年7月に公表された政府税制調査会中期答申「わが国税制の現状と課題」では,「食料品等」の「非課税」について検討されたが,「非課税範囲の拡大は事業者の手間・コストの増加を勘案した場合, 期待される価格低下の効果が薄い」と結論されている。この論理は食料品等の事情であろうが, 居住用資産の場合は, その価格の高額な点からしても, 家計に与える消費税の負担は大きい。

住居家賃の所得控除 現行の税制下においては, 住宅取得に要した借入金等について一定の税額控除があり, その帰属家賃に対しても非課税扱いである。また貸家についても貸主側は建物施設に対する減価償却措置などの面で優遇されている。しかし片や, 借家人に対する優遇措置は特段, 用意されていない。借家の賃料も税引き後の所得の中から支払っている。憲法上に保障されている生存権的要素の一つである「住居」に対する国の措置が,「住居」を所有する者と所有しない者との間に租税負担の上での格差を付している点では, 改めて検討を要するところである。結論から言えば,「専ら, 主たる居住の用に供している建物」を使用するに必要な最低限度の金銭的負担 (家賃) については, 必要経費として認定し, 非課税扱いとするべきである。帰属家賃が非課税なのだから, 主たる住居の家賃相当額が所得控除されることも当然の帰結といえる。住居の賃料の所得控除措置は賃貸市場に活気を与える有効な施策であり, また高齢者の「住み替え」にも牽引力となるものである。

岩下忠吾氏 (1998)[2] も, 借家住まいに対しても税制上の一定の優遇措置を認め, 持家と同一の経済的メリットを供与するならば, 生涯の可処分所得の増加を保証する結果に繋がるものと指摘している。

(2) 居住用財産への課税

住宅借入金等特別税額控除措置 (租税特別措置法第41条, 同措置法施行令第26条) の適用される要件として, 床面積 $50 m^2$ 以上の家屋で,「新築」, もしくは「既存建物ならば築後20年 (耐火建築物は25年) 以内の中古住宅」と規定されている。

住宅取得という経済行為として考えるならば, その取得の対象が新築住宅と中古住宅とでは, そこに何らの相違点はなく, まったく同一の不動産取引であるのだが,

この措置法制定当時は，まず住宅取得を促したい，それも新築住宅取得が望ましいとする社会経済的背景であったと推察できる。しかし最近の事情はすっかり変わってしまっている。新築住宅よりもむしろ，中古住宅市場の活発化が先決問題といえる。なぜならば，中古住宅市場の流通性が改善されて，その需要が供給を上回るほどならば，高齢者がその持家を手放そうとすることも，あるいはリバースモーゲージ制度を利用する方法で，現金を手にしながら，自宅で終焉期を迎えることも可能になるからである。一方で中古住宅の性能保証制度を整備しながら，他方では中古住宅取引を優遇しない税制は，一貫性を欠いた，矛盾する法制度と誹られても反論できない。

1959（昭和34）年の建設白書によると，当時の政府が建設中の住宅1戸当たりの平均坪数は約12坪（39.6 m^2）である。当時は，住宅の戸数問題は戦後，政府・自民党にとって住宅政策の中心となっていたし，住宅の規模は言うに及ばず，増築までも一戸に参入したと記述されているほど，「戸数主義」に陥っていた。したがって，現行税法上，床面積50 m^2 以下の新築・中古住宅が住宅ローン控除から除外されている措置は，当時の住宅が劣悪であったことを認めた結果，「床面積50 m^2 以下の規模の住宅」の建設阻止・抑止を目的にしたものかもしれない。しかし，こうした規定も次第に陳腐化しつつある。なぜならば，1950年代から50余年経過した現代社会が，高齢社会に急速に移行しつつあり，床面積50 m^2（約15坪強）の住宅であっても，高齢者世帯の場合であれば，余裕はなくても生活上必要なスペースの確保は可能だからである。[3]

現実には，延床面積が50 m^2 以下の狭小住宅は，都市部では珍しくもない。床面積50 m^2 の平屋の住宅プランを描いてみると，押入付の和室（6畳間）が2部屋，6畳タイプのダイニングルーム，その他にキッチン，浴室・トイレ，玄関などがコンパクトではあるが収まる面積である。こうした下限規定を定めた当時は，「ミニ開発」などと称して，櫛の歯のように隣棟間隔が極端に少なくて，細長く狭い敷地に2階建ての建売住宅，あるいは売建住宅（建築条件付土地売買）が大量に販売された時期であったのかもしれない。しかし，時代は移り，高齢化の進む現在では，高齢者の住宅の50 m^2 の床面積は住めない広さではなく，生活利便性の高い都市部においては尚更のことである。

現行の税法（所得税法）上，次のような種類の居住用財産の譲渡，買い替え・交換に関する特例が設けられている。

①居住用財産を譲渡した場合の長期譲渡所得の課税の特例（特別措置法第31条3-1）
②居住用財産の譲渡所得の特別控除（同法第36条1）
③特定の居住用財産の買換え，交換の場合の長期譲渡所得の課税の特例（同法第36条6）

　上記①の特例の場合の対象となる居住用財産は，「その年1月1日において所有期間が10年を超える」ものであり，「そのものの居住に供さなくなってから3年を経過する日の属する年の12月31日までの譲渡」されるものである。この特例で，今日の社会情勢と齟齬している点は，「所有期間が10年」と「居住に供さなくなってから3年以内の譲渡」である。所有期間を10年と規定する必要性が現在社会には希薄であり，低迷化している住宅市場の流動性を高めようとしている方向から考量しても逆進的な規定である。また居住しなくなってから3年間経過した年末までに譲渡しなければ，税法上の優遇を享受させないとする正当な理由も見当たらないはずであり，良質な貸家ストックを増やしたい政策的方向に対しても逆進的である。

　また，②の特例にも該当する（租税特別措置法第35条1，同措置法施行令第23条）内容であるが，措置法施行令第20条3に規定されている，「個人と政令で定める特別な関係がある者」として，「譲渡者の配偶者及び直系血族，直系血族以外の親族で生計を一にしている者及び当該親族で家屋の譲渡後その個人とその家屋に居住するもの，内縁の関係にある者，使用人，同属会社など譲渡人の特殊関係者」に対して譲渡された場合は，この特例を適用させないとする規定がある。

　この規定などが有効に機能していた当時と最近の世相とでは，とりわけ家族形態や家族観などの面におけるその変貌は大きい。伝統的な家族形態に替わって，比較的，自立性の強い個人主義的な家族像が一般化し，内縁関係も容認される社会に移行しつつある。少子高齢化などによって急速な変貌を遂げてきている社会に，法制度そのものが，すでに追随できなくなりつつある現状を鑑みるに，法律改正を急がなければならない。

　リバースモーゲージ制度の場合であっても，本特例の適用を検討するべきである。リバースモーゲージ制度は，その性格から勘案して，明確に社会保障制度の補完的福祉プログラムであり，何よりも評価されなければならない点は，本来は国によって保障されていて然るべき「健康で文化的な最低限度の生活」を維持するために必要な生存権的必要家計費（現金収入）負担について，高齢者自らの「自助的努力」に依拠した「経済的自立」を促すプログラムだからである。また，居住用財産を譲

渡する相手を，「直系血族，直系血族以外の親族間，生計を一にしている者，あるいは内縁者」までに拡大させて不都合なことは何もないはずである。リバースモーゲージ制度の場合は，逆に，譲り受ける者が「特別な関係がある者」だけに，その夫婦の住む家屋に対しての価値（観念的価値まで含む）を認める者である。リバースモーゲージ制度の融資債務を清算時に引受ける，あるいはその対象家屋の買取を約束できるかもしれないからである。

　少子高齢化社会の特徴でもあるが，子が親の資産を相続する確率が必然的に高まってくる。そうした場合であっても，不動産資産を相続できる者と相続機会の与えられない者，あるいは都市部と地方との相続資産などに生じる経済的格差などを考量するときに，世代間の資産の移動に際しては，「公平性」の維持と同時に，「応能負担原則」の適用を併せて検討しなければならない。こうした法理からしても，直系血族であっても相続税法上の特例を享受できるのであるからして，被相続人が譲渡益課税の特例措置を享受して，相続税法上の優遇措置を相続人が適用機会を失することで，平衡性は保たれると判断することも可能なことである。

　②の場合は，その者が前年又は前々年度において既にこの特別控除の適用を受けたことがある場合，すなわち3年間を通じて1回，この特別控除（3000万円）は適用される。この規定の「3年間」をアメリカの税法と同様に「2年間」に短縮してみたらどうであろう。アメリカの住宅市場の堅調さの一因は，こうした税法上のインセンティブによる効果が大きいと評価されているのだが。

　③の場合は，対象となる「買い替え資産」が特定されている。
　居住用の家屋で既存の耐火建築物の場合には，建築後20年以内のものに限る（措置法第36条6①，措令第24条5①）。
　(イ)　一棟の家屋でその個人が居住の用に供する部分の面積が $50 m^2$ 以上 $240 m^2$ 以下であるもの
　(ロ)　一棟の家屋でその独立部分を区分所有する場合には，その個人が居住の用に供する独立部分の床面積が $50 m^2$ 以上 $240 m^2$ 以下であるもの
と，定められている。

　まず，築後20年を超える既存非耐火建物である木造住宅は買い替え資産の対象から除外されている点，建築後25年を超えた耐火建築物も除外されている点などから，中古住宅の流動化を促進しようとしている方向とは明らかに逆行している。
　適用建物の床面積が「$50 m^2$ 以上 $240 m^2$ 以下」とする規定の理由も明確にされて

いないが，確たる必要性があるようには思えない。また，単なる「建築後経過年数」を明示したに過ぎない適用基準についても，一方的であり，行政の事務処理上の簡便性を配慮しただけの程度にしか理解できない。実際の建物の鑑定評価に基づいた規定ではないだけに，上意下達の印象を拭えない，前時代的で不公正な規約であるといえる。

アメリカ西海岸の住宅事情と比考するに，高齢者はそれまでの広い住宅から，家屋のサイズを縮小させていく住み替え（買い替え）が一般的である。こうした場合であっても，彼らは積極的に，より有利な買い替え方法を検討して現金の差額分をできるだけ多く手元に残そうとする。それまでの大きな家を次の若い世帯に譲り，老後は夫婦単位の小さな住居に移り住むことは，すなわち世帯の加齢化による住居の交代ともいうべき「循環（サイクル）」である。高齢者は新築住宅を購入するよりも中古住宅を検討する方が妥当性があり，小規模な中古住宅のリセール物件が住宅市場に潤沢にストックされるインセンティブとしても，現行の床面積の制約は改正するべきである。

新住宅ローン減税制度 次に，新住宅ローン減税制度の，「新築，もしくは既存建物ならば築後20年（耐火建築物は25年）以内の中古住宅」の規定について，検討してみよう。

まず「新築住宅」と「中古住宅」との区別についても，その必要性は乏しい。そこに「未使用」と「使用済」の相異はあっても，築後（完成時から）経過する時間の進行速度に格差はなくて，双方とも同じ速度で残存年数を減らしていくことに変わりはない。こうした視点からすれば，新築住宅には付されていない（築後経過年数）制限が中古住宅に限って付さなければならない理由は見当たらない。まして，20年（耐火建築物は25年）以内の中古住宅に限定しなければならない理由もない。築後20年も経過した建物は「残存寿命が少ないから資産性が乏しい」という税法上の見解ならば，築後20年を超えた木造住宅の市場流通性は著しく阻害されるものであり，法の下の公平性をも欠くものである。なぜならば，20年以上経過した中古住宅を取得（不動産売買取引）しようとする購入者に対しては，税制上の優遇措置（借入金等特別税額控除）から除外しているからである。以上の点から，早急に改廃を検討しなければならない規定である。

住宅金融公庫融資制度は，2002年10月1日から中古住宅融資の拡充を意図した改革に踏み出した。償還期間の延長化と築後（建設後経過）年数の緩和が実施される

ようになった。「償還期間」については，従来の「20年以内」を「25年以内」と5年間延長し，融資対象建物の築後年数規約も，中古住宅（耐火構造住宅も）は現行の「建設後20年以内」を「不問」としている。一方，2001年度税制改正により創設された新住宅ローン減税制度は，この減税措置の適用要件として，新築・中古住宅のいずれの購入の場合も床面積 50 m² 以上，中古住宅の場合はさらに築後年数20年以内の住宅に限定していて，住宅金融公庫の改革との整合性はない。こうした事例からも，税法と金融制度との関係においても，そこに共通する一貫性や連関性がないことが明白であり，そうした法制度のタテ割構成に基因する単独性が，制度改革の波及効果を著しく減退させている。

島田晴雄氏（2002）[5]は，日本の住宅市場が大きな構造的問題を抱えていると警告している。島田氏の杞憂する点を端的に代弁するならば，現状では，日本の住宅の資産的寿命が僅か20～25年くらいであるとする点と，また終戦後から今日まで続いてきた持家中心の「単線型住宅思想」を「複線型」に変えていく必要性を説き，住宅政策の大転換の必要性を論じている。島田氏は，住宅市場の整備を意図する小泉総理の意向を受けて，国土交通省に事務局を置く住宅市場研究会を立ち上げている。

島田氏のいくつかの具体的な指摘事項については，著者の掲げている課題と共通している点が多い。少子高齢化は高齢夫婦世帯の小規模住宅への「住み替え」を促すものであるが，中古住宅市場の低流通性が高齢者の持家の売却を難しくしていることから，スムーズな住み替え（買い替え）が阻害されている点を問題視し，そのための取組み（改善）策について次の点を挙げている。

① 中古住宅の性能検査制度の整備，
② 住宅・土地の市場価格の明確（透明）化，
③ 建築工法や部材の標準化，
④ 税制の整備など，である。

（3）中古住宅と流通税

流通税とは，「財の移転ないし流通に着目して課税する」税であり，登録免許税，印紙税，不動産取得税などが不動産取引に関係する税である。これらの税負担については，不動産売買取引のケースで考えると，購入者（取得）側の負担が一般的である。例えば，居住用財産の売買・交換取引であったとして，政策として中古住宅市場の流通性を改善しようとする視座からすれば，中古住宅の取得あるいは中古住

宅同士の交換などのケースであればなおさらに，取引に対する負荷効果を鑑み，公益性を勘案する立場から，流通税の課税免除措置を検討すべきである。

　不動産の流動化・証券化を促進させる目的で，投資法人（J-REIT）による不動産取得時の流通税（不動産取得税・登録免許税）が大幅に軽減され，特別土地保有税は非課税扱いになっている。翻って，個人の居住用資産を購入する際の流通税が軽減されない理由は何だろうか。不動産投資を加速させるインセンティブとしての税制優遇措置が，個人の家計が負担する生存権的資産に対しても，同等，あるいはそれ以上の配慮があって然るべきであり，明らかに不公平税制である。

　自民党税制調査委員会は，2003年度税制改正で土地譲渡益課税や不動産流通課税を軽減している。不動産取引に関わる税負担を軽減することで，デフレ兆候の著しい不動産市場の活性化を期待しているからである。

　デフレを回避したい意図から，厳密に言うならば，「不動産（土地・建物）取引」ではなくて，「土地取引」を活発化させることでインフレ方向に振ろうとしている。90年代初期の過熱した地価高騰期に「行政指導」の名の下に実施された土地取引の実務的な冷却措置（価格調整，実際には取引価格の値下げ指導）によって，下降し始めた地価下落は，約10年余経過した今日もなお継続している。長期化した地価下落がデフレ現象の要因の一つと看做している政府は，自ら撒いた失策の種を刈り取らねばならなくなって，今度は逆方向（土地取引促進）に向かって法律改正を探っている。「土地取引」だけではなくて「住宅取引」，換言するならば「土地付住宅の取引」を促し，牽引していかなければ，硬直化して久しい日本の不動産市場の蘇生は難しいことを，未だに政府もオピニオン・リーダー（知識人）たちも理解できていない。

　望ましい税制の基本的条件として，「公平」，「中立」，「簡素」の3要素が掲げられている。居住用資産に対する特別優遇措置について検討する場合に，居住用資産の権利移動に関して，建物の床面積（50 m²）や築後年数（20年あるいは耐火建築物は25年）によって，一定の減税措置を享受できる人と，できない人が区別されている点において，「持家」者間に「水平的不公平」を惹起していないと言明できるであろうか。百歩譲って，持家の構造上の規模の差異を減税額に反映させるのならばともかく，一定規模に達しない小規模住宅や二次購入者によって改造されることによって延命化する中古住宅までもを，対象から除外している現行制度は，明らかに不公平であり，反福祉的な制度といえる。

税の「中立」という概念は，主にその折々の経済的局面に反応して税制の改廃があり，あるいは，ある部分の経済的発展が誘導する目的を以って改正された税制も存在する経緯から，厳格な意味における「中立」は実際には存在していない。

　宮島洋氏（1986）も，税制の「経済的中立性」について，「個人や企業が行う経済行為に対して税制が干渉しないことを意味しているものであるが，現実にはそう維持することの難しさ」について論及している。[7]

　1964（昭和39）年の税制調査会は，その長期答申において，租税特別措置の租税誘因効果または優遇措置を，税の公平性や経済的中立性，あるいは納税道義を蔑ろにすることを懸念しながらも，租税のインセンティブ効果活用の必要性にも着眼して，次の点についての検討を加えることを前提条件に，政策的租税誘因を認めるとした方針を打ち出している。

① 政策目的自体の合理性，
② その目的達成に税制が最も有効かつ効果的手段，
③ 付随して惹起する弊害を上回る効果などの条件をクリアすること。

と同時に，例外的な租税誘因措置がややもすると既得権化することを懸念して，可能な限り短期の改廃の必要性も指摘されている。[8]

　この答申の指摘からも理解できるように，租税誘因措置の改廃は市場環境の変動に敏感に反応して行われなければならない。またこの理屈から考えれば，居住用資産の優遇措置の適用条件を再検討する必要性に疑念を挟む余地はない。なぜならば，90年代後半から顕在化している不動産市場の低迷，多くの金融機関の経営破綻あるいは悪化，そして何より日本経済の基盤そのものが疲弊していることから誘発された住宅市場の低迷だからである。

　2001年度の政府の土地住宅政策の対応の中でも土地住宅税制関係としては，次の項目が挙げられている。

① 住宅用地取得に係る不動産取得税の減額措置の拡充。

　　住宅用地の取得に係る不動産取得税の減額措置の要件が緩和されている。従来と違って，土地を先行取得後に住宅を新築する場合において，その取得者以外の者が新築した場合であっても本特例が適用されるように改正された。

② 個人の土地建物等の長期譲渡所得課税の税率の引下げ。

　　これまで，適用が停止されていた譲渡益8000万円超の部分に係る税率（所得税30％及び住民税9％）が正式に廃止された。

③　新築住宅に係る固定資産税の減額制度の適用期限の延長。

　　その他の改正として，住宅ローン控除制度が拡充されている。住宅を新築（増築・改築等を含む）または取得した場合，10年間，ローン残高の1％を取得税額から控除できる住宅ローン控除制度の適用対象に，一定の耐震改修工事が追加されている。

　しかし，いずれの対応策も隔靴掻痒の感が拭えないものであり，その施策効果に対する期待感は薄い。日本社会の人口構造上の変化と住宅ストックとの相関関係から誘導される将来予測から推して，新築よりもむしろ交換，あるいは改造（改装）の時代に入りつつあることは明白である。2001年度の税制改正からは，住宅の新築を喚起する以前に，中古住宅市場の流通性を改善させる必要の緊急性を読み取ることはできない。

全政連の税制・政策の改善　全国不動産政治連盟（全政連）は，2002年度活動計画の中の第一の柱とする「土地住宅税制及び政策の改善に関する政治活動」を，次の項目に絞って掲げている。

①　土地住宅税制
　　㋑登録免許税・不動産取得税等，不動産流通課税の抜本的な見直し
　　㋺個人の土地建物等の長期譲渡所得課税の軽減
　　㋩固定資産税評価額の評価水準の見直し
　　㋥中古住宅市場活性化のための税制度の構築
　　㋭消費税率引き上げへの対応
　　㋬相続税評価の見直しを含めた相続税・贈与税の負担軽減
　　㋣住宅取得資金等贈与制度の拡充
　　㋠外形標準課税導入への対応
　　㋷その他

②　土地住宅政策
　　㋑建築基準法改正への対応
　　㋺改正都市計画法への対応
　　㋩住宅金融公庫廃止への対応
　　㋥マンション建替えに関する法整備への対応
　　㋭金融機関の貸し渋りへの対応
　　㋬その他

③ 中古住宅市場の流動化のための措置
　i．中古住宅の築後年数に応じた優遇措置
　　㈲買換え資金・改造（改装）資金の融資条件の緩和
　　　融資条件（低利・保証人・政府支援）
　　㈹税制上の緩和（流通税課税）
　　㈺一定年数（30年）を超えた持家へのインセンティブとしての各種特例
　　　・行政による建物診断等の無料サービス
　　　・改造（改装）資金の資金融資制度
　　　・譲渡時の優遇措置（築後年数の対応）
　ii．中古住宅との買換え促進措置
　　㈲買換え資金・改造（改装）資金の融資条件の緩和
　　㈹売却時の譲渡益，買換え時の流通税への優遇措置
　iii．中古住宅の貸家転用への優遇措置
　　㈲購入した中古住宅を貸家に転用させるインセンティブ
　　㈹持家（戸建）を貸家に転用させるインセンティブ
　iv．関連法規の対応の緩和

全宅連の税制改正要望　全国宅地建物取引業協会連合会（全宅連）は，2003年度税制改正要望を次の項目に纏めている。
① 住宅取得資金贈与制度の非課税限度額（現行，550万円）を3000万円に，特例計算限度額（現行，1500万円）を5000万円に引き上げること。
② 不動産登記に係る登録免許税を定額の手数料とするとともに，不動産取得税の課税を当面の間，凍結すること。
③ 土地建物等に係る固定資産税の実効税率を軽減すること。
④ 個人の土地等にかかる長期譲渡所得税の税率を一律20％（所得税15％，住民税5％）に引き下げること。
⑤ 特定事業用資産の買換特例に係る課税繰延べ率（現行，80％）を100％に引き上げること。
⑥ 居住用財産の譲渡損失繰越控除制度に係る買換要件の廃止。
⑦ 個人の不動産所得に係る土地取得のための負債利子の損失通算制限の廃止。
⑧ 中古住宅市場活性化のために，次の措置を講じること。

㋑中古住宅を買取り一定のリフォームを施して他に譲渡する場合には，当該
　　　中古住宅の買取りに係る不動産取得税を非課税とすること。
　　㋺登録免許税や不動産取得税等の軽減措置に係る中古住宅の要件について，
　　　現行の建築後経過年数にかかわらず，一定の管理状態の良好な住宅につい
　　　ては，特例の適用が可能となるよう見直しを行うこと。
　⑨　印紙税を廃止すること。

　自民党税制調査会は，2003年度税制改正で，相続税と贈与税を一体運営する方式を導入し，贈与税の非課税枠を2000万円としている。現行の基礎控除額年110万円（住宅取得資金は550万円）から大幅な拡大であり，高齢世代から若年層への資産移転を促し経済活性化につなげたい意向を反映したものといえる。日本の個人金融資産約1400兆円のうち，50％強を高齢層が保有している。固定化している金融資産の流動性を高めることで，市場経済の回生化を期待したいところであろう。

　生前贈与に関する税負担を軽減する方法を以って，高齢者層の固定化した金融資産の住宅市場への流入を促し，市場活発化を図ろうとする政策的意図は分かりやすい。しかし，ただ贈与課税を緩和するだけの措置ではやはり短絡的であり，その効果は一過性のものである。時限的措置であっても中古住宅市場の活性化をとりわけ意識的に政策に盛り込みながら，複線的で，なおかつ多方面への波及を想定した戦略的政策が必要である。日本の住宅市場の現状から推して，中古住宅市場の活性化を優先することによって，初めて新築住宅市場も追随していけるといった構図にある。この順序を踏まないで，新築住宅件数の促進策を講じても，その効果は多分に短期的であり，早晩，膠着状態に陥る羽目になる。

　政府は，2003年度の税制改革で，土地税制の軽減の他に，高齢者層から働き盛りの世代への資産移転を促す目的で，20歳以上の子を対象とした生前贈与の非課税枠を創設している。

　子が最初に住宅を取得する場合，中古住宅を選択する層には政策上の含意から何等かの優遇措置が講じられるならば，購入者側にしても初期投資額が新築住宅に比べて低額なことから中古住宅取引が活発化することも期待できる。このケースであっても，中古住宅購入を促す目的から，親世代からの資産移動に一定の特例を講じることも検討されるべきである。

（4）土地税制の見直し

『日本経済新聞』（2002年9月26日）には，次のような記事が掲載されている。

「2002年7月1日時点の基準地価（都道府県調査）は11年連続で下落し，商業地の地価は23年前の水準。担保不動産の値下がりが銀行の不良債権処理の損失を拡大し，土地を抱える企業の経営を圧迫する。産業界には，土地にかかる様々な税負担が，地価下落を加速しているとの見方が強い。土地の税制は，取得・保有・売却の各段階で国税，地方税が入り交じり複雑になっている。財務省や総務省は土地税制の見直しに今のところ慎重な姿勢だ。実施する場合も，減税規模の比較的小さいものを選び，登録免許税や固定資産税など大幅な税収減につながる減税には手をつけない見通しだ。財務省曰く，バブル期に地価抑制をねらって強化した土地課税の部分は地価税・重課税などの一時停止や一連の特例（登録免許税）などで軽減していると説明している」。

この記事から推察するに，政府は，「地価抑制施策としての重課を外したのだから地価下落が終息する」，あるいは「上昇する」と受け止めているようだが，載せた重しを取り除いたら，元通りの，あるいは理想的な状態に復元すると判断しているのならば，余りにも浅慮と謗られても仕方ない。90年代初頭の不動産購入は，大企業はともかくとして，個人の家計における不均衡，すなわち代価（購入資金）と財物（購入資産）との関係に，個人レベルでは購えない乖離（不等価交換）を惹起させ，そのことはあらゆる面に亘って悪果をもたらし，複雑かつ深刻な社会問題を呈している現状をどう説明するのであろうか。かつて地価抑制効果をねらった重課以上の規模の抑揚施策を講じないことには，国民の不動産市場に対する不信感を払拭することは難しい。

概観するに，日本の税法制度そのものが単独性もしくは独立性が強いがゆえに，他の法域との連関性が薄く，したがって税法改正などによる効果の波及範囲も狭隘であり，ダイナミックな経済的成果も期待できない。しかし，この種の波及効果に対する市場は，税負担が加重される場合には，より敏感に，減税される場合には逆に鈍感な反応になりがちである。現在，政府内では課税の対象や比率，あるいは期間などの改廃や調整で終始している感が強く，税制改革に依拠した市場の回復論は机上のものに終息する懸念がある。

財務省は，不動産流通課税の軽減策を実施した。その内容は，不動産登記に負担する登録免許税の税率を原則一律化と，これまでは軽減措置の対象外であった建物

についてもその税負担を軽減するといった，大幅な不動産取引コストの引下げであり，住宅用家屋の売買による所有権移転登記に負担する登録免許税も引き下げられた。

しかし，その場合であっても，他の経済行為に連関させる方法によって，相乗的効果は期待できるし，波及する範囲も拡大化される。例えば，住宅税制の中での租税特別措置法第36条6である。所有期間が10年を超えるもののうち，①自己が居住の用に供していて，なおかつその期間が10年以上のもの，そして②として，①の家屋で自己の居住のように供さなくなった日以後，3年を経過する日の属する年の12月31日までに譲渡したものに限定している。租税特別措置法施行令第22条3の②では，上記の家屋に対してさらに，「その者がその居住の用に供する家屋を二以上有する場合には，これらの家屋のうち，その者が主としてその居住の用に供していると認められる一の家屋に限るもの」と制限している。

少子化が進行し，国民一人当たりの住宅がオーバー・ストック気味の市場環境下にあり，加えて将来的にもますますライフスタイルの多様化が進行する傾向下にあっては，「居住の用に供する」家屋を複数戸，所有するケースも珍しいことではなくなる。また低迷して久しい住宅市場の流動化を画策するならば，個人による複数家屋の所有は大いに国策に適う形態であっても，抑制する必要性は寸毫もない。この規約が制定された当時と今日では，その社会経済そのものがまったく異質なほどに変化してきている事情を勘案するならば，こうした抑制的規約の改正を早急に検討すべきである。むしろ現在は，個人が複数戸の住宅を所有することに対する，税制や金融制度のバックアップが要求される社会経済に移行している。

個人が複数戸を所有する傾向について，島田晴雄氏（2002）も次のように述べている。「2軒目は別荘だなどという偏狭な考え方はもはや通用しない。これからの家族は，好むと好まざるにかかわらず，複数の家を上手に管理，運営しながら資産活用することになる」。

また，そうしたライフスタイルの実現を可能にならしめる目的の環境整備の一環として，先ず現行の税制や金融制度について，抜本的な見直しが必要である。速効性を期待できる施策として，住宅買い替えに対する一定条件の下に与える課税の繰り越しを認める買い替え特例制度があり，アメリカでは中古住宅市場の活況に貢献している。日本でも，こうした買い替え優遇措置は1990年代初頭まで存在したが，地価高騰の都市周辺部までの波及を懸念した結果，廃止された。しかし，そのこと

は中古住宅の流通性を著しく削ぐことになり，本書でも取り上げている，高齢期の福祉制度の補完的プログラムとしてのリバースモーゲージ制度の発展にとっても重大な隘路となっている。

2 アメリカの住宅税制

(1) 税法上の配慮

1989 (平成元) 年，アメリカのアーバン・インスティテュート (UI; The Urban Institute) が行った住宅問題の研究成果のなかに，次のような論述がある。[11]

「アメリカの現在及び将来の住宅需要は，国内政策の中でも高い優先度をもつに値する。食料や健康と共に適切な住宅は最低の生活水準の不可欠の条件である。2010年から2030年にかけてわれわれが経験すると考えられる急激な人口構成の変化と，それに伴う住宅ストック，居住環境の需要の変化に対応するのに，市場メカニズムは必ずしも十分にこたえられるとは思えない。そこでこの二つの大きな目的に向かって，住宅部門への配慮をあらためて払わなければならない。その一つは，貧困層のニーズに応えるため，現在の連邦住宅政策の欠陥を手直しすることである。もう一つは水平線上に見えてきた人口構成の変化への対応を準備しよう」。

しかし，図表6-1からも明らかであるが，貧困層への援助は低水準であり，税制上や金融制度上のシステムを介しての支援は，中・高所得者層向きといえる。とはしながらも，住宅取得に対してのアメリカ政府の積極的支援の姿勢は，次のような住宅税制に顕著である。

①住宅モーゲージ利子所得控除制度によって，住宅の取得あるいは所有者は，その新築と中古住宅の区別なく，連邦所得税の場合，年間支払ったモーゲージ利子を所得控除できる。また現在所有している住宅の他に一定期間 (14日間，あるいは賃貸している場合でも10％以上の日数のいずれか長い期間を合計して自らの居住に供しているならば) の居住用の使用があれば，二次的住宅取得についても同じ優遇措置が適用される。

②固定資産税を連邦所得税から控除することができる。

③住宅の「買い替え」あるいは「住み替え」の場合，譲渡益の非課税措置がある。1997年に実施された納税者救済法 (Taxpayer Relief Act) によって，夫婦が現在，居

図表 6-1　1986年税制改革前後の持家優遇措置の変化　　　　　　　($)

	世帯 例1		世帯 例2		世帯 例3	
所　　　得	50,000		30,000		100,000	
住宅価格	120,000		70,000		250,000	
モーゲージ	100,000		55,000		210,000	
	改革前	改革後	改革前	改革後	改革前	改革後
課税所得	27,280	25,600	15,180	12,700	57,680	58,000
限界税率	25%	15%	18%	15%	38%	28%
税　　額	4,759	3,840	2,140	1,905	14,797	12,373
賃貸住宅の場合						
課税所得	39,680	37,000	22,080	17,000	83,680	84,000
限界税率	33%	28%	22%	15%	42%	33%
税　　額	8,354	6,493	3,511	2,550	25,480	20,258
持家による節税額	3,595	2,653	1,371	645	10,684	7,885
(住宅コストにおける割合)	29%	21%	20%	9%	41%	30%

出所：『米国における将来の住宅対策』65頁。

住している住宅を売却した場合，最高50万ドル（単身者は25万ドル）までの譲渡益が非課税になる。しかも「買い替え」でなくて，賃貸住宅への「住み替え」であっても，一定の限度内ならば非課税扱いに適用される。ただし売却前の5年間のうちで，2年以上その住宅を所有，あるいは居住していたことが前提条件ではあるが。この規定には年齢等の制限もなく，非課税扱いの申請は2年毎に何度でも可能である。

④中古住宅の取引に際しては，他の先進諸国と同様に，消費税は非課税である。

①の二次的住宅取得についても，主たる住宅と同様な優遇措置が受けられる制度は，住宅需要を喚起する効果の期待は大きい。セカンドハウスとしての使用も，また賃貸の用途に転用して収益を上げる場合でも適用されるなど，多様的用途の機会を政府が積極的に支援している。そしてなによりも，二次的住宅取得のインセンティブは，その収益性などを勘案するときに，住宅市場の流通性を加速度的に改善する効果も期待できる。

③の住み替えの非課税措置も然りであって，高齢期の夫婦世帯が，それまでの住宅からさらに小規模の住宅への住み替えを検討する機会は少なくないはずである。それは住宅の維持経費のコストダウンを意図したものであり，あるいは，それまでの住宅を賃貸用に転用して家賃収入を上げ，自分たちは賃貸住宅に入居する方法に

よって，家賃収入と支払家賃との差額を家計の現金収入に組み込もうとも計画する。二次的住宅を主な住宅にして，それまでの住宅を売却処分，あるいは賃貸用に転用することも，いずれもが選択可能な方法である。評価できる点は，そうした選択に対してでも，幅広く税法上の恩恵を享受することが可能な点である。

④の消費税については，中古住宅は原則として非課税である。しかし家具やそのほかの設備などについては課税されるし，増改築の場合も課税対象になる。新築住宅への課税の場合であっても，消費税の納税義務は購入者ではなくて，販売者側とされている。

スティグリッツ，ジョセフ（Stiglitz, Joseph E.）も，アメリカの譲渡所得課税は他の所得に比較して，低率課税であり，個人家計における譲渡益の蓄積に対するインセンティブが図られているものと指摘している。多くのアメリカ人は，住宅を生涯設計（ライフプラン）の中心に据えて考えている。セカンドハウスは，高齢期を過ごすことを想定した環境の地域に保有していて，それまでは賃貸用住宅にしながら，その家賃収入で購入時のローン返済を賄っている。リタイアしてからは，それまでの住宅を売却（あるいは賃貸用）して，一度だけ適用される「高齢期の住宅譲渡益の非課税措置」を使って課税を免れ，売却代金の満額を手にして，セカンドハウスに移り住むパターンは，一つの典型的なライフプランといえる。アメリカの住宅税制は，日本のように，住宅の場合であれば建物（上物）と土地（底地）とを分離して，それぞれに異なる条件の規定を適用することはない点でも特徴的である。

日本の税制の場合，建物に比較して土地に関する税制の方が有利である。こうした税法上の特徴は，ややもすると，その社会経済に土地優位制を誘導し，投機的風潮を助長する結果を招きやすい点で問題である。こうした土地優位の傾向の二次的影響として，上物である建物を，他の用途に転用する場合の障害物として看做し，リメイクするよりも，むしろ「スクラップ＆ビルド」を惹起する結果が多々，見られる。

また，そうした選択を，融資する側も歓迎し，誘導する場面も考えられる。融資側の都合を推慮するに，融資枠の拡大と融資対象建物の担保力の点からして，新築建物の方がより有利と判断するからに違いない。また，税法上からの観点からしても，新築建物の方が中古建物以上に税制上の優遇措置を多く適用される事情もある。既存の建物に改修・修繕を施しても，そのことに対する税法上のインセンティブは全く用意されていないことから，新築住宅に偏重した制度である。こうした事情は，

購入してから，一定期間経過後に必要となる改修・修繕を施す意欲を削ぐことになり，その結果として，中古住宅はその性能・機能・外観においても劣化問題を多く包含することになる。次の二次購入者からも，購入直後から修繕工事を施さなければならないような，「欠陥のある建物」といった評価を受けやすく，こうした実態は，当然，直接的に中古住宅取引に悪循環をもたらすことになる。

一方，アメリカの税法上では，住宅に対しても，新築住宅と中古住宅との区別がなくて，同一条件を適用させている。またアメリカでは担保融資が一般的であるから，中古住宅購入資金の融資であっても，融資側は慎重にその担保について鑑定作業を実行する。したがって既存住宅に改修・修繕を施すことによって高められた付加価値であっても，鑑定評価の結果には確実に反映され，その資産価値を増やすことができる。こうした融資制度が下地となって，初期投資額の低い中古住宅を購入して，住みながらその付加価値を高める方法によって資産形成を図ることは可能なことであり，結局は中古住宅市場の活発化に繋がっている。

中古住宅に対するアメリカの鑑定評価方式については，ファニーメイなどがその鑑定評価の基準や標準化についても積極的に関与しながら，融資物件の担保価値の保持に対しては継続的な注意を払っている。住宅購入時の鑑定方法も可能な限り，簡素化させることで，より確実で，より迅速に，そしてより低額料金で，鑑定評価できる方法を常に検討している。現在，中古住宅を含んだ総合的融資システムの実現に向けて，ファニーメイでは総合ネットワーク・システム（MORNET Plus；2000）を構築しており，一部，運用を始めている。

アメリカの税制が不動産市場，とりわけ持家住宅に及ぼす影響について，次のような記述がある。

「現在の法律は，住宅所有者に重要な恩恵を与えている。つまり，帰属家賃所得に課税されずキャピタル・ゲインはめったに課税されることがなく，課税されてもずっと延期されるからである。しかも，住宅ローンの利払いを控除できることで，住宅ローンがあって項目別申告をする家計は，持家住宅が非課税であることの恩恵を全面的に受けることができる。こういう優遇措置をもたらす規定の結果，住宅所有者は租税上かなりの助成金を受けていることになる。個人の限界税率が高ければ高いほど，助成金は多くなり，持家住宅の税引きコストは低くなる」。

1986年の税制改革法は，こうした，家計が住宅コストを控除できる税率を一部，下げているが，優遇規定そのものを直接変えてはいない。アメリカの多くの家計は，

その賃貸住宅の家賃が10％上がることによって，住宅の取得によって税法上の優遇措置を享受できる有利さもあって，持家取得に走り，最終的には住宅所有率を約3％上昇するだろうと予測されている。

アメリカでも，それまでの人頭税（poll tax）に代わって，敷地課税の問題が具体化したのは，もっぱら20世紀以降である。なかでも，ペンシルバニア州のピッツバーグ市において実施された段階的課税の経験は有名である。

1979年と1980年とに，土地投機の抑制と市街地開発促進等を主とした目的にして，土地と建物との間の課税比率に大幅な差別的課税格差を設けたことである。1979年には土地は建物の4倍の税率，1980年の場合には，土地税率12.55％に対して建物税率2.475％として，土地の課税を建物の5倍にまで強化した。この結果に対しての評価は分かれるところであるが，不況の中でも建築許可件数は増加しているから，多少の効果は見られたであろうし，財産課税は他の増税手段（建物への重課や賃金税の増税など）に比べて，経済に対してはほぼ中立的であると評価された。

ハワイ州の場合は，住宅市場の需要が過剰な状態にあり，この数年は住宅価格は急激な値上がりが見られることから，いずれ不動産関連税制も引き上げられる可能性が高い。ホノルル（the City and County of Honolulu）では，高齢者（55歳以上）の住宅に対しては段階的に不動産課税の控除額を増やす方法で，持家維持費の個人負担の軽減を図っている。この控除措置の直接的効果としては，高齢者家計の租税負担の軽減であるが，間接的効果としては，持家を所有する負担が軽ければ高齢期になっても持家を手放さなくて済み，ホノルルは貸家が慢性的不足傾向から，持家をレンタルし，借家に住み替える方法で，家賃（貸し）収入と賃料（借り）の差額を家計に取り込むことも可能である。Revenue Act（1978）では，最初，55歳以上の居住用資産譲渡益に対する控除額は10万ドルと規定されていて，ハワイ州でも1979年から準用していたが，その後12万5000ドルに改正されている。

ホノルルの不動産課税については，1990年6月から，基礎控除額が4万ドル，住宅所有者が55〜59歳では6万ドル，60〜64歳では8万ドル，65〜69歳では10万ドル，70歳以上になると12万ドルと，段階的に控除額を増やして，高齢期の租税負担を軽減している（ハワイ，カウアイ，マウイなどの場合は別の規定である）。この不動産税については，還付措置も講じられている。その適用条件としては，①前年度にすでに複数の持家控除の適用を受けている，②前年度（暦年）の年間収入が2万ドル以内である，③年間収入の5％を超えた不動産税納付額であることなどが規定さ

写真6-1 不動産税還付請求申請手続説明書

REAL PROPERTY TAX REFUND FOR HOMEOWNERS 55 YEARS AND OLDER

Forms and Instructions for Tax Year 2001-2002

INCOME BASED ON 2001 INCOME TAX RETURN
REAL PROPERTY TAX BASED ON 2001-2002 TAX YEAR

DEPARTMENT OF BUDGET AND FISCAL SERVICES
CITY AND COUNTY OF HONOLULU

出所：the City and County of Honolulu 資料。

れており，この条件のすべてに該当する場合は，不動産税の還付が認められている。写真6-1は，ホノルル市役所広報課に用意されている不動産税還付請求申請手続の説明書である。

　一般的に収入が逓減化する高齢期になっても，生存権的居住用資産（持家）を所有しているための租税負担が成・壮年期と変わらないとしたら，応能負担原則に適わない不合理な社会というべきである。日本の場合も，居住用資産（持家）の租税負担は高齢期にあっては，ホノルルの年齢に応じた段階的な控除措置ではなくて，むしろ年収に相応した，応能負担原則に則った居住用資産課税が望ましい。

（2）リサイクル・サクセス物語

　アメリカで，1960年代から70年代にかけて，中古住宅のリサイクリング（recycling）によって成功者となったウエアー夫妻（Sam & Mary Weir）が，その顛末とリサイクリングの技術について紹介した本（*How We Made A Million Dollars Recycling*

Great Old Houses) を出版している。出版した当時，サム（Sam）とメアリー（Mary）は20歳代前半の夫婦であった。彼らは，その本の中で，自分たちのライフスタイルについて，次のように書いている。

「私たちは，現在の社会経済のもとで，順調な生活を送る方法を学ぶことができた。それは古い住宅を再生して，転売する方法である。最初に購入した家は，4500ドルと安い値段だったが，その全額を銀行から借入した。しかし，その借入も結果的には2年以内で完済できた。そこから，次の中古住宅（一般住宅や別荘も）を買い，リサイクリングを施しては転売を繰り返した。おかげで，現在では資産家の仲間入りが叶った」。

また，彼らは，「リサイクリング」について，次のように記述している。

「リサイクリングとは，汚れていて，使い古された，流行遅れのデザインの状態から，新しい，人気のありそうなデザインにまで纏め上げることであり，古い家を快適で，モダンで，素晴しい状態にまで作り変えることを意味する。リサイクル屋（recyclers）として，古い家を見つければ購入する。そして，改造し，塗り直し，復元して，ただ単なるバンガローに過ぎなかったあばら家を，芸術的で巨大な，まるで白い巨象のような建造物にまで，何から何まで，作り変えるのである。それから，その建物をユニークで市場性の高い住宅として売却する。リサイクリングは，改造（home improvement）の域をはるかに超えたレベルまで手を入れなければならないし，両者はまったく別の内容のものである。住宅の改造とは，住宅としての価値に，ほんの些細な変化を加える程度のものであり，売却益を期待するほどの投資にもならない。それに引き換え，リサイクリングの場合であれば，それは古い建物の蘇生（rehabilitation）を意味するものであり，売却した場合には十分な譲渡益（substantial profits）を手にすることができる」。

ウエアー夫妻が，約11年の間に繰り返した中古住宅の「リサイクリング」は，日本のバブル期に頻繁に繰り返された転売行為とはまったく別の種類のビジネス行為であった。彼らは中古商品（住宅）を仕入（購入）れてから後，その商品に「リサイクリング」を施す方法で付加価値を高めてから，改めて再生商品として販売（resale）する事業主であり，「リサイクリング」は家内工業的に行われた中古住宅再生事業であった。そして僅か11年後に，ウエアー夫妻は大邸宅のオーナーとなる。その顛末は，まさしく「アメリカ版マイホーム・サクセス物語」である。この場合も，夫妻が，税法上の居住用財産の「買い替え特例」などを十分に活用しながら，

図表 6-2　ウエア夫妻の11年間の買い替え実績

House No.	House Location	Year Purchaseo	Purchase Price
1	18 Beach St.	1966	4,500
2	265 New Ocean Ave.	1968	17,000
3	32-32A Riverdale Ave.	1969	13,800
4	30 Shrewbury Dr.	1970	20,000
5	5 Griffin St.	1970	15,300
6	1 Riverview Ave.	1971	8,000
7	12 Main St.	1971	11,300
8	Route 100, Vermont	1971	21,500
9	559 Manahasset	1971	24,500
10	78 Ocean Ave.	1972	26,500
11	Goldencrest	1972	45,000
12	71 Victor Ave.	1972	9,000
13	1-3 Ocean Ave.	1973	35,000
14	34 Washington Ave.	1973	26,500
15	5 Maplewood Ave.	1974	15,000
16	477 Ocean Ave.	1974	50,000
17	477-A Ocean Ave.	1974	25,000
18	91 Rumson Rd.	1974	80,000
19	The Lindens	1975	90,000
20	Linden Pond	1975	30,000
21	141-A Rumson Rd.	1975	30,000
22	57 Hathaway	1975	50,000
23	16 Locust Ave.	1976	11,700
24	18 Locust Ave.	1976	11,800
25	59 Sea View Ave. (Lot)	1976	—
26	Manhassett (Lot)	1976	—
27	10 Acres, Vermont	1976	12,000
28	114 Ocean Ave.	1976	20,000
29	114-A Ocean Ave.	1976	10,000
30	25-27-29 Monmouth Rd.	1977	44,000

出所：Weir, S. & Weir, M., 1979.

第 6 章 住宅市場と税制　241

(The Weirs' Ten-Year Track Record)

Misc. Expenses & Material Costs	Total Expenditure	Rental Profits	Selling Price or Value	Wages & Gross Profit	Equity: Wages & Net Profit
14,314	18,814	30,000	31,000	61,000	42,106
31,157	48,157	40,000	106,000	146,000	97,843
12,775	26,575	17,000	48,000	65,000	38,425
9,800	29,800	10,000	36,000	46,000	16,200
2,410	17,710	5,000	46,000	51,000	33,290
3,000	11,000	3,000	18,000	21,000	10,000
10,561	21,861	9,000	42,000	51,000	29,139
8,072	29,572	2,000	55,000	57,000	27,428
7,691	32,191	8,000	35,000	43,000	10,809
8,680	35,180	8,500	55,000	63,500	28,320
26,272	71,272	5,000	180,000	185,000	113,728
8,256	17,256	—	26,650	26,650	9,394
5,000	40,000	13,500	95,000	108,500	68,500
5,000	31,500	—	37,000	37,000	5,500
7,200	22,200	—	30,900	30,900	8,700
9,680	59,680	30,000	135,000	165,000	106,320
5,000	30,000	10,000	50,000	60,000	30,000
21,000	101,000	—	150,000	150,000	49,000
65,000	155,000	—	177,000	177,000	22,000
60,000	90,000	—	185,000	185,000	95,000
2,000	32,000	—	50,000	50,000	18,000
9,000	59,000	—	60,000	60,000	1,000
4,000	15,700	—	25,000	25,000	9,300
4,000	15,800	—	30,000	30,000	14,200
2,000	2,000	—	25,000	25,000	23,000
1,000	1,000	—	20,000	20,000	19,000
2,000	14,000	—	18,000	18,000	4,000
16,000	36,000	—	95,000	95,000	59,000
5,000	15,000	—	46,000	46,000	31,000
50,000	94,000	—	172,000	172,000	78,000
					1,217,202

30回に及ぶ「買い替え」を繰り返したことが成功の鍵となっている。

彼らの11年間（1966年4月～1977年12月）の足跡（転売記録）は，図表6-2に示すとおりである。

注

(1) 山崎福寿・浅田義久「住宅消費税が住宅着工に及ぼす影響について」『住宅土地経済』No. 47, 2003年。
(2) 岩下忠吾「住宅関連税制の問題点と在り方」『税研』No. 78, 1998年, 50頁参照。
(3) 政策研究会編『日本の住宅問題』三一書房, 1960年参照。
(4) 北野弘久「憲法における納税者の権利」『納税者の権利』岩波書店, 1994年参照。北野弘久「応能負担原則」『税法学原論第三版』青林書院, 1992年参照。
(5) 島田晴雄「住宅と住宅政策の大転換」『住宅土地経済』No. 46, 2002年, 7頁参照。
(6) 宮島洋『租税論の展開と日本の税制』日本評論社, 1986年, 206頁参照。
(7) 同上書, 211頁参照。
(8) 同上書, 212頁参照。
(9) Real Partner. 2002 10. 1 参照。
(10) 前掲「住宅と住宅政策の大転換」『住宅土地経済』No. 46 参照。
(11) 「米国における将来の住宅政策」『NIRA 研究叢書』
(12) Treatment of Housing and Other consumer Dirables Under a Consumption Tax, *Changing America's Tax System*, p. 170.
(13) *The Economics of TAX REFORM*, p. 10 参照。
(14) ペックマン, ジョゼフ・A.「アメリカと日本の不動産鑑定の比較」『税制改革とアメリカ経済』（塩崎潤訳）今日社, 1998年, 85頁参照。
(15) 同上『税制改革とアメリカ経済』100, 103頁参照。
(16) 篠原正博『不動産税制の国際比較分析』清文社, 1999年, 44頁参照。
(17) Real Property Tax：土地, 建物, 構造物, 柵, 改造などに対して課す租税。Utterdyke, Aileen B., *TAXES of HAWAII 2003*, p. 277.

第7章
不動産市場の改革

1 不動産市場の流動化

(1) 不動産市場の流動性

　不動産の本来的価値は，その不動産を「利用」することから発生する「果実」にある。したがって，その不動産の利用価値（使用者にとっての）が高ければ高いほど——親子・親族間での相続（贈与など）による「移転」はあっても——売買取引の対象として商品化する可能性は低くなる。こうした特性に注目した場合，不動産そのものは，本来的には，移動性は言うに及ばず，流通性や換金性の乏しい資産であるといえる。

　日本人にとっては——あるいは日本の社会経済では，と言い換えても構わないのだが——土地が重要な資産価値を有しているのであって，上物である建物自体は単なる償却資産に過ぎない。したがって不動産評価の場合も，いきおい土地に偏重した評価であり，仮に建物が築後20年以上経過した中古住宅などの場合は，その資産価値はほとんどゼロに近い評価である。むしろ建物が建っていることによって，「建付地」として土地の評価価格から既存建物の解体費用相当額を差し引かれるくらいである。不動産の資産価値を現金に変換するためには，売買取引が必要になるが，その場合であっても，敷地としての利用性からすれば，「更地売買取引」が歓迎される。こうした背景は，日本の中古住宅市場を閉塞させはしても，活発化させることはない。不動産売買取引の場合で考えると，買い手側はその取引に伴う多くの負担が課せられている。買主は，登録免許税，不動産取得税，消費税，印紙税などの租税負担があり，さらに実際の取引においては，司法書士（場合によっては土地家屋調査士，行政書士なども）や不動産業者の仲介手数料などと，実に多項目の費用負担が課せられる。この他にも，多額な取引額だけに金融機関からの融資を利

用しようとした場合，融資契約に必要な諸費用（不動産鑑定評価費用，ローン保証料，保険料など）も負担しなければならない。売買対象物件が土地だけの場合は，隣接地との状況や境界の確認，あるいは排水状況（最近は土壌汚染なども）などの掌握で済むかもしれないが，建付地（建物付）の場合には，この他にもいくつかの確認事項が増えてくる。まず，建物評価額の妥当性を確認する必要がある。既存建物は表面的な瑕疵はともかく，隠れた場所や見えない部分の瑕疵については発見できないだけに，専門家による調査も必要なケースも考えられる。その建物評価額に対して消費税が課税され，購入してから後は固定資産税・都市計画税などの負担が将来的に継続する。

不動産そのものが，固定的資産である上に，さらに売買（交換）などの原因による権利移転のケースでは，金銭的にも事務的にも買い手の負うべき負担が大きいことが特徴であり，この点も不動産の権利移動（流通性）を著しく阻害している。しかし権利移転行為を法的に保護する必要性からすれば，ある程度の煩雑な事務手続きも甘受しなければならないのは，他の先進諸国の場合も同様である。むしろ検討すべき問題は，過大な諸費用の負担である。高額資産の購入に際して，買い手側が負うべき契約時の諸払負担は，不動産購買意欲を萎えさせる要因となっている。購入者が自らの居住の用に供する目的で購入する住宅については，格別の措置が配慮されなければならない法的根拠があるにもかかわらず，融資制度や税法上に十分に反映されていない現状は，明らかに憲法（25条）に違背している。

不動産市場の流動性が損なわれた場合の影響を考えるとき，直接的効果としては不動産価格に加わる低下圧力である。土地本位制を基盤としてきた日本の社会経済体制は——他の先進諸国以上に——土地の貨幣的価値の低下が及ぼす「負」の効果は，金融機関にとっては融資の不良債権化であり，一般企業に対しても営業の萎縮化や後退化を迫り，先行投資意欲までも削いでしまう。

こうした背景には，多くの企業がその保有不動産の資産価値を担保にして経営資金を調達する経営手法に依存してきたからであり，実はここに大きな過誤がある。土地の担保力が，そのまま，その資産価値であるとする考えを全面的には否定しないが，少なくとも一面的である。なぜなら，「土地の資産的価値は，すなわち資産力である」と説明できるからである。すなわち「資産力」とは，その土地を利用して資産（貨幣的価値に変換できるすべての果実・行為を含む）を生み出す可能性（能力；capacity）を意味するものであり，単なる「換金性」にとどまるものではな

いからである。

不動産の証券化　こうした経緯から，当然の帰結として，金融市場や不動産市場は次なる胎動を期待するようになる。これまでの常識を覆すような斬新な経営手法を駆使することで急成長を遂げているベンチャービジネスの台頭が起爆剤となって，証券取引環境がすっかり変わった。新しいタイプの企業が求めているハイ・スピードな資金需要の前では，従来の銀行中心の間接金融システムでは機能不全に陥ってしまう。時代の趨勢は，否応ない直接金融システムの成熟化（資産流動化＝証券化）を迫っている。

しかし「資産流動化」の法的環境は整備されつつあるが，肝心の不動産業界の「証券化」のインフラ整備が遅滞している。住宅の性能保証，建築設計監理や工事検査方法の改善策などはスタートしているが，商業不動産物件などのテナントとの契約や収益内容に関する情報開示などでは，まだ改善の余地を残している。また不動産鑑定評価方法の検討，債権回収方法の簡便化，宅地建物取引業法の検討なども早急に着手しなければならない。

アメリカ大手投資銀行であるモルガン・スタンレー（Morgan Stanley）は，今後の日本の不動産投資信託（J-REIT）市場の発展性に注目した結果，2001年からの3年間で同社の海外投資資金の半分に相当する50億ドル（約6100億円）を投じて，首都圏を中心にオフィスビルやマンションなどの買収計画を進めてきている。最近の不動産市場の急速な法的環境整備の進行，首都圏の地価の底値感，オフィスビルの高収益性などから判断して今回の大型投資に踏み切ったのである。日本は今，企業リストラによるマンション用地放出や地価下落による用地調達の活発化から，貸家・分譲住宅着工が予想以上に増勢している。しかし販売面では，地価下落に起因した「都心回帰現象」や大規模超高層物件の大量供給を背景に好調な様相が続いてきたが，このところ，さすがに下降傾向に転じ始めている。この先，雇用や所得事情の悪化，そしてマンション業者の抱える在庫増加などから，販売，着工ともに低下方向に転じることはほぼ間違いない。

品確法の効果　2000（平成12）年4月から，住宅の取得に対する消費者保護を目的にした「住宅の品質確保の促進等に関する法律（住宅品質確保法）」が施行された。また同年7月には，この法律に基づいて，「日本住宅性能基準」，「住宅紛争処理の参考となるべき技術基準」等の建設大臣告示が行われ，本格的に「品確法」がスタートした。

アメリカの中古住宅市場の活況振りに比べて、日本の場合は不振であり、その主な原因も日本家屋の性能不安と判断した結果が、今回の同制度の創設であろう。要するにアメリカの中古住宅購入者のあらかたが、中古住宅の住宅検査制度（Home Inspection）を利用する方法で中古住宅の性能や品質を確認していることから、日本版を検討し、導入に踏み出している。中古住宅の購入に関しては、比較的最近まで、住宅金融公庫融資などでも、新築住宅に比べた場合、冷遇的な取扱条件であったし、税制の優遇措置においても格差があったのは、政策的にも新築住宅取得を優先していたからである。

ではなぜ、このところ、唐突ともいえるほどに「中古住宅市場の活性化」を標榜し始めたのだろう。「中古住宅」の性能に不安があるからという理由だけで、中古住宅市場の「流通性」が乏しいわけではない。そうした不安だけの問題ならば、国土交通省が2002年に導入している「中古住宅性能評価制度」は功を奏するかもしれない。しかし、実は中古住宅市場の抱えている問題は別にあり、住宅価格評価の大半を構成している「敷地」の価格が、次のような問題を包含しているからである。

① 宅地価格は、90年代初頭から比べた場合20～50％位値下りしている（図表7-1）。中古住宅として購入後の使用可能期間が20年位を見込める建物には、ほとんどのケースで住宅ローンの残債がある。融資期間25年のローンとすれば、残債は約半分見当を残している場合が多い。不動産価格の高騰期に購入した建物を売却したとしても、借入金の返済ができないケースが多発している。したがって中古住宅市場が低迷している原因は、住宅性能への不安からというよりも、むしろ土地の購入時の価格と売却時の市場価格との格差が逆鞘になってしまい、売却したくても抵当権の抹消資金も用意できない事情の方がより重大である。

② 不動産売買取引に係わる各種の負担（税負担・宅建業者への報酬など）については過重なままであり、間接的な導因である。

③ 建物価格も建築工事費が値下り傾向にあるから再調達価格も低く、以前に比べて売却価格も当然、値下り傾向にある。

④ 住宅ローン契約時の最初の建物評価（掛け目）がすでに低過ぎることから、中古住宅では担保評価が僅かなものになってしまう悪循環がある。

こうした事情を考量するに、中古住宅性能評価制度の創設だけを以って、中古住宅市場の流通性を回復させようとすることは難しい。

（2）土地評価方法の検討

　土地価格の統計調査によると，全国市街地価格は，1986年頃の価格とバブル崩壊後の土地価格下落の傾向にある2002年の地価とは，ほぼ同額であり，それ以前は現在の地価よりも低い価格であったことがわかる（図表7-1）。このことからも，1980年代末から1990年代初頭までの，いわゆるバブル期を除外してみると，わが国の地価は僅かではあるが，しかし確実に上昇してきている。

　前述しているが，スティグリッツ，ジョセフ（Stiglitz, Joseph E.）[1]は，日本の長期化している地価下落に対する有効な施策として，「適切なインフレ」の必要性を指摘し，適切な地価上昇率としては3％であるとも論じている。土地についても，市場を流通する「商品」の一種と考えて，長いタームで捕捉するならば，その価格は確実に上昇しているし，その全体的傾向としては「消費者物価」と同様のパターンを示すことになる。しかし土地を，その利用的効用を無視して，土地神話をベースとした期待感から短期的投機対象として手軽に扱ってきた結果が，「地価バブル」であった。バブル崩壊後から始まった不況・沈滞期の次に，社会全体に萎縮・後退・内省的ムードが蔓延し，すっかり覇気を喪失した国民は，改めて足元（社会保障制度など）を見詰め直し始めた。持家福祉制度であるリバースモーゲージが国内において，本格的に導入の準備が始められたのも，実はこの頃からである。

　マラニー，ジョン・A（Mullaney, John A.；1999）[2]は，次のように論じている。
　「土地は，すべての不動産投資の中で最もリスクが大きいものとみなされている。なぜなら，単なる土地はなんら収入を生み出さず，税メリットもほとんどないためである（土地は償却できない）。土地資産の利益は主として元本の値上がりによって生じるが，ときとして，それのみとなるケースもある。土地には，本質的なリスクが存在するために，土地投資に成功した場合には，投資家に対して大きな利益がもたらされるものと考えられる。一方で，土地投資には，大きなダウンサイド・リスクが存在する。一般的に，土地は，開発前にはなんら収入をもたらさず，保有コスト（資産税，維持費，モーゲージ費用など）は，投資家が支払わなければならない。さらに，実際のキャッシュ・ロスとともに機会損失費用という，土地の評価には現れないリスクも存在する」。

　ジョンの指摘するように，「土地そのものは，投資に対してなんらの価値ももたらさない，むしろ保有することによって費用負担が発生するだけのリスキーな資産である」と，アメリカ人の多くが考えているならば，彼らの中古住宅市場が活発で

図表 7-1 市街地価格指数

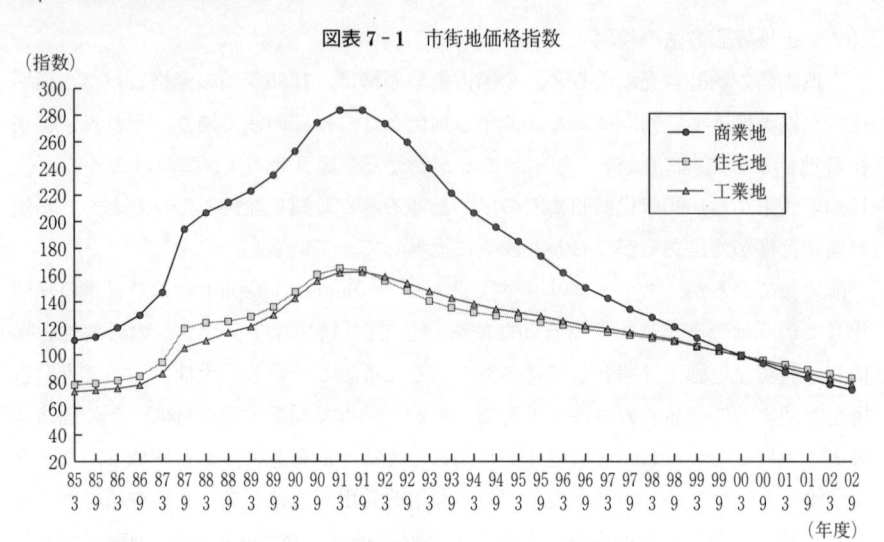

出所：財団法人日本不動産研究所・市街地価格指数資料。

ある理由をわれわれは推し量ることができる。

不動産の鑑定評価と市場　　新藤延昭氏 (2000) は，不動産の鑑定評価について次のように論じている。「不動産は，その位置・形状・利便性・構造等，同一のものは二つとなく，時価そのものは認識することが極めて難しい。ただし，局地的供給がなされる分譲住宅・分譲マンションなどの最終需要市場においては，売り手の設定価格や類似不動産の取引実例によってかろうじて時価に近い価格を推定することができる。不動産の時価は，それが実際に売却されて初めて認識することができるのであって，事前に時価を認識することは難しい。それは，おかれている市場ごとの売り手と買い手の主観的価値判断の双方合意価格であり，買い手の主観的価値が売り手の期待する時価以上の場合に成立する。(中略) 鑑定評価によって求められることができる市場の時価とは，このような主観的価値判断をできるだけ標準化し，不動産がおかれている市場ごとに，それが売却される場合に成立するだろう価格を推定することである。このことが鑑定評価額は鑑定主体の判断であり意見であるといわれるゆえんであり，売買価格を保証するものではない」。

「時価」について，『大辞林』では，「商品などのその時々の市場価格」，『広辞苑』によると，「そのときの相場。そのときの市価」と説明されている。要するに，「時

価」を語るとき，不確実性，変動性，そして主観的な価格であり，売り手と買い手の合意価格であるとも言い換えることができる。

　不動産について論考する場合，他の一般商品とは別格に，様々な関連法の下に幾重にも規制を受け，あるいは保護されていて，国家にとっても重要な基盤的資本であり，家計においては最も重要な資産である。そうした重要で，非生産財である不動産の価格が，上述したような不確定要素を包含している点では問題が多い。なぜならば，国は租税国家であるがゆえに，不動産に対しても，あらゆる機会の度に，様々な種類の租税を課税し，徴収しているからである。

　清水千弘氏[4] (2000) は，日本の不動産市場について，その「不透明性」が問題であると指摘し，次のように論じている。「不透明性の原因として一つは，情報の欠如である。実売価格や制約賃料などの情報開示が依然として遅れている。現段階において，一般に入手可能な情報は，不動産投資や証券化に活用できるような市場性の高さといった基準からすると，精度または正確度においては，問題があり，精度・正確度の信頼性の高い市場情報を入手しようとする場合は，高額な費用が発生したり，あるいは特定の集団しか入手できないような実態である」。

　いま一つの問題は，「市場分析能力」である。たとえ不動産の市場データが入手できたとしても，その情報を十分に活用できる市場分析能力が備わっていなければ役に立たない。「完全な市場」とは，取引対象の財の質と価格についての「情報」が，市場におけるすべての取引参加者に均等にいきわたっていること，そして適切な「取引対象」と合意する「取引価格」を見出し，その際にも取引を実現するための特別な費用が発生しないこと，などが必要条件となる。

　しかし，この清水氏の指摘する「不透明性」については，不動産市場にインターネット・オークション・マーケットを展開させることで，ある程度の解決は期待できるはずである。そのマーケットには，高精度で正確な不動産情報の収集能力と専門家による精緻な市場分析能力の双方兼備を義務付け，保証するための法的環境の整備も当然に不可欠条件となる。

　不動産鑑定基準が1990年以来13年ぶりに見直しされた。2003年1月改正の新基準によると，産業廃棄物による土壌汚染，遺跡などの埋蔵物，発がん性のアスベスト（石綿）などの有無を，現地調査や公開資料の閲覧などの方法によって確認する必要があり，その浄化や発掘に要する費用などを鑑定評価に反映させることになる。

　政府や政府機関の調査によると，土壌汚染の可能性が高い場所は全国に32万カ所，

遺跡のある可能性の高い場所は44万カ所，アスベストも鉄骨の耐火用被覆材として多用されているために，その除去費用などの点でトラブルも生じる懸念がある。

土壌汚染対策法が，2002年5月に制定され，2003年2月に施行された。これに伴って，滋賀銀行（本店・大津市）は法的に土壌汚染区域に指定された既存担保の土地を評価額ゼロ円に下げることを決定し，有害物質を取り扱う工場などの土地を新規担保としない方針も打ち出して，取引先企業などに汚染土壌の浄化を促したい意向である。

賃貸市場　賃貸不動産の場合は，これまで賃料収入から価格を算定する収益還元法による鑑定方法が主流であって，現在の賃料収入が将来も継続するといった想定に基づいて価格を算出していた。しかし新しい鑑定基準では――アメリカの場合はすでに一般化した方式ではあるが――将来の空室率や賃料の下落リスクを勘案した価格を算定する方式を導入している。問題は，現実の不動産環境条件について，これまで以上に，詳細な鑑定評価基準に基づいてなされる鑑定評価方法は，消費者の負担といった視点からすれば，鑑定費用が嵩み，時間を要する方向であり，こうしたデメリットに対する配慮も同時に求められるようになる。

中古マンションの売却価格を，「その物件を賃貸した場合の家賃収入の利回りが年5％になる水準（年間賃料の20倍）に収斂しつつある」と，中古マンション価格を周辺の賃料相場から推計しているアトラクターズ・ラボ（東京都千代田区）の沖有人社長は説明している。この手法は，収益還元法を中古住宅の販売価格にも適用させる方法で，金利や賃料相場などの条件を販売価格に反映させている。こうした，市場価格設定の方法は，自己居住目的による需要の他に，賃貸収益物件として購入を検討する層の需要を，現行の市場環境（超低金利・買い手市場など）も追風となって，喚起させる効果が期待できる。

不動産情報会社アットホームによると，首都圏の賃貸住宅の2002年の成約件数は，前年比4％増であり，過去最高水準を更新していることから，賃貸志向の顕在化が確認できる。また個人家計の収入減から，住宅ローン返済負担率が悪化して，持家を手放す世帯も増えてきている。自己破産率も上昇してきていることからも，今後当分の間，中古住宅市場のストックは増加傾向にあり，中古住宅市場は，ますます買い手市場になっていく。こうした市場傾向は，税法上のインセンティブが用意されたら，賃貸需要に対応した中古住宅の売買取引件数を伸していくはずである。

(3)「行政介入」による市場調整

　国土交通省は,「2010年度までに新たに発生する宅地への需要は,現在の3分の2相当にまで減少して,現状のままで推移する」と,大幅な供給過剰に陥る可能性を予測している。将来,「少子化」によって世帯数の伸びが鈍化し,新たな宅地購入者が減少するようになれば,宅地は供給過剰になり,値下りする。国は,これまで,その土地政策の基本的概念として,「宅地開発の推進」を掲げてきた進路方向を,反転させて,「開発抑制」の方向に大きく舵を切ることになる。言い換えれば,バブル崩壊後から今日まで,依然として終息する兆しを見せない「地価下落」現象に歯止めをかけたいとする政府の危機感が政策化することになる。(8)

　あらゆる財・サービスの市場価格は,需要曲線と供給曲線の交点を以って決定される。不動産市場における土地の過剰供給は,確実に土地価格の低下を招き,これからの土地購入層にとっては僥倖であっても,すでに購入している層にしてみたら,保有する土地の資産価値の下落を意味する。しかも何らかの理由から住宅を売却する場合では,購入価格よりも下回った価格で売却するようになり,土地は手放しても債務は残ってしまうケースも珍しくない。現実には,こうした事例は多発している。

　アメリカの行政当局ならば,こうした局面にはいかなる対策を講じるだろうか。彼らは迷わず,地域内の,あるいは,これから申請される宅地開発事業を凍結させるに違いない。若しかすると,彼らは,既存の住宅地域内を対象にして,リゾーニング手法を行使する方法で,一定区域内における「住宅の新築」を凍結させるかもしれない。行政当局は,住宅需要を調整する方法よりも,宅地供給面をコントロールする方法によって,住宅市場のストック調整を図る方がより効果的であり,住宅需要を抑えこむといった強権的な施策は避けたいからである。この施策は,効果的であり,既存の住民は歓迎する。既存住宅の市場価格が値上りするからでもあるが,新たな住民の転入による居住環境の変化を回避できるといった事情もある。

　これまでの日本では,「土地が足りない」,そして「地価が高過ぎる」ことをその理由として,小規模区画の宅地分譲（ミニ開発）が無分別的に乱発されてきた時期があった。また民間開発業者の手による開発に対して,行政は「開発行為指導要綱」を設けて「行政指導」の名の下に,その開発推進に手を添えてきた経緯がある。しかし,これまでの「土地が足りない」理由も,近い将来には宅地の供給過剰になることを懸念する状態ならば,もはや問題点にはなり得ない。また「地価が高過ぎ

る」とした理由も、毎年、連続している地価の下落によってバブリーな部分は削ぎ落とされてきて、1985（昭和60）年頃からの地価水準から年間2〜3％位の上昇率で達してきた価格（著者は適正価格と考えているのだが）にまで落ち着いてきている現状では、やはり問題点として論うわけにはいかない。

しかし、これまで、開発され、販売されてきた「住宅地」のほとんどが、居住環境としての魅力に欠け、したがって、その資産性も乏しいものであった。その最大の理由として、住宅地自体の「商品価値」が低位なものであることに、まず気付かなければならない。最近の地価の下落は、まさに好機とも捉えられる。これからの宅地開発が、分譲区画の面積も現行の基準から150％くらいまでに拡大し、価格もアフォーダブルな商品にするならば、アメリカにその事例を見るように、買い替え需要も喚起できるであろうし、販売価格も適切な推移（この場合は僅かながら上昇する）を辿ることになるだろう。そして、いま一つは、最近の地価の値下りは、実はマイナス効果の「地価下落」ではなくて、プラス効果として評価する視点から、むしろ「地価の正常化」とでも解すべきである。本来的には、専ら投機目的の仮需要が短期間に急激に集中した結果、引き起こされた急騰であるから、そうした投機的思惑が衰耗したあとの「復元（reset）」、あるいは「正常化（normalization）」へのリバウンドであると、改めて認識することが肝要である。

行政指導　一定規模以上の土地の売買取引に対して、「行政指導」の形で行政が関与して、「適正取引価格」を指導した時期があった。国土利用計画法第24条第1項（勧告）に、「土地に関する権利の移転又は設定の予定対価の額が、近傍類地の取引価格等を考慮して政令で定めるところにより算定した土地に関する権利の相当な価額に照らし、著しく適正を欠く場合」の規定に基づいて、地方自治体の長である知事が届出価格の変更指導を行った。しかし、その後の地価の下落は、高騰期での購入者にしてみれば、「商品（土地）価格に不信あり」と言わざるを得ない。しかも、その商品価格（地価）は、行政から指導された「適正価格」に基づいて決められている。その「適正価格」が、僅か5〜8年経過した時点では、3〜5割減の市場評価しか得られないとしたら、行政の指導による価格に基づいて為された売買契約は、適正な等価交換ではない、「瑕疵ある取引」とは言わないだろうか。また、そうした「適正価格」に基づいて抵当権設定されてきた金融機関の債権が「不良債権化」するのは、白明の理というべきである。

大野剛義氏（1999）はバブル期の政府の施策を評して、次のように記述している。

「当時,政府がとった行動は土地の所有・取引そのものを悪と決めつけ,土地重課を行い,すべての不動産融資に網をかける総量規制の導入であった。その結果,バブルの崩壊だけにとどまらず,日本経済の足腰まで大打撃を負わせてしまった」。

こうした顛末からも明らかなように,行政諸法も,「地価は継続して上昇する」ことが日本経済における大前提とされた中で作られている。しかし問題はこのポイントにある。政府に課せられた重要な役割の一つに,経済の周期や波長が正常なゾーンから大きく逸脱しないように監視・調整する作用がある。90年代から続いている経済不況は,地価の極端なフォーリング (falling) 現象が最大の原因と捉えることが妥当であり,政府がY軸のプラス側の跳ね上がりだけを監視・調整する作用しか設定していなかった点で,行政機能の重大な欠陥を露呈している。マイナス変調も監視・調整する作用こそ,実は重要な行政機能であり,場合によっては,時宜を得た,積極的な行政介入が期待されたところである。

アメリカ政府が,リバースモーゲージ制度を社会保障制度の一環として普及させる目的の前に,利用者側と融資側の両方に対して完全保証している姿勢こそ,徴税権を付与された政府の取るべき態度である。社会経済全体が,アメリカ・モデルに近付いてきている日本の場合は,範とするべき点である。

現実問題として,地価の下落の方が国民の被る損害は深刻であり,その影響は広汎に及び,悲惨を極めている。そのときどきの政治的含意によって,都合のよい法解釈が正当化され,法的効力が片務的に発揮され,双務性を欠いた社会を法治国家とは言わない。「地価高騰抑圧」を目的として掲げて,資本主義的自由市場で行われる土地取引に行政が介入し,取引価格を「指導」という名目を以って,実務的な価格決定をする。しかし行政の指導した適正価格がバブル崩壊期には急激に下落しているにも拘らず,その場面では適正価格を維持しようとする措置は講じられていない。

その後,1998年6月2日の国土利用計画法の改正によって,それまでの土地売買契約の「事前届出制」は,「事後届出制」に変更されている。したがって,それまでの土地売買の取引価格に対する価格規制は大幅に緩和されている。

地価の暴騰を危険視して市場介入し,価格規制(地価の高騰抑止策)を行い,やがて地価下落による多方面の弊害が表面化し始めたところで,それまでの「市場介入」から一転して「市場原理」に委ね,片や,自己利益優先の放埓な不動産融資の

不良債権化によって経営破綻の危機を抱えて金融機関に対しては，巨額な公金を投じて救済に乗り出している。一方，長期的不況と雇用環境の悪化から圧迫された一般家計は住宅ローン返済に窮している。また不況と地価下落の両面から起因した住宅市場の膠着化は既存中古住宅の売却を難しくしている。このように両面から圧迫された一般家計への政府の対応は金融機関に対するものと明らかに偏りがあり，公平性を欠いた姿勢と誹謗されても仕方ない。

国土利用計画法第2条（基本理念）に，国土の有限性とその公共福祉の優先性を明言し，そして国民の健康で文化的な生活環境としての必要性を謳っているにもかかわらず，根源的資源である土地に投機性を付加させ，助長するような政策を展開させた政府の責任は重大である。こうした顛末からも明らかなことであるが，「土地は公共財」とすることが妥当であり，西欧にはその事例を多く見ることができる。

土地の永代使用権 1869年，イギリスの土地制度の改革運動に乗り出す決意を固めたミル，ジョン・スチュアート（Mill, J. S.）は，土地の独自性と私有の根拠について，このような見解を論じている。

「土地は自然の一部であり，別名でもあって，人間の労働によって作られたものではまったくない。だから，それを作った物品と同一視して，市場で売買し，ある特定の者以外には利用できないようにするとか，先祖代々の家の相続財産として独占私有させるということは，まったく間違っている。土地が人びとにとって利用できるものである限り，それは全人類にとっての相続財産として利用されるべきものである」。

ミルによれば，「土地」は人類以前からの存在物であり，本来，私有の対象物にはならない性格のものである。仮に私有が認められるとするならば，それは「人類全般の便宜」によるものと明察している。

同じ頃，日本では明治政府によって，近代的な土地の所有制度が確立した。1872（明治5）年の「太政官布告50号」による「地所永代売買禁止の解除」，その翌年の「地租改正条例」などの施行からである。それまでとは事情を異にして，「四民共売買致所持候儀」として，身分如何にかかわらず，その土地所有売買の自由を公式に認めたものである。それまでの土地の権利とは，「使用・収穫権」ともいうべき「永代使用権」であった。この永代使用権が——厳格な身分制度に則った封建的規制でなかったならばとする大前提が必要ではあるが——国土を「私有させ，処分を委ねる」よりも，使用する権利と排他（排除）性との合体権を確立させていた概念

は，濫用の嫌いもある現代の所有権（財産権）の概念よりも，はるかに高度な価値観の存在を窺わせるものと評価できる。最近の定期借地権付住宅の普及は，再び，「所有」から「利用」に振れ始めている予兆かもしれない。

（4）抵当権実行

日本の金融機関では，バブル崩壊の後遺症がまだ完全に払拭されていないらしい。国際的視点からみても，奇異な国に思えるほど歯切れが悪い。浜辺陽一郎氏(1999)は，著書『アメリカ司法戦略』の中で，「今までの日本では，ヒトの流動性が低かったというだけでなく，モノやヒトの流動性にも問題があった」(203頁参照)と指摘し，さらに流動性が低いのは日本の法制度の構造的瑕疵とも断じている。

不良債権問題も今となってはすでに実体のない資金額が会計上の処理を待つばかりであって，これから債権債務の実行が不可能なことくらい，周知の事実であるにもかかわらず，処理作業が進まないでいる。

最近，不動産物件が競売に付される事例が多い。その理由としては，債務不履行のケースが増えていること，裁判所の事務処理能力が高まったこと，そして資金回収する方法として法的措置を取るケースが増えてきた点が挙げられる。しかし，こうした背景には，競売物件に対しての妨害行為を抵当権者が排除できるとした判例などの奏功もある。アメリカは，原則的には「自力救済」を容認している社会であるが，日本は自力救済禁止の原則の社会であって，相手の同意を得ないまま，商品などを回収する行為は違法とされている。強制的に執行しようとするなら裁判所を通じて進めていく必要がある。こうした両国における債権回収の相違は，不動産の流通性にも何らかの影響を及ぼしているに違いない。

不動産の担保権では，日本の「抵当権」に対して，アメリカの「モーゲージ」であり，この担保権の実行は競売によって行われる。最近，日本でも競売物件情報が地方新聞（広告欄）にも掲載されたり，パソコンで競売情報を読むことも可能になった。以前に比べると一般人にも身近なマーケットに変わってきている。しかし相変わらずの競売妨害も後を絶たない状況であり，そのことは不動産の流動性，流通性を著しく阻害し，ヒト，モノ，カネを停滞させているだけでなく，不動産市場の健全性を大きく後退させている点で注目に値する。法的処分によっても，なおかつ債権回収がスムーズに実行できないということは，言い換えれば，法的に保障された権利の行使が覚束ない社会ともいえる。海外から見て，「日本はグレイで理解

し難い社会経済である」と敬遠されてしまうような病巣が現在もなお，残されていることになる。アメリカの場合も州によって様々であり，裁判所を通さない競売手続きを容認している州や，裁判所と併行して自分達で競売を進めるケースもあるのは，やはり裁判所を経て行われる競売は数年を要するケースもあるからである。

　アメリカには "with strong hands" という文言がある。英米法は，日本法と違って「自力救済」を容認する立場に立っている。土地の占有回復については，イギリスで1381年に制定された実力による不動産占有取得に関する法律（Statute of Forcible Entry）が，今でもアメリカ各州に引き継がれてきている。

2 不動産市場の課題

(1) 不動産情報の公開

　不動産情報の公開などについても，非営利団体などの組織が中心になって，一般不動産情報の収集・公開の場（機会）を立ち上げる方法は，不動産情報の流動性は言うに及ばず，開示性や公正性までもを高める効果が期待できる。しかし個人的事情から不動産情報の公開を嫌うケースなどの場合は，これまで通り，宅地建物取引業者に取引を委託する方法でトラブルを回避できる。直接，個人間（当事者間）取引を選択する場合にも——自己責任の下で行われることは当然のことであるが——その不動産取引に際して，必要な専門職（弁護士，税理士，司法書士，建築士，土地家屋調査士など）などによる指導やアドバイスを受けられるようなサービス・システムの併設なども必要になる。

　しかし不動産市場の流通性における改善策としては，誰もが，いつでも，何処からでも，容易にインターネットを介して情報を得られるような情報公開システムの構築が優先的に必要な措置である。すでに現在も，民間業者によって情報集積されたホームページは存在しているのだが，そこに集積されている情報は登録業者の取り扱い物件であり，自ずと情報量が限定的なものである点で難がある。全国規模の不動産情報にアクセス可能なサイトを，非営利組織で構築する方法によって，国内のすべての情報環境を整備しなければ，不動産市場に風穴は開けられない。この他にも，情報検索システムの他にオークション機能を備えたインターネット・オークション・サイトを構築する方法で，個人からの直接参加も可能にしておかなければ画期的な不動産市場の再生化は望めない。一般家庭のパソコン普及率は確実に上昇

していることからも，不動産情報のネット化へのインフラは整いつつある。

不動産情報公開に関しては，不動産業界も，こうした情報の積極的公開の必要性に対応した作業を進めている。全国宅地建物取引業協会連合会では，全都道府県を網羅する会員の不動産物件情報をインターネット上に広告として一般公開する「全宅連統合サイト（愛称：ハトマークサイト）」を2003（平成15）年4月にスタートさせている。

宅建業者の存在 不動産の流通に介在する宅地建物取引業者の存在については，改めて検討しなければならない課題が多い。不動産業界には特有の旧弊な慣習が今も現存していて，それらによる不透明性や不合理性などが払拭できないでいる。一例を挙げれば，ある不動産物件を複数の不動産業者の営業所で紹介されたケースを想定しよう。その売買取引が成立しようとした場合に，物件を紹介した営業所の買い手の訪問順位などによって，仲介報酬の請求内容が決まるなどといったトラブルが，多々，発生している。このように当事者である消費者の意思よりも，むしろ業界の慣行を優先させるような事例は不動産業界には今だに多く見受けられる。仲介報酬規定についても，請求できる最高報酬額が規定されている建設省令を盾に，不動産業者のほとんどが，法定報酬金額が如きに最高報酬額を請求し，受領しているケースが慣習的である。他の業界に比べても，不動産業界は公正な市場競争原理が十分に機能していない。一事を以って万事を推し量ることはできないが，不動産業界の特権的利益を保護しようとするあまり，一般人の信頼感を削ぐような難解な規約が多い。こうした業界の旧弊な土壌が，不動産情報の公開性や透明性などを損ない，クローズな市場を形成する要因ともなっている。法規制の改正などによる改革の他に，市場のオープン化といった視点から，今後の可能性の模索にも業界をあげて取り組む姿勢が要請されている。

情報とコスト 1998年に纏められた報告書『情報化投資のマクロ経済的効果の日米比較』[12]の中で，アメリカ経済の好調を支えている要因として「情報化投資」が取りあげられている。翻って，日本の場合には，情報化投資に見られる「生産性パラドックス（Productivity paradox）」についての警告でもある。情報化に対応した「投資」とその「リターン（生産性）」との関係に見出されるパラドックスについては，日本の不動産市場においても十分な検討が必要である。「情報化」は，一定の情報処理操作を担当するホワイトカラーを必要とする。情報資本ストックとホワイトカラーとは補完性があることから，投入するハードやホワイトカラー

(知的労働者）資本を上回る利益が射程内に入らないことには，生産性パラドックスを招来する結果に陥る。誰もが扱える簡便なソフトの開発とインターネット・マーケットの充実・整備が両輪となって，初めて「インベスト」と「リターン」の関係が好転することになるからである。

ソフトバンク・テクノロジー（東京，石川憲和社長）は，企業向け情報技術費用の削減に関するコンサルティング事業を扱っている。膨脹化する情報技術関連コストの削減計画の立案から通信機器の構築まで一括で請け負っている。同社は，その業務の報酬についても，達成させた経費節減額に応じた成果連動方式を採用するなどの点で，新規性がある。同社によると，平均で3年位のうちに2～3割程度のコスト削減効果が見込めるものであり，コスト削減額の2～5割を報酬としている。依頼する企業にしても，削減されたコストの中から支払う報酬請求方式であり，リスクが少ない点でも評価されている。

画期的情報交換システムであるインターネットの不動産市場への導入は，情報技術先進国であるアメリカにおいても，21世紀の不動産市場改革の先鞭をつける最初の第一歩として期待されている。ファニーメイの会長であるフランクリン・ラインズ（Franklin D. Raines）は，アメリカ国内の住宅市場の住宅需要層に向けて，これまで以上にインターネットを利用したモーゲージ情報提供に，積極的に取り組んでいく姿勢を，調査報告書の中で発表している。彼はアメリカの住宅市場調査（National Housing Survey; 2000）の結果から，アメリカの住宅モーゲージの現状について次のように語っている。

① アメリカの住宅市場は活力がある。アメリカ国民の3分の1，借家人の60％が向こう3年間の推定住宅購入層である。

② 住宅購買希望者が住宅ローンの利用を検討する場合，自己資金（頭金）枠とローン手数料の負担がハードルになっている。

③ アフリカ系アメリカ人に対するモーゲージ利用上の差別（レッド・ライニング；redlining）は，毎年徐々に減少していて，現在では8％くらいまでに改善されている。

④ 住宅ローンを利用してすでに住宅を購入している，あるいは借り換えをした消費者の全体の3分の2は，自分達の利用しているモーゲージは最も低金利であると信じている。彼らは金利の動向には敏感に反応して，借り換えする（図表7-2）。しかし最近の利用者の4分の1は，融資側からモーゲージ商品のバ

第7章　不動産市場の改革　259

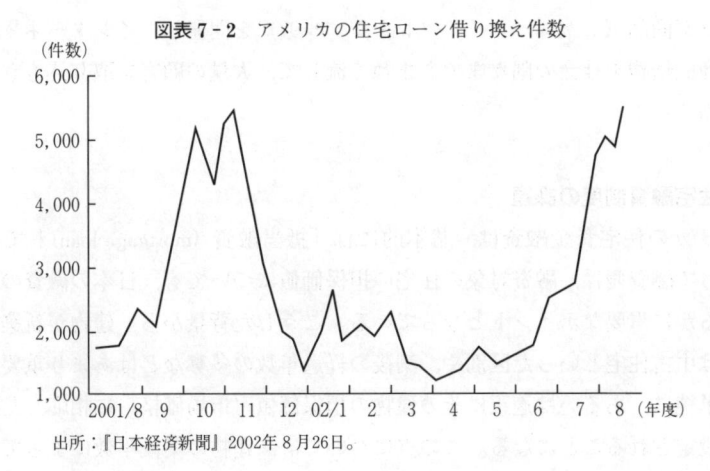

図表7-2　アメリカの住宅ローン借り換え件数

(件数)
出所：『日本経済新聞』2002年8月26日。

リエーションの紹介や消費者の利益，不利益などについての十分な説明を受けていなかったと答えている。

⑤　住宅の購買行動を決定付けるのに必要な信頼性の高い情報を，より簡単に，より迅速に，より低コストで入手したいと希望している消費者は多い。こうした要望に応えられるような方法として，インターネットによる情報公開を拡充させる必要がある。

⑥　この8年間に亘る住宅調査によって，アメリカでは確実に技術改革が進行していること，そして実に多くの市民のオンライン化が進行していることも確認できた。1992年の全米のインターネット人口は，おおよそ1210万人であったが，最近のインターネット利用者は9050万人，92年以来では7.48倍の増加率である。

⑦　国内の住宅所有者率は67.2％にのぼるが，そのうちの約21％はインターネットを通しての購買層である。今回の調査によって，大人の70％（96年では36％）がインターネットを使って仕事や住宅などの情報を入手していることが分かった。最近の住宅購入者の56％がインターネット上の住宅情報を利用していると答えている。しかし，インターネットを利用してのモーゲージの申し込みはわずか2％であり，インターネット上の契約に不安を抱いているアメリカ人は71％にのぼる。

このフランクリンのコメントから窺えるのは，彼らがアメリカ社会のあらゆる階層に亘って潜在している住宅需要層に，ローン利用のハードルであった初期費用負担の思い切った改善（頭金を3％とし，残りの97％融資）を施した低所得層対応の

モーゲージ商品（ファニーメイ・フレキシブル97）[14]を開発し，インターネットを介して，商品情報を社会の隅々まであまねく流して，大量の顧客を取り込もうとしている戦略である。

（２）住宅融資制度の課題

　アメリカの住宅資金融資は，基本的には「抵当融資（mortgage loan）」である。したがって融資側は，融資対象の住宅の担保価値についても，日本の融資の場合よりもはるかに重要なポイントとなっている。こうした背景から，建物が新築住宅，あるいは中古住宅といった区別や，築後の経過年数の多寡などはあまり重要ではなくて，単純に，あるいは適正にその建物の担保価値（市場価格）に相応した融資限度額が設定されることになる。この点においても，建物の築後年数によって安直に融資条件を決めている日本の融資制度とは明らかに別の仕組みといえる。日本では，築後20年（耐火建物は25年）を超えた中古住宅を購入しようとする場合，2002（平成14）年10月の改正前までは住宅金融公庫の融資は受けられなかった。20年を超えた木造住宅などの場合は，その時点から担保（資産）価値がゼロであり，極言するならば，建物として認定されないことになる。しかも住宅ローン減税制度の適用は築後20年（耐火建物は25年）以内の既存住宅に限定されている。

　住宅生産団体連合会が2001年6月に纏めた実態調査報告書の中に，アメリカの「融資姿勢」については，次のように報告されている。

　　「従来，住宅戸数の確保を目的に，政策的に担保価値というよりも住宅供給に対する住宅融資の実現，つまり新築住宅融資を優遇してきた住宅金融公庫などによるわが国の住宅融資制度とは大きく異なっている」[15]。

　こうした住宅資金融資制度の相違が，日米両国のそれぞれの住宅市場に大きな格差を顕在化させている。この抵当融資がアメリカの中古住宅市場に及ぼしているインセンティブ効果は，次のような理由から思量しても相当に大きいものと評価できる。抵当融資であるから，融資対象不動産の正当な評価と担保価値を維持することは最優先事項に該当する。すなわち融資後も引き続いて，融資対象不動産の評価や価値を維持・継続させるために，時宜を得た改修・補修，あるいは改造工事は必要な措置であり，そのための融資は積極的に促進させていかなければならない事情ともいえる。また，そうした改修・補修あるいは改装工事などを施した結果，増加した担保価値を再び評価した形でのリモデリング融資も一般的になってきている。こ

の場合の融資は，リモデリングによって増える建物の担保価値の先取り融資ともいえる性格がある。当然，住宅市場が活況を呈してくれば，担保評価が上がって，さらにリモデリング融資が実行されることになる。こうした市場連鎖が2003年のアメリカ経済の牽引力となっていると論じた報道を，われわれは多く目にしている。

リモデリング融資には次のようなプログラムが用意されている。

① ［FHA Title 1 Loan］：FHA によって融資される短期固定金利ローン（2万5000ドル程度）。住宅改修のため資金の融資。
② ［HUD203K Loan］：HUD によって融資される長期固定金利ローン。住宅改修後に予想される市場価値に対して実行される。
③ ［Seller Financing］：売買手続完了前に，売り手側が負担する住宅改修・補修工事費の一部あるいは全額を融資するローン。
④ ［Fannie Mae's Home Loan］：改修・補修後の住宅の鑑定価格に基づいて買い手が貸し付けるローン。
⑤ ［Fannie Mae's Remodeler Loan］：自己資金に余裕がない家計を対象にした融資（限度額5万ドル）。改修・補修後の住宅価格の90％までの借り入れが可能。

（3）住宅ローン

個人住宅融資の場合は，「借り手責任」より「貸し手責任」がより重要である。その理由として，借り手としての個人と貸し手側の金融機関とでは，情報の収集能力や分析能力，そして問題解決能力などの点で比較にならないほどの格差があるからである。そしてまた，不動産担保物件の市場価格は，あらゆる環境の変化に反応して変動するのは当り前であり，価格変動を見越した担保評価をする責任は，担保設定権者である貸し手側の金融機関にあるはずである。然るに，バブル経済の崩壊による担保評価割れを借り手側だけに押し付けている現状は，合点がいかないところである。

住宅金融公庫はローン契約に当って，そのローン対象予定建物の資産評価予測審査よりも，主に，借り手の返済能力（所得証明）によって，融資金額を決定しているのが実情である。融資条件として必要な建築予定建物の構造や面積などを確認したとしても，肝心の融資対象建物の資産的評価を設計図面から予測できなければ，計画全体の融資総額を正確に捕捉することは難しい。しかし現状は，そうした作業

は二次的であり，主として借り手の年間収入を勘案した融資総額を最終的に決定していることが，将来に禍恨を残すことになっている。

住宅金融公庫の住宅ローン融資審査の問題点として，

①担保設定する建築予定建物の資産評価予測（方法）が形式的であり，正確な評価額を算出できていない。建築工事費の確認が，建築請負（予定）業者の作成による「建築工事費見積書」に記載された見積工事金額が，そのまま予定建物の市場資産価格となっている。借り手側がこの見積金額を水増しする方法を使って，融資額を多めに引き出す手法は珍しいケースではない。日本の場合は，建築工事請負契約に向けての交渉段階で建築主（施主）に提出される「工事見積書」の見積金額は，慣習的に，「実行予算」プラス「水増し分（余裕）」の総額で算出されるケースが多々ある。実際の工事額の120～130％相当の見積工事金額について，融資側は綿密な査定もしないまま（現実問題として，「査定能力」もない）担保設定するから，中古住宅の市場価格は極端な低価格となる。

②設計者が作成する設計図書の仕様書などにおいても，建築請負業者の「匙加減」の余裕をキープするべく，「設計者との協議による」あるいは，「同等品の使用を認める」などといった曖昧な「指示」が多い。こうした杜撰な見積や査定に委ねざるを得ない融資制度では，最終的には一般消費者には粗悪（建築費と現物とのギャップという意味で）な建物と債務が残され，なおかつ債務者責任として，不況や地価の下落までのすべての責任を片務的に押し付けられている。

③元請，下請，孫請，曾孫請と実際の工事を担当するまでの各段階で，実体の伴わない契約利益として契約工事額の数％ずつを削がれ，最終的な直接工事費は，建築主と交わされた建築工事請負契約額よりも相当に低い金額まで削り取られた実行予算に則って施工されているといった，日本の後進的な建設事情が現実である。

品確法などによる住宅性能表示制度などの創設の効果から，こうした杜撰な請負体制までもがすべて改善されるとは考えられない。なぜならば，こうした制度は事後的な性格であり，その以前の設計段階や予算組みの段階から，適正な工事費の分担と現場投入が保証されるような公正な請負体制の確立が必要だからである。

図表7-3の日本のケースから理解できることだが，新築時からすでに負債形成を生じている理由は，建築工事費が真正の資産価値以上に余計な金額（水増し，上乗せ）を含んだ契約額（住宅評価額）であるから，したがって中古住宅市場での販売価格は「水増分」が減額された金額となり，24年位では資産価値がゼロになって

第 **7** 章 不動産市場の改革 263

図表 7-3 住宅取得後の資産評価推移（日米比較）

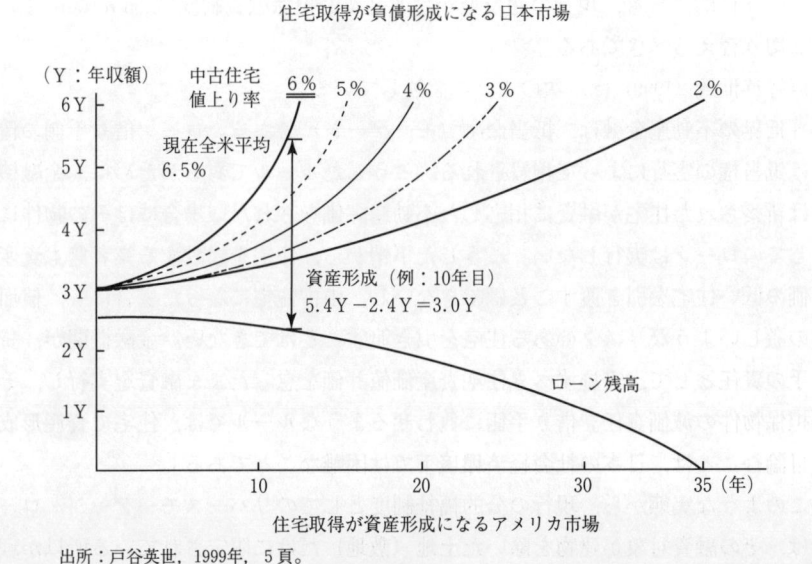

(Y：年収額)

- 新設住宅平均建設工事費
- 新設住宅中古市場価格〔市場価値はない（4Y）が、工事費の高い（5Y）の住宅〕
- 負債形成（例10年目）1.8Y−4.2Y＝−2.4Y
- ローン残高
- 古家付宅地（住宅自体負資産）

住宅取得が負債形成になる日本市場

(Y：年収額)

- 中古住宅値上り率 6％ 5％ 4％ 3％ 2％
- 現在全米平均 6.5％
- 資産形成（例：10年目）5.4Y−2.4Y＝3.0Y
- ローン残高

住宅取得が資産形成になるアメリカ市場

出所：戸谷英世、1999年、5頁。

しまい、ローンの残債との乖離が生じている。

　アメリカの場合は、新築工事費は水増分のないリーズナブルな金額であり、経年とともに住宅の資産価値（市場価格）が上昇しているなどの点から、住宅による資産形成の可能性が実証されている。ただ、この比較もアメリカの住宅価格は敷地と建物を一体化して評価する市場であるから、周辺住宅地の値上りが中古住宅の価値

を支えている点も考慮しなければならない。日本の場合は，住宅と建物を別個に評価する方法であるから，建物資産は経年とともに資産価値の減少が顕著だからである。

住宅ローンを利用したサラリーマンが勤務先の倒産などに遭遇した場合には，住宅資産を以って住宅ローンの弁済が可能なはずが，現実には，ローン残債額とまったく乖離した低い価格にしか評価されない中古住宅市場での処分は最悪な状況を呈することになり，まさに「住宅ローン地獄」に陥る。建築費の内，直接工事費として建物に付加価値を高めていない諸費用（業者利益を含む）が不適正に高い比率を占めている住宅の場合は，とくに中古住宅の市場価格は債権額と大きく乖離したものになる（図表7-3）。地価の下落や景気の低迷などによる担保割れの責任は融資側が負うべきものであり，とりわけ公的融資の場合は，担保設定権者の責任の明確化という目的からも，現行の遡及型から非遡及的担保融資制度（non-recourse loan）へと切り替えるべきである。

戸谷英世氏（1999）は，次のように論述している。

「世界の不動産金融は，抵当金融（モーゲージ）である。ローン借り手側の債務は抵当権の実行によって相殺される。こうしたルールであるがために，金融機関は新築された住宅が融資に相応した不動産評価をされない場合にはその物件に対してのローンは実行しない。こうした事情から，住宅を建設する業者側も資産評価の低い住宅を引き渡すことはできないし，中古住宅になった場合にも，値崩れの激しいようなリスクのある住宅を引き渡すことはできない。金融機関が，貸し手の責任として，実施すべき住宅資産価値評価を怠ったまま融資を実行し，その担保物件の減価責任を借り手側に負わせるようなルールでは，住宅で資産形成を目論むことは，日本の社会経済環境下では困難なことである」。

このような実態から，現行の公的福祉制度としてのリバースモーゲージ・ローンでは，その融資対象が建物を除いた土地（敷地）だけに限定されている所以が理解できる。しかし，こうした住宅市場に変革が期待できないとしたら，日本におけるリバースモーゲージ制度の将来は，悲観的ともいえる。何故ならば，相変らず，土地の価格にのみ依拠した仕組みが公的な福祉制度として施行されているからであり，土地に投機性が失なわれたときは，制度の存続が危惧されるからである。ともかく，現状の日本のリバースモーゲージ制度では，本人も，死んだ後の残債を案じなければならない。現行の日本の金融制度下にあっては，「住宅を以って資産形成を図り，

老後は現金収入の糧とすること」は不可能なことである。収益を目的にした商業用建物はともかくとしても，国が憲法で約束している「義務」を負うところの「生存権的居住用資産（持家）」に関しては，抵当融資制度の導入が急がれる。すべての個人生活の拠点である持家を，所有し維持することについては，住宅金融公庫は，住宅金融公庫法第1条に，「銀行その他一般の金融機関が融通することを困難とするものを融資すること」を目的とすることを掲げている以上，個人の生命保険金から債務を補填させるような現状を早急に改善しなければならない。

戸谷氏はまた，次のようなアメリカの事例も紹介している。

「1929年に世界恐慌が発生し，年間94万戸建設していたアメリカ社会は，恐慌によって，年間9万戸まで激減した。連邦政府はFHAを設立して，抵当金融を拡大し，1940年までに年間64万戸まで拡大することに成功した。その間は，抵当金融の対象は流通性の安定した伝統的建築様式を具備したものに限定したのである。当時は，ライト，フランク・ロイド[18]（Wright, Frank Lloyd）が開発したプレリー様式[19]の住宅は社会的に人気を博していたにもかかわらず，30年後の国民の支持が得られるかどうかを懸念した金融機関は，その住宅に抵当金融を与えなかったのである。融資に対する厳格な対応は，結果的には借り手を保護することになるのである」。

アメリカでは，西欧風デザインの建築は社会的・歴史的に評価の定まった，資産価値のある住宅とされている（写真7-1）。アメリカでは西欧文化の誇るべき造形美を伝承し，そこに現代的な感覚を導入し，現代のライフスタイルを豊かに演出する住宅を造ってきた。その経済的背景としては，抵当金融（モーゲージ；mortgage）による資産価値が恒久的に評価されるデザインの住宅にしか，住宅ローンが実行されないといった事情が存在する。

八田達夫氏（2003）[20]は，「日本の中古住宅市場が弱いのは，住宅金融公庫の融資方法にもその一因がある。中古住宅に対する評価が低いがために融資が受けられない。したがって，住宅取得を希望する人は，住宅金融公庫の融資を利用するために，新築住宅を建てたり購入したりしなければならない」と指摘している。

中古住宅市場のこうした現象は，明らかに融資制度の欠陥によるものである。公的融資ならばこそ初期資金の低い住宅取得に寄与する制度が実施されて然るべきであり，また低迷化著しい中古住宅市場の活発化にも貢献するはずである。むしろ，新築住宅購入資金融資より以上に，中古住宅購入に対する積極的なインセンティブ

写真7-1 サンフランシスコ市内の西欧風住宅

(2002年8月著者撮影)

を設けるべきところである。

　中古住宅購入資金の融資金額が新築住宅の場合に比べて低いのは，融資する側が融資対象物件の担保力を懸念しての制約である。バブル崩壊後の地価水準の継続的下落は，土地の担保力だけを以ってセイフティーネットとしている制度を完全に形骸化させている。土地担保付融資プログラムそのものが，機能不全な経済環境にまでに変化してしまったからである。中古住宅購入の場合には，築後年数制限を撤廃して，その代わりに公的保証制度の充実化やローン保証保険の保険料の増額，あるいは連帯保証人の確保などを以って，担保力不足の問題は解決方法を模索するべきところであろう。

　不良債権化した住宅ローンに対する有効措置はいくつもない。これまでに設定された抵当権を単純に実行する方法によって，その融資した債権総額の完全な回収は難しい。しかし融資側が，返済不能に陥った債務者から引き上げた融資対象物件（中古住宅）を，何らかの方法を以って再販可能な商品化に成功したならば，融資環境は大幅に改善されるに違いない。こうした再生中古住宅商品事業が，最近の規制緩和などを追風にして，不動産証券化などの新たな金融テクニックも組み込み，やがて普遍的なプログラムとして定着できるならば，中古住宅市場の展望は画期的に開かれ，建物を対象としたリバースモーゲージ制度の普及も確実に射程の内に入ることになる。

物価連動型住宅ローン　2003年初頭に，財務省と住宅金融公庫は，「物価連動型住宅ローン」の住宅金融公庫導入を検討し始めている[21]。商品設計や発売時期などの検討を進め，早急の実施を予定している。物価連動型住宅ローンは，物価動向に反応して元本額が増減する方法で，デフレ進行で年収減や地価下落であっても借入金額は減らないことから，家計の負担感が重くなる状態を軽減させたいとする目的である。したがって物価下落が続けば民間の変動金利ローンより有利に働く可能性が大きいシステムである。肝心の元本変動の基準になる「物価」については，消費者物価指数や地価といった多方面の指数から選択し採用する。デフレの長期化と家計の収入面の縮小が，通常のローン返済負担を相対的に加重させてくる懸念から検討が始まったものであり，結果として住宅投資のインセンティブ効果を期待した取り組みと見ることができるが，現在のところ実現までに至っていない。

総務省の調査によると，住宅ローンを抱える勤労者世帯の可処分所得に占める返済額の割合は，2002年が20.1％と初めて20％台に達している。2002年の住宅ローン返済額（月平均）は1世帯当たりで約10万8200円であり，前年に比較して1.1％の増加であり，5年間連続して増えている。一方，税引き後の可処分所得額は4年間連続して減少傾向にあり，相対的に住宅ローン返済の負担度は増している。住宅ローン減税効果や低金利が功を奏して，住宅購入層として勤労者世帯が増えてきている。所得対消費の割合から読む平均消費性向をみると，2002年は住宅ローンがない世帯は77.8％であるのに，住宅ローンを抱えた世帯は66％であり，両者の格差は5年前の7.9ポイントから2002年は11.8ポイントまでに拡大しており，住宅ローンの返済負担が消費抑制に働いている傾向が窺える。勤労者世帯に占める住宅ローンを返済している世帯の割合は2000年時点で33.5％，1990年代半ばまでは30％前後であったが，このところ数年間は33％前後と高止まり状況にある[22]。

（4）ノンリコース・ローン導入とその効果

これまで国内の金融市場では一般的ではなかった「ノンリコース・ローン（non recourse loan）」が，最近の不動産証券化の進展から注目され始めてきた。従来，国内で採用されてきているリコース・ローン（recourse loan）は，債務が「遡及」される融資形態である。不動産担保融資の場合，担保物件を売却しても債権額に満たないケースでは，担保物件以外の資産からの返済義務が発生する。この場合の遡及

権を有するタイプがリコース・ローンであり、その「遡及」が「非遡及」に置き換えられた融資制度がノンリコース・ローンであって、融資に伴う「求償権（right of indemnity）」の及ぶ範囲を対象物的担保に限定して、他の資産へと遡及しない融資形態である。ノンリコース・ローンの場合は対象物的担保を売却して債権額に満たない場合であっても、それ以上の一切の債務が免責される。金融機関はリスクの一部を負担する見返りとして、貸付利息を通常利息よりも高目の設定か、あるいは成功報酬を受け取るケースなどがあり、いずれにしても高い収益性が見込める点で、今後の融資形態として普及する可能性は高い。借り手側にしてみれば、ノンリコース・ローンは高金利負担があるが、投資リスクが投資物件に限定されているだけに積極的な事業展開が可能になる。当然のことながら、融資サイドはノンリコース・ローンの性格上、不動産プロジェクトに参画するのとほぼ同様のリスクを負うことになり、融資対象物件に対するデューデリジェンス（due diligence）が要求される。アメリカの不動産融資の場合は、ノンリコース・ローンがポピュラーであり、日本の不動産市場においても、グローバル・マーケット化に必要なシステムとして積極的に検討する必要がある。

　日本とアメリカの不動産市場における歴然とした相違点の一つに、「契約」の認識の相違であり、「自己責任」観念の相違がある。この点が如実に現れている制度がノンリコース・ローンである。アメリカでも州によって多少、事情は異なり、カリフォルニア州の場合でいえば、個人の住宅ローンは法律でノンリコースと決められている。そのかわり、このノンリコースの場合の競売は、裁判所の関与の強制は外される。債務の残債が消滅するからである。日本の場合も、ノンリコース取引は法的には可能であるが、これまでの慣習的要素からして、ノンリコース融資契約は、逆に、融資側が相当な利幅（余裕）を包含した契約とも受け止められかねない懸念もある。

融資側の責任　前述（263頁）しているところであるが、住宅ローン契約において、本来、貸し手側と借り手側とは、契約上は等格のはずであるから、将来に発生した担保物件評価額の下落による責のすべての部分を借り手側が負担する契約自体が、公平性を著しく欠いている。少なくとも、貸し手側が担保物件の鑑定評価を担当し、融資額を決定する限りは、評価額の下落の責は貸し手側により多く求められるはずである。この点は、日本における社会経済の契約観念があいまいであり、ルーズと言わざるを得ない。融資する側である巨大資本企業のイニシァ

ティブのもとで個人資産が評価され，現実問題としては，融資を受ける側の個人はその評価額に異を唱えることは難しい状態の下に，ほとんどの融資契約は締結される。そこには，明らかに融資契約に片務性が窺える。しかし，資金力においては圧倒的優位の法人と一個人であったとしても，少なくとも，法の前では平等であることは保障されている。日本国憲法第14条の中で，「すべて国民は，法の下に平等であって，人種，信条，性別，社会的身分又は門地により，政治的，経済的又は社会的関係において，差別されない」と定められている。したがって長期に亘る契約期間中の不動産価格評価の変動に関しては，少なくとも，個人に対してのみ片務的にその責を求められないはずである。憲法上保障された生存権的資産である住宅については，ノンリコース・ローンとさせるべきである。

　ノンリコース・ローン導入による不動産市場への影響として考えられる点は，これまで不動産市場の低迷化の一因とも指摘されてきた，融資側の甘い担保評価に基づく杜撰な融資の実行は激減するに違いない。したがって，「住宅ローン地獄」も減少する代わりに，融資サイドの担保評価が厳しくなる。融資サイドとしても，融資対象案件については，選定，有効利用，維持管理，そして何よりも収益性（住宅の場合は市場価格）などについて，新たな融資条件のマニュアル化が必要になってくる。

　大手銀行の住宅ローン残高が，2002年12月末で29兆6600億円となり，前年同月比では2兆3000億円の増加となっている。貸出金利の低い商品の相次いだ投入の他に，販売拠点を増設したことが功を奏して，ローン残高は8.5％の高い伸び率を記録している。融資環境も大きく様変わりした結果，企業向け融資に比べて利鞘が厚く，焦げ付くリスクが低いことから，各行は積極的に住宅ローン融資を営業戦略に掲げていく様子である。住宅金融公庫の廃止も近いことから各行が新たな商品開発を急ぎ，長期金利の低水準などの融資条件の好転もあり，それに加えて，東京や大阪などの都心部で新築マンションに対する堅調な需要がある。とはいいながらも，個人所得の伸び悩みから，優良債権と見られている住宅ローンであっても，「不良債権化する確率が高まる可能性」を否定できないだけに，今一つ，住宅市場に「好調さ」をもたらすほどまでには至っていないのが現状である。ただ，各行がこれまでになく，住宅ローン商品の内容拡大や新商品開発にも熱心に取り組んでいる。東日本銀行などの場合も，個人向けローンの商品内容を拡大化している。教育ローンなどでは仕送り費用などの小額資金需要にも対応し，住宅の改装や車庫の設置などの

融資も上限枠をこれまでの500万円から700万円まで引き上げ,融資期間も10年から15年まで延長している。こうしたプロセスは,日本の金融市場が次第にアメリカンスタイルに近付いていくことを示唆している。

(5) 不動産証券化への期待

日本の不動産市場が,バブル崩壊後の低迷から,いまだに脱却し切れないでいる。しかし1996年11月から始まった金融システムの改革以降,徐々に新たな動きが表面化してきている。1998年9月には,SPC法が施行され,不動産の証券化が具体化された。2000年11月には,投資信託法の改正によって,不動産ファンド(不動産投資信託／J-REIT)も可能になった。図表7-4からも明らかなように,日本の不動産証券市場は着実に成長しているが,海外投資家の活発な参入も奏功している結果ともいえる。

アメリカの不動産市場の流動性を高めてきた機能の一つとして,REIT(Real Estate Investment Trusts)が挙げられる。REITは1960年に誕生し,1990年代中期には急速な成長をみた会社型投資信託の一種であり,資金調達を株式発行方法で以って行い,不動産物件の売買,管理,賃料収益,不動産融資の利息収益などによって収益を確保している金融仲介機関といえる。税法上の優遇措置を受けて,純益の95％を投資家に分配することで法人税の課税を免れている。投資家はこの投信会社の配当や株式値上り益から利益を受取る。

不動産の証券化は,不動産市場を資本市場に直結させる仕組みであり,不動産の運用益に着目した投資を促し,その運用益を投資家に分配するシステムともいえる。本来,不動産は固定的であり,流通性に乏しく,なおかつ高額資産であるがゆえに,投資性が薄かった。しかし不動産証券化は,不動産の所有権を細分化(小口化)した持分出資を可能にし,不動産の生み出すキャッシュフローを原資にした証券に変換する方法などで,不動産投資を一般大衆化するのに効果的な手法といえる。こうした不動産証券化の手法は,不動産市場を流動化させ,急速に市場拡大を進行させている。しかし関連する法制度の整備はこれから手を着けていく段階であり,現行法の下では,資産を拠出した資産所有者(オリジネーター)が倒産するなどのケースを想定した場合は,多くの論争を招く懸念がある。

村瀬英彰氏(2003)は,不動産証券化の問題点として,次の点を指摘している。「所有と経営の分離」と同様に,「所有と使用・管理の分離」は,不動産の証券化

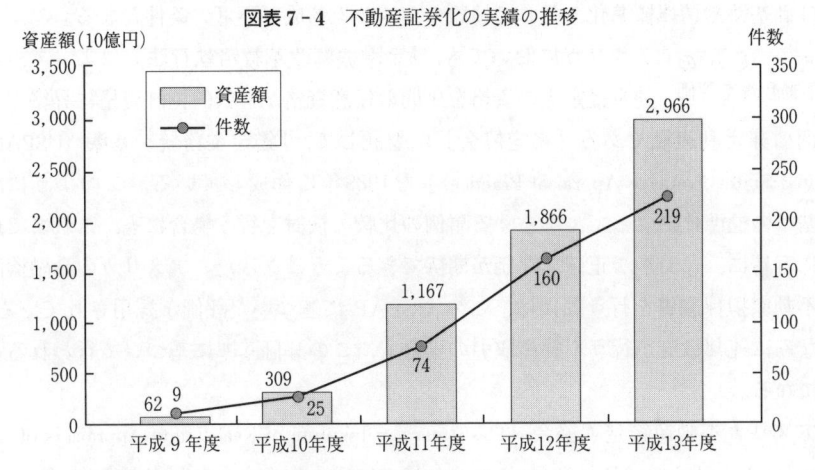

図表7-4 不動産証券化の実績の推移

年度	資産額(10億円)	件数
平成9年度	62	9
平成10年度	309	25
平成11年度	1,167	74
平成12年度	1,866	160
平成13年度	2,966	219

注：不動産投資法人については，投資法人を1件としている。
出所：不動産シンジケーション協会，2002年，7頁。

の特徴でもあるのだが，新たな「エージェンシー問題」の惹起を指摘している。所有と使用，運営・管理などの機能の分離によって形成されたフレキシビリティは，逆走するリスクも包含するものである。村瀬氏は「過大なリスクがある資産を背後に持つ証券を他者に売却したり（逆選択），証券化された資産の使用・管理を怠けたりする（モラル・ハザード）」ことの可能性を指摘して，証券化のメリットであるフレキシビリティの創出が，「情報の非対称性」がもたらす問題をさらに悪化させる可能性についても警告している。

　不動産の流動化・証券化を促進させる目的で，投資法人（J-REIT）に対する不動産取得時の流通税（不動産取得税・登録免許税）が大幅に軽減され，特別土地保有税は非課税扱いになっている。2000年11月に改正・施行された「投資法人および投資信託に関する法律（改正投信法）」によって，投資信託の運用対象が，「主として有価証券」から「不動産を含めた幅広い資産」へと拡大されたからである。

　不動産証券化において最も重要な点は，まず不動産の価値（将来のキャッシュフロー）であり，リスクの的確な評価能力（将来のリスクの予測も含めた）であり，そして不動産市場の流通性である。しかし，そのためには不動産情報の透明性と，同時に公開性が必要であり，不動産市場の整備も欠かせない要件である。資本市場においては，基盤的インフラとしての会計基準や会計システムの整備が要求されているように，不動産市場においても，不動産の証券化を推進させる上では，不動産

の評価基準や情報標準化，そして情報のシステム形成が不可欠条件となる。

アメリカ不動産鑑定評価 アメリカにおいても，「金融機関改革救済執行法」によって，不動産鑑定士の資格を民間の任意資格から公的免許資格に昇格させ，民間の非営利組織である「鑑定協会」に委託して，「鑑定業務統一基準 (USPAP; United States Property Appraisal Practice)」を1989年に作成している。このように評価基準の標準化によって，あらゆる事例の比較・検討を行う場合にも，これまで以上に容易に，なおかつ正確な評価が期待できるようになった。アメリカの金融機関が不動産担保融資を行う際には，この USPAP に基づいた評価が採用されている。ちなみに連邦政府が行う不動産取引の場合も，この評価基準に基づいて行われることになる。

アメリカ不動産鑑定人協会 (The American Institute of Real Estate Appraisers of the National Association of Real Estate Boards) について，次のような報告がある。[27]

「この協会は，1932年設立された。1929年秋の株式市場のパニックに端を発したアメリカの大不況に当たって，銀行その他の金融機関の休業，倒産が相次いで起こったが，この金融恐慌の原因のひとつとして，1920年代の大好況時代における過度の信用膨張，ことに行過ぎた不動産抵当信用の設定が指摘された。そして，担保不動産の鑑定評価の甘さ，杜撰なことに基因する超過信用の設定が識者間に猛省を促した。協会は実にこの反省の所産であるといってよろしく，金融機関の大きな支持のもとに，有力メンバーが集まって，約3年間の準備期間をへて，1932年，公益専門職業団体 (non-prfit professional organization) として設立された」。

アメリカの地においても，大好況時にありがちな融資枠拡大を金科玉条と掲げた多くの金融機関が，形式的な担保評価に依拠した杜撰な融資を繰り返した経緯がある。しかしその結末として，経済が不況に転じた途端，金融機関に連鎖的に破綻を招来させることになった。こうした事態が金融市場や不動産市場を震撼させた結果，アメリカの今日に見られる，先進的な不動産鑑定システムを誕生させる引金となっている。

アメリカの不動産鑑定評価においては，住宅市場における実際の売買事例が重視されている。鑑定評価する際の基礎資料として，実際の売買事例の情報がプロットされている「住宅プロットブック (Plot Book)」や「住宅セールブック (Sales Book)」などを使用している。しかし売買事例は需給バランスが強く反映しているだけに，再取得原価方式（推定再建築費積算方式）による，建物個別条件を反映さ

せた評価額との条件的調整が必要な作業になる。

　国土交通省は，2005年度から実際の不動産取引における成約価格について，登記時に届け出ることを義務付ける。これまでは，不動産取引の成約価格についての情報は，届出を受け付ける税務署や仲介する不動産業者などが掌握しているだけであったが，一般消費者にも不動産相場を把握させることによって，土地取引の活性化に結び付けようと意図する政治的含意がある。

　欧米では，実売価格を公開する国が多い。イギリスやフランスでは，土地取引価格は登記簿に記載されていて，申請手続きによって誰もが閲覧できる。ドイツでは，取引当事者の情報を除外しながら，地域ごとに取引価格をデータベース化して，公開している。アメリカのニューヨーク州では税務署がやはり取引価格を公開している。

　三國仁司氏(2001)[28]は，不動産証券化の課題の一つとして，不動産の鑑定評価額に見られる「バラツキ（幅）」を指摘している。「資産所有者から提出される不動産鑑定記載の鑑定評価額とデューデリジェンスとして改めて不動産鑑定を求めた際の鑑定評価額との間に大きな乖離がある」と指摘している。実物不動産の時価評価額には，厳密に言うならば，いわゆる「幅」がある。その値幅の中で，「適正」な取引価格を探る場合であっても，売り手と買い手の対立的視点からすれば，「一物二価」が現実の市場である。三國氏は，「不動産証券化の場合は，対象不動産物件の評価額を，その鑑定評価額の中に内包されている値幅の中の上限，あるいは下限のいずれに設定するかによっても，証券化商品のリスクやリターンにまで格差が生じてくる」と論じている。

　日本の不動産鑑定評価システムについて，加藤喜久氏（不動産鑑定士）は，次のように説明している。[29]

　「アメリカのプログラムに類似した簡便な鑑定評価システムの用意は，現在の日本にはない。しかし，実際には，金融機関などから依頼される既存建物や土地の鑑定作業を，低額料金で引き受けている現実がある。鑑定対象物件が比較的，近隣地域内で，しかも多件数の依頼があるから，低い鑑定料金でも引き合う。しかし，鑑定料金が低額だからといって，その鑑定評価の内容については，特段，簡素化したものではない」。

　金融機関で融資を受ける場合に，請求される鑑定評価費用は決して少ない金額とは言えない。また住宅等の売買取引においても，日本の場合は不動産仲介業者へ支

払う媒介手数料（最高限度額は契約額の3％相当額プラス6万円と消費税）については，売り手と買い手の双方がそれぞれ，支払い義務を負うことが法定化されている。アメリカの場合は，一般的には売り手が負担するだけで，買い手側の負担はない。明らかに，日本の方が不動産取引上負うべき費用負担が多い。建築士や不動産鑑定士などの報酬についても，これまで独占的立場で報酬規定が遵守されてきたが，最近は自由競争原理に則った報酬規定に変わりつつある。

　アメリカで「1930年代以来」の不祥事ともいわれているエンロンからワールドコムに至る一連の諸問題から抽出される「情報の質」については，不動産証券化においても重要な課題である。例えば，一企業内の私的問題であったとしても，その企業活動を証券化することによって拡散する影響は大きい。経営陣の責任は勿論，企業会計の監視人である会計監査人，企業実績の監視役である証券アナリストの負うべき責任は，これまでにないほどに重いものになる。実際，債権格付け情報に基づいて，投資行動を決定している投資家は，情報の直接的利益者であり，逆の場合であれば直接被害者にもなる。証券の小口化によって，一般家計からの資金も投入されているだけに，「情報の質」は，とくに重要なポイントになる。しかし，現実には，一般の情報入手に対しては投資家はその費用負担をしようとはしない。現状では，格付け会社は，その格付け料として，発行企業側から費用を徴収している。企業側からすれば，格付け費用を負担している事情からも，提供する自社情報については企業の経営的意向（思惑）が働きやすい構造でもあり，その点で慎重な検討を必要とする問題である。こうした背景の整備が不動産証券化の今後の重要な課題である。[30]

　久垣新氏（2003）[31]は，わが国の資産デフレ対策について，唯一，効果的な方法として，実務的な「不動産取引価格の情報公開」を挙げて，土地登記簿台帳に売買取引価格を公示する方法だけでも，各市場における適正価格の調整機能が回復できると論じている。要するに，実際の取引価格が市場の価格形成のための重要なファクターであることを示唆している。現在は，「初めに需要があって，供給が追随する」時代とは逆に，「供給が先発して，需要が後発する」時代である。前者の場合は，地価の右肩上がりの時代であるし，後者の場合は，バブル崩壊後の地価下落のパターンである。市場原理からして，供給が先行する場合はとくに，取引価格が成約を決める重要条件となる。

　また久垣氏は，わが国の不動産市場の現状を，「ダブル市場」であると明言して

いる。従来のバブル・メカニズムの残滓からいまだに地価下落が止まらない既成市場と、いま一つは、従来とは明らかに異質な市場構造を形成する新たな市場との存在を看破して、「ダブル市場」と称している。「デフレ・スパイラル的下落」や「価格不信」に代表されるような既成（旧）市場については、金利や賃料を変動ファクターとした地価の相場性が失速してしまい、投資行動に結び付かない市場ともいえる。対照的に、新たな市場は、その不動産の固有の「利回り」や「リスク評価」が変動ファクターであり、その不動産の「収益性」を商品化している点を一つの特徴としている。既成市場では、キャピタルゲインをベースにした投機性から、実需を伴わない売買取引を原因とした所有者の変遷が繰り返され、そうした結果として地価だけが異常に膨張した。しかしこうしたサイクルも、市場に投入される資金規制によって、その循環性は失速する。その結果、市場にかつて経験したことのない深刻な破綻を招来したことは、すでに周知の事実である。久垣氏が指摘しているように、不動産資産の金融商品化は、その資金の調達方法や価格評価手法、そして資金参加する層などの点において、既成市場とは明らかに異質なものといえる。

　まず、既成市場は間接金融に依存しているのに対して、新たな市場では資金調達手法としては直接金融である。既成市場は金融機関による不動産を担保にした債権融資であったが、新たな市場はREITに代表される不動産証券化取引による直接融資であり、投資金額の小口化と大衆化に依存した市場である。

　価格評価の方式も、既成市場では公示価格や路線価がベースになっているが、新たな市場では、DCF（割引現在価値；Discounted Cash Flow）法に基づいた収益価格を使っている。この収益価格は、不動産が生み出すキャシュフローを、割引率を使って現在価値に割り引いて算出される。この評価手法がDCF法であり、「利回り（リターン）」と「リスク」の査定が肝心である。従来の市場では、リスク評価の査定基準が曖昧であって、単なる「掛け目」によるリスク回避程度であった。投資行動にはリスク査定が不可欠であるが、個別のリスク評価を取り込んだDCF法の普及は、不動産の本来的な収益性や稼動性をマキシマム化することを射程内に入れた、多彩な金融商品の誕生を期待させるものである。

　不動産証券化のスキームとしては、通常、エクイティ（equity）とデット（debt）に分けて資金を調達する。証券化不動産は、このエクイティとデットのいずれか（あるいは両方）を投資対象として商品化している。これらの相違点は、不動産の有効活用や処分等によって獲得した純収益（賃料・共益費・売却代金から管理諸費

用・各種保険料・各種手数料・公租公課などを差し引いた残り）の配分順位である。純収益は優先的にデットの元利返済に充当され，その返済した後の残余部分がエクイティの配当として充当される。優先的順位で元利支払いを受領できるデットは，当然，そのリスクが小さい分，利回りは少ない。片やエクイティは，配当の保証はなくてリスクが大きい代わりに，デットに比較した場合，高利回りを期待できる仕組みである。

　不動産証券化の「メリット」と「デメリット」については，次のように整理することができる。「メリット」としては，①多数の投資家から募った資金を原資にして投資対象を取得するために，参加しやすいように小口化されている。東証に上場されている不動産投資信託（J-REIT）は約50万円，大手不動産会社が扱っている不動産特定共同事業の場合は，500万円からの投資が可能である。②証券化の対象不動産の管理は，一般的には信頼のおける専門業者（プロパティー・マネージャー）が委託されて，施設の管理業務とテナント管理の一切を担当する。したがって対象不動産が優良な状態を安定的に維持されることから，優良テナントを確保しやすく，賃料収益の安定化も期待できる。③デットによる資金が比較的低利で調達できることから，エクイティ商品はレバレッジ効果による高収益性が期待できる。④SPC（特定目的会社；Special Purpose Company）等が不動産原保有者（オリジネーター；originator）から不動産を取得する場合，売買に係る登録免許税や不動産取得税当の軽減措置が享受できる。

「デメリット」については，最も問題なのが投資対象不動産の値下りリスクである。証券化の期限到来時（エクイティの償還期）には，対象不動産を処分し，その代金を基にしてデットおよびエクイティの元本交付が行われるのだが，対象不動産が当初より値下りした場合は，当初の投資した元本を割り込むことになる。他の要因に起因するリスクもあるが，SPCの借入金利の固定化，定期借家契約による中長期契約，損害保険契約などによるリスク・ヘッジなどの手法を駆使しながら，投資家に及ぶリスクの最小化を図っている。

注
(1) スティグリッツ，ジョセフ（Joseph E. Stiglitz）『日本経済新聞』2002年5月9日。
(2) マラニー，ジョン・A.『REIT』（民間都市開発推進機構訳）きんざい，1999年，37頁参照。

(3) 新藤延昭「投資不動産の鑑定評価」『投資不動産の分析と評価』東洋経済新報社, 2000年, 156頁参照.
(4) 清水千弘「不動産市場分析」『投資不動産の分析と評価』東洋経済新報社, 2000年, 66頁参照.
(5) 『日本経済新聞』2002年5月28日.
(6) 『朝日新聞』2003年2月16日.
(7) 『日本経済新聞』2003年3月6日.
(8) 山内一夫『行政指導』弘文堂, 1979年, 6頁参照.
(9) 大野剛義『「所有」から「利用」へ』日本経済新聞社, 1999年, 68頁参照.
(10) 四野宮三郎『J・S・ミル』日本経済新聞社, 1977年, 131頁参照.
(11) 2002年10月1日, 不動産競売（オークション）運営のアイディーユー（大阪市, 池添吉則社長）は, 投資用マンション市場を開設した. 不動産仲介会社を通じて不動産ファンドなどが買手として参加. マンション開発会社が在庫として抱えている分譲マンションを競り落とす仕組み. オークションはインターネット上の専用ホームページで実施する. 全国各地にある757戸の投資用マンションを競売にかけて対象物件を2カ月間掲示する. 年間競売物件数は約3千戸, 落札率は約30％を見込む. オークションは会員制（会費無料）で, IDと暗唱番号を入力して参加する. 締切日までに最も高い値段を入札した人が優先交渉権を得る. 同社は落札価格の3％を手数料として徴収する.（『日本経済新聞』2002年10月2日）
(12) 国民経済研究協会『情報化投資のマクロ経済的効果の日米比較』日本情報処理開発協会, 1998年, 15頁参照.
(13) 『日本経済新聞』2003年4月4日参考.
(14) 「ファニーメイ・フレキシブル97」. The Fannie Mae Flexible 97^{TM} Mortgage：頭金3％の住宅ローンで, 最初の住宅購入者だけでなく, 二軒目以上の購入者にも適用された.
(15) 住宅生産団体連合会「住宅融資・税制」『米国既存住宅検査・評価実態調査』2001年, 25頁参照.
(16) 非遡及融資（nonrecourse loan）：有限責任抵当.
(17) 戸谷英世：1940年生. 住宅生産性研究会理事長.
(18) ライト, フランク・ロイド（Wright, Frank Lloyd：1869～1959年）. アメリカの生んだ偉大な建築家として, 世界中の賞賛を集めた. 多数の著書と作品が遺されている.
(19) プレリー様式：フランク・ロイド・ライトがオークパークに自宅を建築してから10年足らずの間に, 新たに個性的で地方風様式であるウレリー様式を創出した. ベーカー, ジョン・ミルズ『アメリカン・ハウス・スタイル』138頁参照.
(20) 「住宅金融システムの再構築に向けて」『住宅土地経済』No. 47参照.
(21) 『日本経済新聞』2003年2月28日.

(22) 『日本経済新聞』2003年2月28日。
(23) 『日本経済新聞』2003年2月11日。
(24) SPC法：「特定目的会社（SPC）による特定資産の流動化に関する法律」とその整備法を合わせた通称。
(25) 野村證券 J-REIT 資料参照。
(26) 村瀬英彰「所有と使用・官吏の分離で経済活動を効率化」『経済セミナー』2003-No. 579，日本評論社，2003年，21頁参照。
(27) 住宅建設視察団『アメリカの住宅建設計画』日本生産性本部，1962年，538頁参照。
(28) 三國仁司『不動産投資ファンド』東洋経済新報社，2001年，150頁参照。
(29) 第2章注(4)参照。
(30) 淵田康之・大崎貞和『検証アメリカの資本市場改革』日本経済新聞社，2002年，249頁参照。
(31) 『日本経済新聞』2003年2月12日。
(32) 不動産シンジケーション協議会『不動産証券化ハンドブック』2002年，52頁参照。

あとがき

　アメリカの中古住宅取引件数は、日本に比較した場合でも圧倒的に多い。その理由を探索することは重要であり、本書でも多くの頁を割いている。まずアメリカの中古住宅取引の多くは、段階的に下層所得層への所有の移行（グラデーション）によるものであり、また日本の2倍以上の住宅寿命の長さは、建て替えよりもリフォーム（修繕・改装）の選択であり、レッド・ライニング（red lining）などに象徴されるアメリカ特有の差別的融資事情も無関係ではない。日本の場合も、分譲マンションなどの所有権移転の履歴にはグラデーションが見られるのは、築後年数の経過に伴って再販市場価格も下がり、下位所得層の購入が容易になるからである。日本は、社会構成から見れば同質・均等社会であり、アメリカ市場とは相違して中流所得階層の厚さから、住宅ストックに対する需要層の垂直的段差が少なく、また移動機会の少なさもあって、住宅の転売（リピート）回数はアメリカに比べたら極端に少ない。

　また所得格差の他にも、人種や職業などに基因する多様な垂直型社会的階層を内包したアメリカ社会経済構造は、住宅市場においても、その上層下層の段差圧力が、住宅ストックのグラデーションやジェントリフィケーションの起動力となっている。また彼ら（多くは高学歴で若い層）は、しばしば職場の事情で居住地の移動を余儀なくされ、「住み替え（買い替え）」を繰り返す。したがって中古住宅市場の流動性（循環性）は高位で推移する。アメリカの住宅市場の場合、マクロ景気は直接的要因ではなくて、むしろ地域経済の景況による雇用環境の変化の方が地域の住宅市場に直接的に反映している。

　本書の中でも論じているが、地域産業の振興は地域住宅市場の活性化を招き、その発展を促す要因である。住宅に関連する金融制度や税制の見直し、あるいは関連法規の改廃などによる市場の規制緩和措置などの奏功を疑うものではないが、各地の地域産業が成長し、地域の雇用が安定するならば、おのずとその周辺部の住宅市場も活況を呈してくることは確実であり、アメリカ住宅市場の事例を以って帰納的に論証できる。

また魅力ある住宅地の建設も重要である。日本の住宅地開発計画を俎上に載せるとき，継続的な地価下落にも拘らず，いまなお地価が高過ぎることを理由に投資を断念する海外投資家は少なくない。日本の土地の価格は——国際的水準からすれば——いまの段階でも，各種の事業計画の採算ラインを押し上げている。したがって，地価問題については抜本的な検討が必要である。しかし当面は，「所有」しない「使用」を保証する，定期借地権の活用は有効な措置である。その場合であっても，使用者の負担する現行の保証金や借地料など定期借地権費用については行政が関与する方法を使って大幅に低減させ，また地主側には優良住宅地の提供を促す税法上や融資上の優遇措置を適用させる方法で，英米に多い，ゆとりある住宅地の開発を提唱したい。

　本書で論及した結果をまとめるならば，日本の住宅市場に，社会経済の変貌に追随できない陳腐化の発見であり，したがって現存の市場基盤の構造的改革と労働市場の再編を除いては，有効な住宅市場回生のシナリオは見当たらないと結論できる。そして，その改革策を提言するならば，国内住宅市場の国際的なスケールでの門戸の開放であり，それは外国企業誘致や海外投資家の市場参入である。また異文化圏との幅広い人的資源の積極的交流も重要であり，労働市場の再編にも奏功するものである。

　最近，アメリカ国勢調査局がまとめた「国別人口予測」によると，日本の労働人口は，少子高齢化の進行によって急速に低減することが明らかである。日本経団連は，2003年1月に，新ビジョン『活力と魅力溢れる日本をめざして』を公表し，同年11月の『中間とりまとめ』の中で，日本が外国人を積極的に受け入れて，多文化共生社会を構築する必要性について，政府に緊急提言している。高失業率下にありながら人手不足である日本の社会経済には，かつて体験のない複雑な歪みが生じている。将来の日本社会には，海外からの流入人口（移民）の増加が確実視されていることから，多文化多階層社会への移行は避けられないとするならば，住宅ストックのグラデーションの生起も否定できない。外国人との共生は——徐々にではあっても——着実に現実化されてくる。このような社会経済の変化は，従来の居住形態に改めて「共生」や「共有」，あるいは「協住」などの観念の添加を迫るものであり，新たなライフスタイルやコミュニティの萌芽を予告している。

　最後に，本書の出版に際して，多くの方々に感謝の意を表さなければならない。

まずミネルヴァ書房の杉田啓三社長には深甚なる感謝の意を表したい。また編集部の河野菜穂さんには感謝の言葉もない。大下勇二先生（法政大学経営学部教授）には，初校の段階から指導して頂いた。北野弘久先生（日本大学法学部名誉教授）からも未だに薫陶を受けている。またハワイに関してはハワイ大学の西山和夫先生や東恩納良吉先生からもご意見を頂いている。ここに記して衷心より感謝の意を表しておきたい。また稲本洋之助先生，勝倉啓仁氏，加藤喜久氏，前田脩氏，廣木昭仁氏，アキ・サイトウ氏，トシ・スズキ氏，キャプラン・明美さん，Jean Seki さん，Roberta Kimura さん，八木多緒子さん，Ronaye Matthew さんなど，実に多くの方々から貴重なご意見や資料を頂戴している。この際に，深厚なる感謝の意を表しておきたい。

また私事ながら，私の研究をサポートしてくれている妻佳代子や倅哲に対しても，心からの感謝の念を伝えておきたい。そして，いつも私たち家族がお世話になっている西村の父母にも，改めて感謝の意を表したい。

2004年4月

倉田　剛

参考文献

邦文文献

明石紀雄・川島浩平『現代アメリカを知るための60章』明石書店, 1998年.

朝日新聞経済部『アメリカ車文明は再生するか』朝日新聞社, 1993年.

荒井良雄・川口太郎・井上孝編『日本の人口移動――ライフコースと地域性――』古今書院, 2002年.

アレグサンダー, クリストファー『パタン・ランゲージ』(平田翰邦訳) 鹿島出版会, 1977年.

石川達哉・矢嶋康次「日米比較で見る高齢者の貯蓄・消費と住宅資産の関係――中古住宅市場が活性化すれば高齢者の消費が増大――」ニッセイ基礎研究所 REPORT, 2001年2月.

石丸康宏『米国経済の真実』東洋経済新報社, 2002年.

井出義光『アメリカの地域』弘文社, 1997年.

稲本洋之助他編『借地・借家制度の比較研究』東京大学出版会, 1987年.

岩下忠吾「住宅関連税制の問題点と在り方」『税研』No. 78, 1998年.

岩田一政・服部哲他「少子化・高齢化と土地価格」『住宅土地経済』No. 50, 2003年.

岩田龍子『日本的センスの経営学』東洋経済新報社, 1980年.

上田篤『人間の土地』鹿島出版会, 1974年.

ウォーレス, ポール『人口ピラミッドがひっくり返るとき――高齢化社会の経済新ルール――』(高橋健次訳) 草思社, 2001年.

大内秀明『知識社会の経済学』日本評論社, 1999年.

大塚秀之『現代アメリカ社会論』大月書店, 2001年.

大野剛義『「所有」から「利用」へ』日本経済新聞社, 1999年.

岡崎剛『資産運用としての不動産証券化』住信基礎研究所, 2002年.

小川正博『企業の情報行動』同文舘, 1993年.

小山内大『現代アメリカ人に見る価値観』三修社, 2001年.

尾島俊雄監修『完全リサイクル住宅』早稲田大学出版部, 1999年.

加藤寛監修『ライフデザイン白書2000-01』ライフデザイン研究所, 1999年.

カトーナ・G./ストランペル・B./ツァーン・E.『欲望の心理経済学』(石川弘義・原田勝弘訳) ダイヤモンド社, 1976年.

関西情報センター『通世代的視点からみた住宅資産形成の展望』総合研究機構, 1983年.

北野弘久『税法学原論第三版』青林書院, 1992年.

北野弘久『納税者の権利』岩波書店，1994年。
清成忠男『スモールサイジングの時代』日本経済評論社，1993年。
清成忠男・橋本寿朗『日本型産業集積の未来像』日本経済社，1997年。
キルマーチン，D.／ソーン，D.／バーカー，T.『オーストラリアの社会構造』（吉井弘訳）勁草書房，1988年。
倉田剛「リバースモーゲージ制度の研究」『法政大学大学院紀要第45号』2000年。
倉田剛「成熟社会への接近」『法政大学大学院紀要第46号』2000年。
倉田剛「住宅資産の検討」『法政大学大学院紀要第47号』2001年。
倉田剛『リバースモーゲージと住宅』日本評論社，2002年。
倉田剛「住宅資産価格形成の日米比較」『法政大学大学院紀要第48号』2002年。
倉田剛「変位する住宅市場」『法政大学大学院紀要第49号』2002年。
倉田剛「循環する住宅市場」『法政大学大学院紀要第50号』2003年。
栗原涼子「"家族"の形――アメリカン・ファミリーの今――」『英語教育』2002年10月増刊号，大修館，2002年。
クロイックス，サマー・ラ「住宅の価格」ランドール・ロス／チャールズ・フリードマン『ハワイ・楽園の代償』（畑博行・紺谷浩司監訳）有信堂，1995年。
建設省編『建設白書2000』ぎょうせい，2000年。
建設省住宅局住宅政策課監修『2000年度版住宅経済データ集』住宅産業新聞社，2000年。
建設省住宅局住宅政策課監修『2000年度版住宅経済データ集』住宅産業新聞社，2000年。
国土交通省編『平成13年版土地白書』財務省印刷局，2001年。
国民経済研究協会『情報化投資のマクロ経済的効果の日米比較』日本情報処理開発協会，1998年。
近藤鉄雄「注文住宅生産技術の規格化・標準化・共通化」『BUILDERS' MAGAZINE』Vol. 2-10，住宅生産性研究会，1996年。
榊原胖夫『アメリカ研究』萌書房，2001年。
桜井良治『日本の土地税制』税務経理協会，1998年。
篠原正博『不動産税制の国際比較分析』清文社，1999年。
四野宮三郎『J・S・ミル』日本経済新聞社，1977年。
島浩二『住宅組合の史的研究』法律文化社，1998年。
島田晴雄「住宅と住宅政策の大転換」『住宅土地経済』No. 46，2002年。
示村陽一『異文化社会アメリカ』研究社出版，1999年。
下川浩一・藤村隆宏「新局面に入った北米自動車市場と自動車メーカー動向の実態調査（2001年8月実施）」『経営志林』第39巻第3号，法政大学経営学会，2002年。
シューマッハー，E. F.『スモール・イズ・ビューティフル再論』（酒井懋訳）講談社，2000年。
住宅建設視察団『アメリカの住宅建設計画』日本生産性本部，1962年。

住宅生産団体連合会『米国既存住宅検査・評価実態調査』2001年。
清水千弘・新藤延昭「投資不動産の鑑定評価」『投資不動産の分析と評価』東洋経済新報社，2000年。
神野直彦『地域再生の経済学』中央公論新社，2002年。
鈴木昇太郎『アメリカ建築紀行』建築出版社，1964年。
政策研究会編『日本の住宅問題』三一書房，1960年。
生命保険文化センター『老後生活のリスク認識に関する調査』1999年。
瀬古美喜「高齢世帯の住み替え行動」『住宅土地経済』No. 40，2001年。
総務庁編『高齢社会白書』1999年。
全国宅地建物取引業協会連合会 Real Partner, 2002. 10. 1.
田中剛・山川修平『スチールハウスで住まいが変わる』PHP研究所，1998年。
田中英夫編『英米法辞典』東京大学出版会，1991年。
地球の歩き方編集室『地球の歩き方・ハワイ』ダイヤモンド社，2003年。
チャールズ・ユウジ・ホリオカ／浜田浩児『日米家計の貯蓄行動』日本評論社，1998年。
照井進一『建設産業の近代化とその周辺』大成出版社，1998年。
東京三菱銀行調査室『米国経済の真実』東洋経済新報社，2002年。
戸谷英世「不況下の企業実績発展戦略」『BUILDERS' MAGAZINE』No. 30，1999年。
土堤内昭雄「変貌する高齢社会の住宅双六」ニッセイ基礎研究所 REPORT，1996年。
外山義「住宅政策と都市計画」『スウェーデン』東京大学出版会，1999年。
中野不二男「ライフスタイル」『オーストラリア』弘文堂，1995年。
西山康雄『アンウィンの住宅地計画を読む』彰国社，1992年。
日本建築士会連合会『建築士』No. 605，2003年。
日本住宅総合センター『住宅価格の日米比較〈Ⅱ〉』1994年。
日本不動産研究所『投資不動産の分析と評価』東洋経済新報社，2000年。
日本労働研究機構編『アメリカの陰と光』2001年。
野城智也「サステナブル・ビルディング」『住宅』Vol. 50，2001年。
橋本寿朗『デフレの進行をどう読むか』岩波書店，2002年。
八田達夫・吉野直行・原田泰・山本茂「金融システムの再構築に向けて」『住宅土地経済』No. 47，2003年。
浜辺陽一郎『アメリカ司法戦略』朝日新聞社，1999年。
浜渕義寿「米国の勤続年数動向—EBRI」『Notes』99年2月号。
平山洋介『コミュニティ・ベースト・ハウジング』ドメス出版，1998年。
平山洋介『不完全都市』学芸出版社，2003年。
藤岡純一『スウェーデンの生活者社会』青木書店，1993年。
淵田康之・大崎貞和『検証アメリカの資本市場改革』日本経済新聞社，2002年。
不動産シンジケーション協議会『不動産証券化ハンドブック』2002年。

フリードマン,デイビット『日常生活を経済学する』(上原一男訳)日本経済新聞社,1999年。
ベーカー,ジョン・ミルズ『アメリカン・ハウス・スタイル』(戸谷英世訳)井上書院,1997年。
ベックマン,ジョゼフ・A.『税制改革とアメリカ経済』(塩崎潤訳)今日社,1998年。
ベル,ダニエル『知識社会の衝撃』(山崎正和訳)TBSブリタニカ,1995年。
ポズデナ,ランドール・J.『住宅と土地の経済学』(花井敏訳)晃洋書房,1988年。
ボノ,エドワード・デ『知的用語事典』(芦ヶ原伸之訳)講談社,1979年。
ボリエー,ディビッド『ニッチ市場の覇者たち』(佐藤洋一訳)トッパン,1998年。
ボルノウ,オットー・フリードリッヒ『人間と空間』(大塚恵一・池川健司・中村浩平訳)せりか書房,1983年。
本多勝一『アメリカ合州国』朝日新聞社,1970年。
マイケル,ポール/マイケル,ハーロー『住宅経済の構造変動——欧米6カ国の比較分析——』(大泉英次訳)晃洋書房,1994年。
松谷明彦・藤正巌『人口減少社会の設計』中央公論新社,2002年。
松村秀一「住宅の再生,住宅への再生」『住宅』51—2002年,日本住宅協会。
マラニー,ジョン・A.『REIT』(民間都市開発推進機構訳)きんざい,1999年。
丸尾直美・塩野谷祐一編『スウェーデン』東京大学出版会,1999年。
三國仁司『不動産投資ファンド』東洋経済新報社,2001年。
水岡不二雄『経済地理学』青木書店,1992年。
水原渉『西ドイツの国土・都市の計画と住宅政策』ドメス出版,1985年。
宮島洋『租税論の展開と日本の税制』日本評論社,1986年。
宮本倫好『挑戦するアメリカ高齢者パワー』亜紀書房,2000年。
村瀬英彰「所有と使用・官吏の分離で経済活動を効率化」『経済セミナー』2003−No. 579,日本評論社,2003年。
村田裕之「シニアの新しいリタイアメント・スタイル」『英語教育』[増刊号]2002年10月号,大修館書店。
モーリス,ルドルフ・H.『環境の人間性』(望月衛訳)朝倉書店,1979年。
モディス,セオドア『「Sカーブ」が不確実性を克服する』(寒河龍太郎訳)東急エージェンシー,2000年。
矢嶋康次「個人金融資産残高の展望」『ニッセイ基礎研究所 REPORT』1999年2月号。
山内一夫『行政指導』弘文堂,1979年。
山崎福寿・浅田義久「住宅消費税が住宅着工に及ぼす影響について」『住宅土地経済』No. 47, 2003年。
山瀬一彦『アメリカ車文明は再生するか』朝日新聞経済部,1993年。
吉野直行・八田達夫・原田泰・山本茂「住宅金融システムの再構築に向けて」『住宅土地

経済』No. 47, 2003年.
吉牟田勲「法人税法」『現代税法事典第2版』中央経済社, 1993年.
米山秀隆『土地問題の構造』近代文藝社, 1993年.
レイモンド・J・ストライク／マージュリー・A・ターナー／上野真城子『米国における将来の住宅対策——人口構成の変化に対応して——』総合研究開発機構, 1989年.
ローデリック, ローレンス『ヨーロッパの住居計画理論』(鈴木成文監訳) 丸善, 1992年.
ワイス, マイケル・J.『アメリカライフスタイル全書』(田中洋・和田仁訳) 日本経済新聞社, 1994年.
渡辺尚志他『土地所有史』山川出版社, 2002年.
和辻哲郎『風土』岩波書店, 1935年.
『カリフォルニア概観』ジェトロ・サンフランシスコ・センター北加日本商工会議所, 1999年.
『X PRESS CLUB』vol. 33, 株式会社 INAX 広告宣伝部, 2001年.
『室内』No. 563, 工作社, 2001年.
『2002年版住宅産業ハンドブック』(財) 住宅産業情報サービス, 2001年.
『高齢者の生活資金確保のための居住資産の活用に関する研究』総合研究開発機構, 2001年.
「米国家計の資産水準と住宅価格をどう見るか」『調査月報』2002年9月号, 住友信託銀行, 2002年.

欧文文献

Benke, Wiliam & FowlerJoseph M., *ALL ABOUT REAL ETATE INVESTING*, Second edition McGraw-Hill 2001.
Blakely, Edward J. & Snyder, Mary G., *FORTRESS AMERICA—Gated Communities in the United States*, Brookings Institution Press, 1999.
Communities Directory, Fellowship for International Community, 2000.
Construction and Hawaiis Economy. Hawaii State Government Capital Improvement Projects Expenditures, Value of Construction in Hawaii, 1958-1998.
Fogarty, A. Thomas, *USA TODAY*, No. 3579, Sept 27, 2002.
Folts, W. Edoward & Yeatts, Dale E., *Housing and the aging population*, Garland, 1994.
Forbs, June 09, 2003.
From first class to economy, Feb 13, 2002.
Jack, Guttentag, *Reverse Mortgages hit the mainstream*, Hawaii Information Service, April 14, 2003.
Hines, Mary Alice, *Marketeting Real Estate Internationally*, Quorum Books, 1988.
International house prices, The Economist. com, 2003.

June, Donnison D., *The politics of housing'* in *Australian Quarterly*, U. S. Census Bureau, 1976.

Kyle, Robert C. & Perry, Jeffery S., *HOW TO PROFIT FROM REAL ESTATE*, Longman, 1988.

Mackay, David, *Old Houses*, Penguin, 1973.

Mayer, Christpher J. & Tsuriel, Somerville C., *Residential Construction: Using the Urban Growth Model to Estamate Housing Supply*, Journal of Urban Economics, Vol. 48, 2000.

Meyers, Jeff & Meyers Key, *Economic Indicator*, Jan 11, 2003 (news@meyersgroup.com).

Miles, Mike E./Berens, Gayle/Weiss, Marc A. *Real Estate Development*, Urban Land Institute, 1999.

Mitchell, Olivia S. & Piggott, John, *Housing Eguity and Senion Security*, 2003.

Newspaper, *Current Population Reports*, Issued June 2001.

Newspaper *The Advertiser*, Oct 12, 2002.

Newspaper, *California Association of Realtors*, Newsstand Jan 06, 2003.

Newspaper, *USA TODAY*, May 24, 2002.

Paris, Chris, *HOUSING AUSTRALIA*, MACMILLAN EDUCATION AUSTRALIA, 1993.

Ravetz, Joe, *City Region 2020—Integrated Planning for a Sustainable Environment*, EARTHSCAN, 2000.

Reed, Ernie Richard, *RETURN TO THE CITY*, Doubleday & Company, 1979.

Statistics Canada, 2002.

Stiglitz, E. Joseph, *The Economics of TAX REFORM*, Bassam Harik, 1988.

Sullivan, A. Martin, *Changing America's Tax System : A Guide to the Dbate*, John Wily & Sons, 1996.

The houses that saved the world, The Economist. com. April 06, 2002.

The State of Hawaii Data Book 2001.

Treadwell, Alexander F., *Guide to planning and Zoning Laws of New York State*, DEPARTMENT OF STATE, 2001.

Utterdyke, Aileen B., *TAXES of HAWAII 2003*, 2003.

Weir, Sam & Weir, Mary Patterson, *How We Made A Million Dollars Recycling Great Old Houses*, Beaverbooks, 1979.

Wright, Gwendolyn, *BUILDING THE DREAM* Eighth printing. The MIT Press 1998.

巻末資料

(別紙)

生活福祉資金(長期生活支援資金)貸付制度要綱

第1 目的
　この要綱は、一定の居住用不動産を有し、将来にわたりその住居に住み続けることを希望する高齢者世帯に対し、当該不動産を担保として生活資金の貸付けを行うことにより、その世帯の自立を支援することを目的とする。

第2 実施主体
1　長期生活支援資金(以下「資金」という。)の貸付けは、社会福祉法(昭和26年法律第45号)第108条第1項に規定する都道府県社会福祉協議会(以下「都道府県社協」という。)が行うものとする。
2　都道府県社協は、資金の貸付業務の一部を当該都道府県の区域内にある社会福祉法第107条第1項に規定する市町村社会福祉協議会(以下「市町村社協」という。)に委託することができる。

第3 貸付対象
　資金の貸付対象となる世帯は、次のいずれにも該当する世帯とする。
1　資金の貸付けを受けようとする者(以下「借入申込者」という。)が単独で所有している不動産(同居の配偶者とともに連帯借受人となる場合に限り、配偶者と共有している不動産を含む。)に居住している世帯であること。
2　借入申込者が居住している不動産に賃借権等の利用権及び抵当権等の担保権が設定されていないこと。
3　借入申込者に配偶者又は借入申込者若しくは配偶者の親以外の同居人がいないこと。
4　借入申込者の属する世帯の構成員が原則として65歳以上であること。
5　借入申込者の属する世帯が市町村民税非課税程度の低所得世帯であること。

第4 貸付方法
1　貸付限度額は、借入申込者が現に居住している建物及び土地(以下「本件不動産」という。)のうち土地(以下「本件土地」という。)の評価額に基づき都道府県社協の会長(以下「都道府県社協会長」という。)が定めた額とする。
2　貸付期間(貸付金を交付する期間をいう。以下同じ。)は、貸付元利金(貸付金とその利子を合計した金額をいう。以下同じ。)が貸付限度額に達するまでの期間とする。

3 1月当たりの貸付額は、原則として30万円以内で都道府県社協会長及び借入申込者が契約により定めた額とする。
4 貸付金は、原則として3月ごとに交付するものとする。
5 貸付金の利子は、各単位期間（初回の貸付金の交付日の属する月から起算して36月ごとの期間をいう。以下同じ。）中の貸付金の総額ごとに、当該単位期間の最終日（当該単位期間の途中で貸付けを停止した場合は、当該貸付停止日）の翌日から当該貸付金の償還期限までの間、日数により計算して付するものとする。
6 貸付金の利率は、年3パーセントとする。ただし、都道府県社協会長は、年度（毎年4月1日から翌年3月31日までをいう。）ごとに、年3パーセント又は当該年度における4月1日（当日が金融機関等休業日の場合はその翌営業日）時点の銀行の長期プライムレートのいずれか低い方を基準として貸付金の利率を定めるものとする。

第5 償還の担保措置
1 借入申込者は、都道府県社協会長のために本件不動産に関し根抵当権を設定し、登記をするものとする。
2 借入申込者は、都道府県社協会長のために本件不動産に関し代物弁済の予約に応じ、所有権移転請求権保全のための仮登記をするものとする。
3 借入申込者は、その推定相続人の中から1名を連帯保証人として立てなければならない。
4 連帯保証人は、資金の貸付けを受けた者（以下「借受人」という。）と連帯して債務を負担するものとする。
5 連帯保証人の責任は、借入申込者が本件不動産に設定した根抵当権の極度額を限度とする。
6 借入申込者は、資金の貸付けに係る契約（以下「貸付契約」という。）を締結することに関し、その連帯保証人以外の推定相続人の同意を得るよう努めなければならない。

第6 貸付決定及び契約締結
1 都道府県社協会長は、資金の借入れの申込みがあったときは、申込みの内容を審査し、貸付けの決定をするものとする。
2 都道府県社協会長は、資金の貸付けを決定したときは、借入申込者と貸付契約を締結するものとする。

第7 借受人等の責務
1 借受人は、都道府県社協会長の承認を受けずに本件不動産の譲渡、本件不動産に対する賃借権等の利用権又は抵当権等の担保権の設定、本件不動産の損壊その他本件不

動産に係る一切の法律上及び事実上の処分をしてはならない。
2　借受人は、都道府県社協会長の求めがあれば、本件土地の再評価その他貸付けの実施に必要な調査に協力しなければならない。
3　借受人は、都道府県社協会長の承認を受けずに配偶者又は借受人若しくは配偶者の親以外の者を同居させてはならない。
4　借受人は次のいずれかに該当する場合は、直ちに都道府県社協会長に届け出なければならない。
（1）借受人の氏名に変更があったとき。
（2）借受人が転居し、又は入院若しくは社会福祉施設への入所等により本件不動産を長期間にわたり不在にするとき。
（3）借受人が生活保護の受給を申請したとき。
（4）借受人が仮差押若しくは仮処分（以下「民事保全」という。）又は強制執行若しくは競売（以下「民事執行」という。）の申立てを受けたとき。
（5）借受人が破産又は民事再生手続開始（以下「破産等」という。）の申立てを受け、又は申立てをしたとき。
（6）借受人に関し成年後見、保佐又は補助（以下「成年後見等」という。）開始の審判、任意後見監督人選任の審判その他借受人の心身の状況に著しい変更があったとき。
（7）連帯保証人の氏名又は住所に変更があったとき。
（8）連帯保証人の状況に著しい変更があったとき。
（9）借受人の推定相続人の範囲に変更があったとき。
（10）同居者の転出入その他借受人の属する世帯の状況に著しい変更があったとき。
（11）本件不動産が法令により収用又は使用されたとき。
（12）滅失、損壊その他の事由によって本件不動産の価値が著しく減少したとき。
（13）その他都道府県社協会長が定めた事由が生じたとき。
5　連帯保証人は、次のいずれかに該当する場合は、直ちに都道府県社協会長に届け出なければならない。ただし、既に借受人から届出がなされている場合は、この限りでない。
（1）借受人が死亡したとき。
（2）借受人に関し成年後見等開始の審判又は任意後見監督人選任の審判その他借受人の心身の状況に著しい変更があったとき。
（3）連帯保証人の氏名又は住所に変更があったとき。
（4）連帯保証人の状況に著しい変更があったとき。

第8　推定相続人の異動
1　推定相続人がいなかった借受人に貸付契約の締結から終了までの間（以下「契約期

間中」という。）に推定相続人が生じた場合は、当該推定相続人の中から1名を連帯保証人として立てなければならない。
2 契約期間中に連帯保証人が死亡又は破産したときは、借受人は推定相続人の中から代わりの連帯保証人を立てなければならない。
3 契約期間中に連帯保証人が借受人の推定相続人でなくなったときは、借受人は推定相続人の中から新たに連帯保証人を立てなければならない。この場合において、当該推定相続人でなくなった連帯保証人の責任は、第5の5の規定にかかわらず、新たな連帯保証人が保証契約を締結した時点までに貸し付けた貸付金及びその利子の償還を限度とする。
4 契約期間中に借受人に新たな推定相続人が生じた場合は、第5の6の規定を準用する。

第9 土地の再評価
1 都道府県社協会長は、単位期間ごとに本件土地の再評価を行うものとする。
2 都道府県社協会長は、滅失、損壊その他の事由によって本件土地の価値が著しく減少したおそれがあると認めるときは、本件土地の再評価を行うものとする。
3 都道府県社協会長は、本件土地の再評価を行った場合において、必要があると認めるときは借受人に対し貸付限度額の変更を求めるものとする。

第10 貸付停止及び解約
1 都道府県社協会長は、次のいずれかに該当する場合は、貸付けを停止し、又は貸付契約を解約することができる。
（1）借受人が虚偽の申込みその他不正な手段により貸付けを受けたとき。
（2）借受人が転居等により本件不動産に居住しなくなったとき。
（3）借受人が貸付金を生活の維持に必要な経費以外の目的に流用したとき。
（4）借受人がその責務に違反したとき。
（5）借受人が生活保護の受給を開始したとき。
（6）借受人が民事保全又は民事執行の申立てを受けたとき。
（7）借受人が破産等の申立てを受け、又は申立てをしたとき。
（8）本件不動産が法令により収用又は使用されたとき。
（9）滅失、損壊その他の事由によって本件不動産の価値が著しく減少したとき。
（10）借受人が都道府県社協会長から求められた貸付限度額の変更に応じないとき。
（11）その他貸付け又は貸付契約を継続しがたい事由が生じたとき。
2 都道府県社協会長は、貸付元利金が貸付限度額に達したときは、貸付けを停止するものとする。
3 借受人は、いつでも都道府県社協会長に申し出て貸付けの停止を求め、又は貸付契

約を解約することができる。

第11 契約の終了
　貸付契約は、次のいずれかの事由が生じた場合に終了するものとする。ただし、1については、第12の規定に基づく貸付契約の承継が行われた場合は、この限りでない。
1　借受人（連帯借受人がいる場合は借受人及び連帯借受人）が死亡したとき。
2　都道府県社協会長が貸付契約を解約したとき。
3　借受人が貸付契約を解約したとき。

第12 貸付契約の承継
1　借受人が死亡した場合であって、次のいずれにも該当する場合は、借受人の配偶者は借受人の死亡後3月内に限り、都道府県社協会長に対し貸付契約の承継を申し出ることができる。
　（1）当該配偶者が従来借受人と同居していたこと。
　（2）当該配偶者が本件不動産を単独で相続し、登記をしていること。
　（3）当該配偶者が本件不動産に引き続いて居住する予定であること。
　（4）借受人に係る貸付元利金が、3の規定に基づく再評価により算定した貸付限度額に達していないこと。
2　都道府県社協会長は、貸付契約の承継の申出があったときは、申出の内容を審査し、その者を新たな借受人とする貸付契約の承継の決定をするものとする。
3　都道府県社協会長は、貸付契約の承継の申出があったときは、本件土地の再評価を行うものとする。
4　貸付契約の承継に当たっては、配偶者は借受人の貸付元利金償還債務の全額を他の相続人とともに重畳的に引き受けるものとする。
5　貸付契約の承継に当たっては、配偶者はその推定相続人の中から1名を連帯保証人として立てるほか、借受人と同様に償還の担保措置を講じるものとする。
6　都道府県社協会長は、貸付契約の承継を決定したときは、当該申出をした配偶者と貸付契約の承継に係る契約（以下「承継契約」という。）を締結するものとする。
7　承継契約が締結された場合は、借受人の死亡時に遡って貸付契約は継続していたものとみなす。この場合において、借受人の死亡後、承継契約が締結されるまでの間にその配偶者に対し貸し付けるべき資金は、承継契約の締結後速やかに交付するものとする。

第13 償還期限
　貸付元利金の償還期限は、貸付契約の終了時とする。

第14 延滞利子
1 都道府県社協会長は、借受人が貸付元利金を償還期限までに償還しなかったときは、延滞元金につき年10．75パーセントの率をもって、当該償還期限の翌日から償還した日までの日数により計算した延滞利子を徴収するものとする。
2 前項の規定にかかわらず、都道府県社協会長は、借受人が償還期限までに償還しなかったことについて、災害その他やむを得ない理由があると認められるとき及び償還のためにする本件不動産の換価に日時を要すると認められるときは、借受人又は連帯保証人の申請に基づき延滞利子の全部又は一部を徴収しないことができる。
3 都道府県社協会長は、1の規定に基づき計算した延滞利子がこれを徴収するのに要する費用に満たないと認められるときは、当該延滞利子を債権として調定しないことができる。

第15 償還猶予
1 都道府県社協会長は、借受人が災害その他やむを得ない理由により償還期限までに貸付元利金を償還することが著しく困難になったと認められるときは、借受人又は連帯保証人の申請に基づき貸付元利金の償還を猶予することができる。
2 都道府県社協会長は、借受人が死亡した場合であって、その配偶者から承継の申出があった場合には、貸付契約の承継の決定をするまでの間、当該配偶者の申請に基づき貸付元利金の償還を猶予することができる。
3 都道府県社協会長は、貸付元利金の償還を猶予した場合であっても、借受人が民事保全、民事執行若しくは破産等の申立てを受け、又は破産等の申立てをしたときその他必要があると認めるときは、償還の猶予を取り消すことができる。

第16 償還免除
都道府県社協会長は、やむを得ない理由により貸付元利金を償還することができなくなったと認められるときは、借受人又は連帯保証人の申請に基づき貸付元利金の償還未済額の全部又は一部の償還を免除することができる。

第17 民生委員の役割
民生委員は、資金の広報、資金の貸付けに関する相談及び援助のほか都道府県社協及び市町村社協の要請に基づいて、借入申込者及び借受人の属する世帯の調査等に協力するものとする。

第18 費用負担
本件土地の評価（再評価を含む。）、担保物権の登記、本件不動産の処分その他の契約費用は借受人が負担するものとする。

第19 その他
　この要綱中「市町村社協」とあるのは、都の特別区及び指定都市の区の存する区域の社会福祉協議会については「区社会福祉協議会」と、社会福祉協議会が結成されていない市町村においては「市町村民生委員協議会」とそれぞれ読み替えるものとする。

索　引

あ　行

アカデミー・ビレッジ（Academy Village）
　71
空家率　200
浅田義久　219
旭化成　98
アゼル　212
アットホーム　250
アトラクターズ・ラボ　250
アメニティ移動　60
アトリウム　116
アーバン・インスティテュート（UI；Urban Institute）　233
アメリカの住宅市場　223
アメリカの住宅市場調査　258
アメリカの中古住宅市場　246
アメリカの不動産市場　270
アメリカの平均持家率　153
アメリカ版マイホーム・サクセス物語　239
アメリカ不動産鑑定人協会（The American Institue of Real Estate Appraisers of the National Association of Real Estate Boards）　272
アメリカン・セービング・バンク（American Savings Bank）　40,44,154,174
アメリカンドリーム　4,30,140,159,184,186,189
アレグザンダー，クリストファー（Alexander, Christopher）　66
石川達哉　60,103
一物二価　273
移動性　60,183,188,243
INAX　119
岩下忠吾　220
インフィル・プランニング（infill-planning）　85
ウエアー夫妻（Sam & Mary Weir）　238
ウエルズ・ファーゴ（Wells Fargo Mortgage）　39
売建住宅（建築条件付土地売買）　221
売り手市場化　148
江上渉　90
Sカーブ　180
SPC（特定目的会社；Special Purpose Company）　270,276
エフ・エス・ビー（FSB；Federal Savings Bank）　46
オアフ島　189
応能負担原則　32,223,238
大内秀明　126
オークション・マーケット　164,166
オーストラリア　105
オーダー，ロバート・バン（Order, Robert Van）　159
大塚秀之　141
オートモービル・サバーブズ（Automobile suburbs）　163
オーナービルダー（owner builder）　121
大野剛義　252
奥村洋彦　103
尾島俊雄　48
親子・親族間での不動産取引　10
親子や親族間との持家売買・交換取引　33
オール・イン・ワン取引（purchase and renovate all in one transaction）　40
オレゴン・システム（Oregon system）　57

か　行

カー・シェアリング（car sharing）　88,193
会員権（member-ship rights）　211
買い替え　55,61,98,105,106,130,140,163,172,181,204,229,232,233,239
買い替えの購入者（move-up buyers）　150
会計処理的概念　51

介護サービスの外部化　2
改築ブーム　150
改造（home improvement）　239
開発行為　178
貸し手側　268
貸し手責任　261
カタログ販売　121
学校教育　187
ガッティング（Gutting）　168
家庭内伝達　130
加藤喜久　49, 273
カトーナ，ジョージ（Katona, George）　183
株式会社「やすらぎ」　115
カナダ　34, 60
可変性　99, 128
下方移転（グラデーション；gradation）　139
借り換えブーム（the greatest torrent of refinancing）　97, 159
借り手側　268
借り手責任　261
カリフォルニア　149, 158
借り増し　149
換金性　243, 244
完全所有権（Freehold）　191
鑑定業務統一基準（USPAP；United States Property Appraisal Practice）　272
キーレ，ロバート（Kyle, Robert C.）　177
企業家活動（entrepreneurship）　114
企業家精神（entrepreneur spirit）　114
企業理念　123
紀州鉄道　212
技術開発　133
帰属家賃　220, 236
キャッシュ・アウト・ローン（cash out loan）　172
ギャンス，ハーバート（Gans, Herbert）　67
旧商店街　89
給与証明書（W-2）　12
教育水準　183
共生（symbiosis）　214
行政指導　251
強制的な（being pushed）移動　183

競争（competition）　214
協定価格（agreed price）　101
協同関係（co-partnership）　78
共同管理（management together）　78
協同組合方式　75
協同出資型住宅法人　79
協同生活（corporate life）　78
共同生活（living together）　78
競売市場　116
共有（share）　211, 214
共用（common）　211
共用空間（common space）　78
居住機能　90
居住空間の資産　5, 6
居住権の所有　75
居住性　86
居住用資産（Home Equity）　1
清水忠男　114, 123
均衡価格（competitive price）　101
金利リスク　30, 132
空間の資産性　7, 8
グッテンタッグ，ジャック（Guttentag, Jack）　45
区分所有権　67
組み替え（rezoning）　177
クラスター（cluster）　6, 67, 185
グラデーション（gradation）　6, 12, 140, 141, 166, 169, 283
クロイックス，ラ・サマー（Croix, La Sumner J.）　200
景気後退期の住宅ブーム　149
景気循環　179
経済的自立　222
継続性　8, 48, 126, 132
ゲイテッド・コミュニティ（gated community）　69, 197
契約意識　268
減価償却　11, 220
建設廃棄物（廃棄物処理法）　113
建設リサイクル法　111
建築工事費見積書　262
郊外型住宅地　193

索　引　299

郊外型熟年分譲住宅地区　185
高級住宅地　188
高級住宅地区　185
公共財　72, 73
工場生産住宅（manufactured housing）　161
構造改革特区　77, 81
構造的価値（性能・機能・外観）　7
構造的要因　49
交通事情（bad traffic situation）　170
公平性　223
効用性　3
効用的価値　3
高齢化の速度　19
高齢化率　20
高齢期の経済的自立　29
高齢者の居住の安定確保に関する法律　57
国内旅行　210
国有未利用地　10, 117
個人消費　147
戸建中古住宅の中位価格　60
戸谷英世　264
コ・パートナーシップ・ハウジング（協同出資型住宅地方式；co-partnership housing）　78
コ・パートナーシップ・ハウジングの「ジャパン・モデル」　80, 81
コハウジング（cohousing）　37, 38, 58, 68, 78-80
コミュニティ　6-8, 37, 38, 66, 72
コミュニティ・リインベストメント条例（CRA；Community Reinvestment Act）　153
雇用環境（失業率）　174
雇用動向（employment）　177
コンドミニアム　196, 204, 208
コンバージョン（conversion）　9, 12, 90, 144

さ　行

財産権　81
再取得原価方式（推定再建築費積算方式）　47, 272
最初の住宅購入（first buying）　150, 158, 163
再生資源（資源有効利用促進法）　113
最適（maximize）構成　173
最適なインフレ　181
サイトウ，アキ（Saito, Aki）　193
再度の住宅購入（second buying）　165
在来工法による住宅（site-build homes）　161
榊原治夫　163
サプライサイド　174
サプライ・プル（supply pull）　61
サマービル，ツリエル（Somerville, C. Tsuriel）　48
サンベルト（sun belt）　60, 169, 186
シアトル　88
シェア・システム　195
シェアリング　161
ジェトロ・サンフランシスコ・センター（JETRO；San Francisco Center）　174
ジェントリー・ホームズ（Gentry Homes）社　197
ジェントリフィケーション（gentrification）　141, 145, 195, 283
事業性　21
資金的余裕（Ready cash）　150
自己責任　268
事後届出制　253
資産性　3, 6, 47, 56, 74, 91, 129, 135, 252
資産流動化　245
資産力　244
市場介入　253
市場価値（換金性）　3
市場原理　253
市場性　132
市場分析能力　249
自助的努力　222
静岡県熱海市　213
事前届出制　253
自動車産業　160
シニア・ライフ・サポート・システム（The System of the Senior Life Supports）　33
自発的な（being pulled）移動　183
島田晴雄　225, 232
清水千弘　249
下川浩一　160
社会伝達　130

社会投資ファンド 103
社会福祉協議会 32
社会福祉的資本 30
借地権 (Leasehold) 191
収益性 275
私有財 72,73
渋滞税 89
住宅改装 210
住宅価格上昇率 172
住宅金融公庫 76,224,262,265,267,269
住宅建設業協会 (NHBA ; National Home Builder Association) 159
住宅建築技術 176
住宅戸数 (housing units) 177
住宅資産変換プログラム (Home Equity Conversion Program) 130
住宅下取り (残価設定) 予約契約 10
住宅下取りプラン (my home trade-in plan) 132
住宅寿命 49,62
住宅消費税 219
住宅性能表示制度 52,262
住宅設備機器メーカー 118
住宅と減価償却 50
住宅都市開発省 (HUD ; Housing and Urban Development Department) 44,143
住宅の永続性 48
住宅の買い漁り 201
住宅の品質確保の促進等に関する法律 (品確法) 52,245
住宅バブル 142
住宅ブーム 148,152
住宅融資開発法 (HMDA ; Home Mortgage Disclosure Act) 153
住宅ローン地獄 264
シューマッハー, E. F. 82,126
循環性 (circulation) 56,132,275
循環説 179
使用・収穫権 254
使用 (利用) 権 76,77
使用権 (right to use) 208
証券化 226

消費税 235
情報の非対称性 271
殖産銀行 30,31
ジレンマ 2,3,195
人口 (population) 177
人口移動 141,169
人口増加 139,152
新住宅ローン減税制度 224
新築を制限している規則 (Limited new construction) 170
新藤廷昭 248
神野直彦 85
推定相続人 32
スウェット・エクイティ (sweat equity) 85
スウェーデン 10,74-76
スケルトン&インフィル (SI ; Skeleton & Infill) 住宅 33,54
スクラップ&ビルド 9,235
鈴木昇太郎 143
スタンレー, モルガン (Stanley, Morgan) 247
スティグリッツ, ジョセフ (Stiglitz, Joseph E.) 179,235,247
スノーバード (Snow Bird) 187
住み替え 54-56,59,60,106,130,132,184,187,195,224,225,233
住み替え支援センター 56
住友信託銀行 172
住友信託銀行調査部 173
スモールユニット (smoll unit) 時代 126
生活空間的効用 (役割) 8
生計を一にしている者 222
生産性パラドックス (Productivity paradox) 257
成熟性 7
生前給付特約 35
生存権的居住用資産 (持家) 238,265
生存権的資産 1
生存権的住宅需要 202
生存の生活欲求 (a basic human need) 8
税負担割合 219
積水ハウス 98,131

セキュリティ・ライフ・カンパニィ（The Security Life Company of Canada）　34
瀬古美喜　54
先買権　75
全米退職者協会（AARP；American Association of Retire Persons）　71
全米不動産業協会（NAR；National Association of Realtors）　142, 147, 150
専用実施権　133
全米リバース・モーゲージ・レンダーズ協会（NRMLA；National Reverse Mortgage Lenders Association）　5
相互扶助（mutual life）　78
相互扶助性（福祉性）　8
相互利得性　10
ゾーニング（zoning）　167, 202
租税誘因措置　227
外山義　75
ソフトバンク・テクノロジー　258

た 行

ターニング・ポイント（turning point）　126
タイムシェア（Time Share）　208
タイムシェア法（Timeshare Act）　208, 213
大和ハウス工業　131
タウンハウス　197
宅地建物取引業者　257
多世代・多階層混住（multiple generation/class mixed group）　78
建売住宅　62
建て替え　106, 129, 131
建物寿命　72
建物表示登記　54
田原裕子　59
W-2 給与証明書　12, 154
担保価値　260
地域性　6, 185
地域面積（area measurements）　177
地価下落　251
地価下落リスク　30, 31, 132
地価サイクルの周期性　179
地価水準の推移　181

地価バブル　247
築後経過年数　47
千村岳彦　166
チャンス・シェア（chance share）　214
中央住宅（埼玉県越谷市）　107
仲介報酬規定　257
中古自動車市場　12
中古車市場　164
中古住宅市場（home resale market）　49, 61, 97, 101, 150, 165, 166, 188, 221, 228, 236, 243, 266
中古住宅の住宅検査制度（Home Inspection）　246
中古住宅の取引量　12, 62
中古住宅のリサイクリング（recycling）　238
中古マンション　250
中古マンション市場　55
稠密度（density）　177
注文住宅　62
長期生活支援資金　5, 31
長命リスク　30
賃貸市場　220
賃貸借契約方式　80
賃貸需要　250
陳腐化　51
終の棲家　55
通課税　231
DIY（Do It Yourself）市場　121, 134
DCF 法（割引現在価値；Discounted Cash Flow）　275
低価格住宅（affordable home）　161, 184
低価格タウンハウス（Affordable town house）　199
定期借地権付住宅　10, 106, 210
定期借地権付住宅地　79
抵当権実行　255
抵当融資（mortgage loan）　260
適正価格　252
デマンドサイド　174
デマンド・プル（demand pull）　61
デューデリジェンス（due diligence）　268, 273
照井進一　50

「転居＝移動」行動　188
転居率　62
天候（Weather）　150
転職率　183
転入・転出動向（movement）　177
投下資金の回収の長期化リスク　132
東京急行電鉄　212
同時多発テロ事件　6,12,147,160,167
透明性　271
TOTO　118
都市環境の居住化　91
都心回帰　33,99,245
土地住宅税制関係　227
土地神話　86,106
土地利用権　10,76
土地利用権契約制度　74
取引上の柔軟性　10
地方住宅供給公社法　77

な 行

内製化　122
中内慶太郎　107,123
中内俊三　122
長野県下伊那郡阿智村　36
西村清彦　103
西山和夫　107,191,203
西山康雄　78
日産自動車　110,160
ニッセイ基礎研究所　29
「203-b」限度額　63
日本銀行　103
日本生命保険会社　34
日本の不動産市場　270
値頃感の新築住宅（affordably priced new home）　141
ネット・オークション・サイト　256
ネット・マーケット　132
ノーマライゼーション　86,98,105
ノンリコース・ローン　33,45,80,116,267-269

は 行

ハーロー，マイケル（Harloe, Michael）　143
バイアティカル決済会社　34
ハイ・エンド（high-end）　146
バイカー，ケアミット（Baker, Kermit）　150
配当付家賃　79
ハウスメーカー　127
ハウス・リッチ，キャッシュ・プア（House Rich, Cash Poor）　189
バケーション・ライセンス（vacation license）　208
橋本寿朗　180
ハセコー（Haseko）　197
長谷工総合研究所　86
八田達夫　265
パブリック・リレーション（Public Relation）　123
浜田浩児　189
浜辺陽一郎　255
ハワイのオワフ島　163
ハワイの住宅市場　200
ハワイのリバースモーゲージ制度　40
ビアジェ（viager）　4,10,19,132
東日本銀行　269
久垣新　274
非遡及型融資（ノンリコース・ローン）　32
非遡及的担保融資制度　264
必要な適正規模のインフレ環境　179
ビビアン，ヘンリー（Vivian, Henry）　78
平山洋介　146
ファイナンシャル・シニア・ファンディング・コーポレーション（Financial Senior Funding Corporation）　45
ファニーメイ（Fannie Mae）　45,143,236,258
複合的居住施設（the residential complexes）　206
福祉性　3,4,6,11,32
藤本隆宏　160
物価連動型住宅ローン　267
ブッヒホルツ，トッド（Bucholz, Todd）　148

索引 303

不動産鑑定基準 249
不動産鑑定評価 274
不動産鑑定評価基準 7,12
不動産サイクル説 180
不動産証券化 278
不動産証券市場 270
不動産情報の公開 256
不動産投資ファンド（REIT） 104,247,276
不動産の「買い漁り」 191
不動産のサイクル（the Real Estate Cycle） 179
不動産の証券化 245
不動産の狼狽的放出 10
不動産売買取引 243
不動産ブーム 144
不透明性 249
不法占拠 117
ブライト化（blight） 85,140
フリードマン、デイビット（Friedman, David） 173
フレディーマック（Freddie Mac） 143,150
分社化 122
分譲住宅建設方式 185
米連邦準備委員会（FRB；Federal Reserve Board） 174
ペインティング 134
ペイントハウス 114
ベビーブーマー 152,195,211,212
ペルトネン、ミッジ（Peltonen, Midge） 170
法定耐用年数 50
ホーム・エクイティ・コンバージョン・モーゲージ（HECM；Home Equity Conversion Mortgage） 5,45
ホーム・エクイティ・ローン（Home Equity Loan） 3,4,149,172
ボール、マイケル（Ball, Michael） 143,145,169
ポズデナ、ランドール・ジョンストン（Pozdena, Randall Johnston） 175
北海道銀行 97
ポートランド（オレゴン州） 82,87,88
ホノルル 88,169,191,194,202

ホノルルの不動産課税 237
保有コスト 247
ボラスグループ 121
ホリオカ、チャールズ・ユウジ 189
ボルノウ、オットー・フリードリッヒ（Bollnow, Otto Friedrich） 4
ホンダ 110

ま 行

マーケット・デマンド（market demand） 114
マーテンス、マーティ（Martens, Maartje） 143
前田建設工業 120
松下電工 119
繭ごもり（Cocooning） 150
マラニー、ジョン・A（Mullaney, John A.） 247
三國仁司 273
ミサワホーム 98,130
ミサワリゾート 212
三井住友銀行 35
密集市街地法 84
宮島洋 227
ミラクル・スリー・コーポレーション 134
ミル、ジョン・スチュアート（Mill, J. S.） 254
村瀬英彰 270
メイアー、クリストファー（Mayer, Christopher J.） 48
モジュール化 161
モジュール住宅（modular housing homes） 161
モディス、セオドア（Modis, Theodore） 180
持家資産変換システム（Home Equity Conversion System） 3,34,130
モルガン・スタンレー（Morgan Stanley） 245

や 行

矢嶋康次 60,102,103
野城智也 48
矢野経済研究所 98

304

山崎福寿　219
大和リビング　131
融合（integration）　214
融資条件の緩和（Favorable borrowing terms）
　　150
悠楓図　91
用益要因　49
要塞都市　69
用途規制（zoning）　177
吉牟田勲　51
米山秀隆　179

ら・わ行

ライト，フランク・ロイド（Frank Lloyd
　　Wright）　265
ライフサイクル　66
ライフスタイル　11,12,61,71,72,86,87,
　　106,108,185,211,222,232
リース・バック・セール（lease back sale）
　　10,33,132
リコース・ローン　267,268
リサイクル化　53,110
リゾート的需要　202
リゾーニング（rezoning）　65,167,251
リゾート・メンバー・シップ　212
リタイアメント・コミュニティ（Retirement
　　Community）　71,72
立地条件的価値　7
リバースモーゲージ・ローン　189
リバースモーゲージ制度　1,5,11,19,20,25,
　　30,33,35,36,38,43,45,60,62,63,74,85,
　　106,108,189,221-223,253,264,266
リバースモーゲージ制度関係法案　42
リバースモーゲージ方式　80
リピーター　140
リフォーム　132
リフォーム市場　114,118
リモデリング融資　261
流通性（distribution）　55,56,129,134,158,
　　188,221,225,228,234,243,246,256,270,
　　271
流通税　225,226,271
利用機会　89
量産企画工業化住宅　128,129
臨機応変な転職　154
REIT（Real Estate Investment Trusts）　270
レーマン・ブラザーズ・バンク（Lehman
　　Brothers Bank）　46
レッドライニング（red lining）　153,258
連帯保証人　32
連邦住宅局（FHA；The Federal Housing
　　Administration）　45,142
老朽化　99
ロー・エンド（low-end）　146
ロサンゼルス　158,167
ローレンス，ローデリック（Lawrence, Roderick J.）
　　85
ロンドン　88
ワイス，マイケル（Weiss, Michael J.）　185
和辻哲郎　66

《著者紹介》

倉田　剛（くらた・つよし）

　1944年　東京生まれ。
　　　　　住宅資産研究所（主宰）・一級建築士事務所（代表）。
　　　　　日本大学法学部卒業，法政大学大学院社会科学研究科博士前期課程修了。
　現　　在　法政大学大学院博士後期課程在籍。
　専門研究分野　住宅資産論。住宅福祉論。居住環境資産論。
　著　　書　『リバースモーゲージと住宅』日本評論社，2002年。
　　　　　他論文多数。

MINERVA 福祉ライブラリー73	
少子高齢社会のライフスタイルと住宅	
——持家資産の福祉的選択——	

2004年8月1日　初版第1刷発行　　　　検印廃止

定価はカバーに
表示しています

著　者	倉　田　　　剛
発行者	杉　田　啓　三
印刷者	坂　本　嘉　廣

発行所　株式会社　ミネルヴァ書房

607-8494 京都市山科区日ノ岡堤谷町1
電話代表(075)581-5191番
振替口座01020-0-8076番

©倉田剛, 2004　　　　内外印刷・清水製本

ISBN 4-623-03859-9
Printed in Japan

● MINERVA 福祉ライブラリー・A5判美装カバー

ルイス・ローウィ他著
高齢社会を生きる高齢社会に学ぶ
香川正弘・西出郁代・鈴木秀幸訳

福祉を学ぶ福祉を支える
喜多祐荘・安藤順一・平中忠信・田中利宗編著

わかりやすい家族関係学
山根常男・玉井美知子・石川雅信編著

老いて学ぶ老いて拓く
三浦文夫編著

お年寄りのケア知恵袋
橋本正明編著

誰でもできる寝たきりおこし大作戦
澤村誠志監修／兵庫県社会福祉事業団編

バーバラ・メレディス著
コミュニティケアハンドブック
杉岡直人・平岡公一・吉原雅昭訳

アーサー・グールド著
福祉国家はどこへいくのか
高島進・二文字理明・山根祥雄訳

現代生活経済論
馬場康彦著

介護・福祉のための医学概論
片山哲二著

地域福祉社会学
金子勇著

教育と福祉のための子ども観
増山均著

アラン・ウォーカー著
ヨーロッパの高齢化と福祉改革
渡辺雅男・渡辺景子訳

どうしますあなたと私の老後
児島美都子＋地域福祉を考える会編

日本福祉制度史
百瀬孝著

ステファン・ローズ編
ケースマネージメントと社会福祉
白澤政和・渡部律子・岡田進一監訳

現代社会保障・社会福祉の基本問題
堀勝洋著

ピーター・デカルマー他編著
高齢者虐待
田端光美・杉岡直人監訳

高齢者の暮らしを支えるシルバービジネス
シニアライフプロ21編

スウェーデン・超高齢社会への試み
ビャネール多美子著

実践ケアマネジメント
山崎きよ子著

欧米の住宅政策
小玉徹他著

欧州統合と社会保障
岡伸一著

はじめて学ぶグループワーク
野村武夫著

生きがいある長寿社会　学びあう生涯学習
香川正弘・佐藤隆三・井原正躬・荻生和成著

防災福祉コミュニティ
倉田和四生著

援助を深める事例研究の方法
岩間伸之著

アードマン・B・パルモア著
高齢期をいきる高齢期をたのしむ
浅野仁監修／奥西栄介・孫良訳

子どもを見る変化を見つめる保育
天田邦子・大森隆子・甲斐仁子編著

ミネルヴァ書房
http://www.minervashobo.co.jp/

● MINERVA 福祉ライブラリー・A5判美装カバー

福祉国家への視座
大山博・炭谷茂・武川正吾・平岡公一編著

OECD 著
OECD 諸国・活力ある高齢化への挑戦
阿部敦訳

介護実習への挑戦
泉順編著

ジェンダーの生活経済論
伊藤セツ編著

高齢社会の地域政策
堀内隆治・小川全夫編著

介護保険制度と福祉経営
矢野聡・島津淳編著

介護保険とシルバーサービス
川村匡由著

バリアフリー思想と福祉のまちづくり
萩原俊一著

ジュディス・ミルナー他著
ソーシャルワーク・アセスメント
杉本敏夫・津田耕一監訳

G・エスピン-アンデルセン著
福祉資本主義の三つの世界
岡沢憲芙・宮本太郎監訳

新しい時代の社会福祉施設論
今村理一編著

私のまちの介護保険
樋口恵子編著

ホームヘルパーのためのスーパービジョン
大塩まゆみ・福富昌城・宮路博編著

少子高齢時代の都市住宅学
広原盛明・岩崎信彦・髙田光雄編著

介護老人福祉施設の生活援助
小笠原祐次編著

総合医療福祉論
田中晴人・熱田一信編著

子育て支援の現在
垣内国光・櫻谷真理子編著

日本の住まい 変わる家族
袖井孝子著

IT時代の介護ビジネス
森本佳樹監修／介護IT研究会編

介護財政の国際的展開
舟場正富・齋藤香里著

社会福祉への招待
岡本栄一・澤田清方編著

介護職の健康管理
車谷典男・德永力雄編著

介護実習教育への提言
泉順著

医療・福祉の市場化と高齢者問題
山路克文著

イギリスの社会福祉と政策研究
平岡公一著

介護系NPOの最前線
田中尚輝・浅川澄一・安立清史著

社会福祉の思想と歴史
朴光駿著

少子化時代の家族と福祉
袖井孝子編著

入門 社会福祉の法制度
蟻塚昌克著

ミネルヴァ書房
http://www.minervashobo.co.jp/